现代终身教育体系建设研究丛书

中国社区学院
运行机制研究

ZHONGGUO SHEQU XUEYUAN
YUNXING JIZHI YANJIU

徐魁鸿　著

厦门大学出版社
XIAMEN UNIVERSITY PRESS
国家一级出版社
全国百佳图书出版单位

总　序

　　"自有人生,便有教育"。教育既伴随人类历史永恒存在,又具有不断演进的特点。在人类教育与社会发展的历史长河中,社会生产力发展水平、生产关系、文化观念形态以及科学技术知识等方面的变化,往往会导致教育在价值取向、受益群体、组织形式、内容选择、技术方法等各个方面发生变革;教育变革也经常会对社会发展产生重大影响,促使人类社会文明向新的历史阶段变迁。自 20 世纪中后期以来,随着全球工业化进程的推进以及知识经济和信息化时代的到来,加之教育民主、教育平等、公民学习权利等价值观念的进一步张扬,现代教育日益朝着"面向所有学习者、为每一个学习者提供终身学习机会"的方向发展。特别是进入 21 世纪以来,随着信息网络技术承载的各类教育课程或知识信息汹涌奔向世界每一个角落,身处海量知识信息紧密围裹中的人们更加真切地感受到,一场对人类社会发展影响深远的教育变革正在发生,一个"终身教育、终身学习、全民教育、全民学习"的学习化社会时代正扑面而来。

　　现代教育正在发生的重大变革既让人欣喜,又令人不安。欣喜的是,千百年来人们寄望于教育的某些理想终于在今天看到了实现的曙光;不安的是,人们很快就会发现自己将面临这样一些问题:我们是否为这场教育变革做好了准备? 我们需要为这场教育变革做些什么准备? 数十年来不断加速的教育变革会对人类生活以及社会发展产生怎样的影响? 终身教育之后,人类教育发展的下一站又将在哪里?

　　尽管 20 世纪 60 年代兴起的现代终身教育理论在近几十年里不断向纵深发展,一大批从事终身教育研究的学者已经对上述部分问题给出了初步答案,但是作为教育理论研究工作者,我们深知教育学界对这场教育变革的认识和把握还很不充分。尽管近几十年来各类国际组织和各国政府频繁推出的教育政策文件,以"建立终身教育体系、建设学习化社会"为教育改革与发展目标,不断呼吁人们积极应对现代社会发展与教育变革的挑战,但是终身教育体系和学习化社会的形成,并非可以一蹴而就,大部分教育工作者也还没有做好迎接挑战的准备。由此看来,现代终身教育的理论研究与实践探索,依然任重道远。

然而,教育与社会发展的历史趋势一旦形成,往往快速向前,势不可挡。"21世纪的教育是终身教育的时代",已经成为必然的历史趋势,并且在知识经济以及信息科技飞速发展的时代背景下,现代终身教育变革的步伐仍将不断加速。也许有人会说,我们既没有时间也没有必要去考虑这场教育变革将对人类生活以及社会发展产生怎样的影响,何不满怀激情去享受一场"狂欢盛宴"?但我们仍然不得不说,出席盛宴毕竟是需要盛装打扮的。即便很多人不去深思这场宴会的性质,也不考虑"宴会后会怎样"这类更为长远的问题,至少人们仍然需要自问:我应该为参加这场宴会做些什么准备?我做好准备了吗?

现代终身教育缘起于社会发展的现实需求,也必将作用于社会发展;教育与个体发展以及社会发展之间互为基础、相互影响的必然关联,决定了在教育或社会快速变革的历史时期,人类个体往往会面临很多从未面对过的、有时甚至是难以预料的变化和挑战,不为即将到来的变化和挑战提前做好准备的人,必然会被快速发展的社会所抛弃。如果我们曾经静心揣摩过近几十年来现代终身教育经典文献的意蕴内涵,一定会发现,现代终身教育理念之所以深入人心,不仅仅是因为它在新的社会历史背景下重申了教育的生命意义,也不仅仅是因为它在新的教育发展背景下,对已经被某一段历史固化(甚至异化)的教育观念和教育组织形式进行了符合教育本质的解构与重构,更为重要的是,现代终身教育理念蕴涵着对可持续发展的人类命运以及现代人如何应对生存挑战的深切关怀。在一定意义上可以认为,"危机意识"既是现代终身教育理论产生和兴起的心理根源,也必将伴随现代终身教育理论研究与实践探索的全部过程。正是出于"危机意识"和教育研究工作者的社会责任,我们必须认真、理性地面对这场教育变革并为之做好准备。

2009年底,厦门大学教育研究院承接了教育部人文社会科学重点研究基地重大研究项目"在终身教育体系平台上的多种教育模式研究"的研究任务。该课题的主要研究目标是:第一,全面把握现代终身教育理论的本质内涵,探讨信息社会和知识经济时代的终身教育对个人与社会发展的意义与价值;第二,观察并分析某些国家(或地区)近年来终身教育的发展情况,总结其成功经验或失败教训,并在此基础上,根据我国社会发展与教育发展现实,达成对现代终身教育理论的"中国化"改造;第三,以现代终身教育理论为指导,探讨学历教育与非学历教育、正规教育与非正规教育模式的构建,解答中国特色终身教育体系的建设问题。

在研究过程中,我们分设了终身教育基本理论、终身教育国际比较、我国终身教育体系建设的现实基础和实现策略、传统学校教育融入终身教育体系、非正规和非正式教育在终身教育体系中的发展等五个子课题,并组建了由一位资深教授主持,包括一位年轻教师、两位博士后研究人员和五位博士研究生在内的研究团队来进行联合攻关。有的课题组成员也选择了与自己承担的子课题相关的题目,作为博士后研究或攻读博士学位的论文选题。经过约三年持续不断的学习钻研及团队研讨,我们形成了一系列研究成果。在课题研究即将完成之时,我们计划把课题组的相关成果以"现代终身教育体系建设研究丛书"的形式出版,以飨读者。

即将出版的这套丛书包括八本著作,分别是:《终身教育在中国:理论与实践的新进展》(李国强)、《中国终身教育发展的现实基础与宏观路径研究》(汤晓蒙)、《中国终身教育发展的动力机制》(杨莉)、《终身教育体系的沟通与衔接问题研究》(王琪)、《终身教育政策的国际比较》(葛喜艳)、《普通高等教育融入终身教育体系》(冯晓玲)、《终身教育体系平台上的职业教育发展》(吴滨如)、《中国社区学院运行机制》(徐魁鸿)。

当前,世界范围内的现代终身教育理论与实践仍在不断拓展,我国学术界对终身教育的研究也处于继续深入的过程之中。《国家中长期教育改革和发展规划纲要(2010—2020)》提出的教育发展战略目标之一是"构建体系完备的终身教育",到 2020 年"基本形成学习型社会"。我们希望这套丛书能在提高全社会对终身教育的认识、帮助教育工作者应对现代终身教育变革挑战等方面有所贡献。

编 者
2012 年 6 月 20 日

序

今天，美国无疑仍然是世界第一高等教育强国。美国高等教育成功的根本经验就在于它拥有一个多样化的高等教育系统，不同的高等教育体系发挥着不同的功能。最基本的是公立高等教育系统和私立高等教育系统，前者主要由州政府出资、联邦政府资助、少量学费收入及其他经费来源来支持，它面向所有的学习者，也就是说，如果你符合学习的条件，你就能够找到你的位置。而后者则面向具有特殊需求的学习者，而这些学习者需要为自己的选择付出比较高的学费，这种学费金额常常是公立高等教育系统的几倍以上。

美国拥有一个发达的私立高等教育系统，而且最著名的大学往往集中在私立大学系统中。如我们所熟知的哈佛大学、耶鲁大学、麻省理工学院、普林斯顿大学、加州理工学院、斯坦福大学等。公立大学中也有一批世界一流的大学，最著名当然是加州大学系统的十兄弟，如伯克利分校、旧金山分校等，但总体而言，公立大学似乎没有私立大学那么杰出。为什么呢？一个原因就在于美国大学是从私立大学开始的，私立大学历史悠久占有了一定优势。另一个原因在于私立大学办学理念更加注重学术自由，这有利于大学办出特色。还有一个重要原因就在于私立大学更注重质量而不太注重数量。这也是私立大学与公立大学的重要差别之处，因为公立大学必须注重教育机会均等，必须反映纳税人的意志，因而其办学规模动辄几万人，而私立大学因为享有更多的自由，从而经常可以维持其小而精的办学特色，如加州理工学院和普林斯顿大学到现在仍然不足万人。显然，规模小就容易实现精致化的管理，更有利于维护办学特色。而规模越大越容易形成粗放型管理，其办学特色就越来越不明显。

在公立高等教育系统和私立高等教育系统内部又分化出许多层次，既有只提供初级学位甚至不提供学位的社区学院,也有提供不同层次学位的研究型大学,还有只提供本科教育的文理学院,以及以本科教育为主的普通大学。可以说每所高校都有自己的办学定位,并没有出现如我国经常会发生的升格风。因为各个层级的高等教育机构只有各安其位,才能把自己的工作做精,才能达到一流的品质。所以,在美国人们经常说,最好的本科教育并不在那些著名的研究型大学中,而在那些四年制的文理学院之中。因为这些规模不大的文理学院专注于一些人文通识教育,注重学生的素质培养,采用了精致化的教育方式,从而使学生具有受社会普遍欢迎的高雅品质。这些文理学院收费也很高,因为其通常为私立的,规模小经营成本自然就很高,在获得捐助有限的条件下,学费收入就是主要的经费来源。而这些学院因为经营得井井有条,常常获得那些富家子弟的青睐,因此这些学校不存在什么经营困难,因为它们很有特色,总是能够吸引到足够的生源。

在美国高等教育系统中,最受到大众青睐的则是那些处于高等教育系统末端的地方性的社区学院,因为这些学院收费非常低廉,而且提供的课程灵活多样,既有全日制课程,也有业余课程,既能够提供转学所需要的课程,也提供为就业服务的职业课程,这就满足了那些贫寒子弟的求学需求,因为他们可以节省下大量的学习经费,而且还有进一步进入理想大学的机会。如果真的对学术没有兴趣,可以学习职业性课程,这样就可以很快地进入劳动力市场,从而尽早地实现自己的职业价值。这种方便获得的教育模式成为大众化高等教育的宠儿,因此它在美国高等教育大众化过程中扮演了一个举足轻重的角色。从入学人口数量看,它对美国高等教育大众化的贡献率一般在40%左右,这是一个相当惊人的数目。

最为特别的是,社区学院不仅提供一般的通识教育课程、转学所需要的课程和职业课程,还提供大量职业培训课程,这些课程主要服务于那些希望转换工作的成人学生。我们知道,美国的劳动力市场的流动性相当强,这就要求个体必须经常地调换自己的工作。而进入工作的前提就是必须学习相关的职业课程并获得相关资格证书。而社区学院就能够提供这种服务。这对于适应劳动力市场变化、促进社区发展而言,作用是无可替代的。

当然,美国的社区学院的作用还不止于此。社区学院还提供终身教育服务,这种教育服务就包括满足任何一个年龄段的教育需求,无论是学术的还是职业的,是兴趣的还是一些规定的,只要有社会需要都可以在这里找到合适的提供者。因此,社区学院成为最能够反映社区发展需要的教育机构,也是社区的文化教育活动中心。它的发展有赖于地方政府的大力支持,也得到了州政府的大力扶持,同时得到了联邦政府的资助,有时还能够吸引不少社会捐助。

为什么美国的社区学院能够发展得如此好呢?一个很重要的答案可能就是美国是一个实用主义文化的国度,人们的价值观念多元,接受教育主要是从自我需要出发而不是为了追求面子和文凭。所以人们在接受教育时首先是从自己的经济承受能力出发,而不会从虚荣心出发。而从办学者的角度来看,他们非常了解社区居民的需要,所以能够开设出符合广大居民需要的课程。这种灵活的经营方式和办学风格是其成功的最重要的因素。我们知道,美国高等教育的基本点就是以市场需求为导向,这一点在社区学院办学过程中体现得非常突出。当社区学院认识到自己的办学定位之后,就能够使自己非常卓越。

相比之下,我国的社区学院发展还处于起步阶段,社区学院的发展动力尚嫌不足,这个不足主要是由人们的思想观念造成的。因为国人的教育需求心理一般都是贪大求高而不符合自己的实际状况。这种不太理性的需求心理就抑制了社区学院发展的动力。而从办学者角度来看,他们也很少进行比较正确的办学定位,常常把自己定位在剩余的教育机会提供上,没有真正从市场需求出发来进行办学。如果经常有一种低人一等的心理的话,就很难使自己行为表现得非常卓越。所以,正确的办学定位是办学成功的第一步。

当然,中国的社区学院发展还有许多路要走,不可能直接搬用美国社区学院的模式,中国的社区学院发展必须符合中国的社会经济文化的特点,所以,如何找到适合中国社区学院发展的道路就是一个非常重要的研究课题,有许多工作要做。这些工作就包括对美国社区学院发展经验的总结和借鉴,对我国社区学院发展状况和经验的调查和总结,特别是对我国社区学院经营和发展的特点进行的探索,找到一条比较适合中国国情的社区学院发展的基本路径等。所有这些工作对于完善社区学院这一教育形式,发挥它在高等教育大众化进程中的积极作用,推动中国社会向学习型社会转型都具有重要意义。

很高兴看到徐魁鸿博士在这些方面进行了大量的探索,具有自己独立的设想,并且提出了一些非常具有参考价值的意见、建议,这对完善我国的终身教育体系建设,构建一个在终身教育平台上的高等教育体系而言具有积极的意义。我作为他的博士论文指导教师非常乐意为他的博士论文出版作序,鼓励他在以后的研究工作中将这一课题继续深入下去。

王洪才

2013 年 3 月 28 日于厦门龙虎南里

摘　　要

　　发轫于美国的社区学院自上世纪末传入中国以来,其办学理念及模式便得到广泛的认可和推崇,各地纷纷建立社区学院。然而,在看似欣欣向荣的表象之下,却隐藏着令人担忧的问题。例如,已有的社区学院都挂靠在其他机构内,并非独立的法人实体,也未得到教育部的正式认可;社区学院的名称有泛滥之势,因其冠名的机构鱼龙混杂,以致人们对其性质、职能、价值仍然不甚清楚,等等。此外,在发展终身教育、建设学习型社会的形势下,在政府大力推动职业教育的背景下,社区学院应如何发挥自身的作用,这些问题已引起众多学者的关注。本研究试图运用文献法、比较法、调查法以及案例研究法等方法,通过解析何谓社区学院、其价值何在以及社区学院如何形成、如何管理等问题,对这一新兴机构的内涵、特征、形成途径及管理体制等内容进行探索。本研究主体内容可分为五部分,分别对应书中的第一章至第五章。

　　第一章重点介绍美国社区学院的发展状况和基本经验。社区学院最初形成于美国并获得巨大发展,直至影响世界高等教育格局,这是由美国的现实国情决定的。实用主义哲学的盛行、民主化思潮的影响以及政治经济发展状况构成了美国社区学院形成和发展的时代背景。在百余年的发展历程中,美国社区学院自身也随环境的变迁而不断进行自我调适,其职能也从单一的转学教育发展为以职业教育为主的多样化职能体系。美国社区学院取得了举世瞩目的成就,但围绕其功能而引发的争议也不绝于耳。认真反思美国社区学院的发展状况与困惑,对于我国社区学院的发展将大有裨益。

　　在借鉴美国社区学院发展经验的基础上,本书在第二章提出我国新型社区学院的内涵、特点及其与美国社区学院的区别,并着重分析了我国社区学院发展的必要性与可行性。在此基础上,根据我国高等教育的现实状况,本研究认为,通过将成人高校和高职院校加以适当改造,使之转型,将是我国社区学院形成的两条有效的基本路径。

第三章主要论述我国社区学院的基本职能。本研究认为,受当前我国经济发展水平和终身教育发展状况的影响,以技能习得和文凭获取为目的的高职教育和成人高等教育、以人文关怀和文化熏陶为目的的社区教育以及转学教育是社区学院的基本职能。

第四章是本书的核心部分,着重论述了我国社区学院的运行机制。本研究选取了运行机制所涉及的三个最为关键的环节进行论述,即组织结构和管理模式、经费筹集机制以及评价制度。在对这三个环节进行论述时,本研究紧扣"社区"这一核心要素,以体现社区学院的特色。

第五章是案例研究部分。本书选取了三所不同类型的院校进行剖析,针对不同院校的特点和办学状况,结合社区学院的基本要求,分别提出相关建议,使其更好地为所在区域服务。

在对上述内容进行分析的基础上,本研究认为,适合我国国情的社区学院应是指主要由区县级政府举办的、为所在社区成员提供高等职业教育和社区教育等服务、以提高国民素质和增强劳动者就业能力为主要目的的地方性高等教育机构。它的形成可通过成人高校和高职院校转型来实现。社区学院在运行过程中既要处理好与政府、社区及其他高校等的外部关系,也要处理好各种内部关系。最后,本书对后续研究作了展望。我们认为,随着社区学院的进一步发展和社区学院研究的逐渐深入,有关社区学院通向农村的研究、社区学院微观层面的研究以及社区学院如何在整个教育体系中发挥中介桥梁作用的研究将成为研究者关注的重点内容。

关键词:社区学院;运行机制;社区

Abstract

Community college, which emerged in America, was introduced to China at the end of the 20th century. Many community colleges have being built since the idea and model were accepted in China. However, many problems underlay the surface of prosperity. For examples, the existing community colleges are all built in other institutions, but not independent ones; and some institutions which are in the name of community college are not real ones. Another problem is that how community colleges in China work under the current circumstances of the development of life-long education and construction of learning society. All the problems are concerned by many experts. The book tries to explore what the community college is, what it can do, how it forms and how it is managed. The main part of the book consists of five parts as follows:

Chapter One concentrates on development situation and basic experience of community colleges in the USA. The reasons why community college emerged in America and affected higher education worldwidely are about Pragmatic Philosophy, the trend of democratization and the situation of political and economic development. American community college has being regulated itself during near 100 years. It has made great achievements to the society, but it has also caused considerable controversy on its functions. It's very necessary for us to reflect profoundly the development of American community colleges.

On the basis of the experience of American community college, Chapter Two of this book presents the connotation and characteristics of Chinese community college, as well as the difference between American and Chinese commuinty colleges. Necessity and feasibility of Chinese community college are both reasoned in this chapter. The book argued that community colleges can be constructed from adults higher education institutions and vocational colleges.

The third chapter of this book concentrates on the functions of community college in China. This study hold the opinion that community college in China should conduct vocational education, community education, adult higher education and transfer education.

Chapter Four is the core of this book, which analyses the operating mechanism of community college in China. Three key aspects are involved: organizational structure and management model, fund-raising mechanism, and evaluation system. All these aspects are analysed on the basis of community.

The fifth chapter is case study, in which three different types of colleges are introduced to show how to become a real community college in China.

In the end of the book, we make a conclusion of this study. We argue that Chinese community college is a local higher education institution which can improve the quality of the nation and enhance people's employability. At last, we forecast that several aspects of the research which are related to community college will become focuses with the development of the study on community college in China.

Key Words: Community College; Operating Mechanism; Community

目　录

Contents

绪　论

一、选题缘起

(一)终身教育思潮的广泛影响与现实困惑

终身教育思想源远流长,2000 余年前我国教育家孔子所提出的"有教无类"的观点便蕴含了这一思想。但现代意义的终身教育思想则出现在 20 世纪 60 年代。1965 年,法国著名成人教育家保罗·郎格朗在联合国教科文组织召开的成人教育工作会议上做了题为"终身教育"的报告,引起强烈反响。从此,终身教育思想迅速传入各国并得到各地政府和民众的认可,成为迄今为止影响力最大、影响范围最广、意义最深远的教育思潮。首先,终身教育思想深刻地改变了人们的教育观念。传统的教育观念认为,教育是人生中某一特定阶段的行为,在这一阶段,人们通过若干年的教育,掌握今后生活、工作所需的全部知识和技能,学习是"一劳永逸"的事情。而终身教育思想则认为,教育是人类生活不可分割的一部分,将伴随在人的整个生命历程中,时时受教育,处处受教育。"在郎格朗的终身教育思想中明确阐述了这样的观念:教育不应该是某些人的特权,也不应仅限于人生的某一阶段,教育应该贯穿在人生的每一阶段,包括人生全部。"①其次,终身教育思想对各国(地区)的政策,特别是教育政策产生了广泛而深刻的影响。在终身教育思潮的影响下,各国(地区)政府纷纷制定了与之相适应的教育方针政策,以促进各自教育事业和社会的发展。1976 年,美

---

① 王洪才.终身教育体系的建构——全面小康社会的呼唤与回应[M].厦门:厦门大学出版社,2008:36.

国国会通过了《终身学习法案》，以法律的形式确立了终身教育的地位；日本政府于1990年颁布了有关终身教育的法律——《终身学习振兴法》；韩国宪法明确规定"国家必须振兴终身教育"，并于1999年颁布了《终身学习法》；2002年我国台湾地区也颁布了"终身学习法"以推动终身教育的实施；我国大陆于1995年颁布的《中华人民共和国教育法》第11条规定："国家适应社会主义市场经济发展和社会进步的需要，推进教育改革，促进各级各类教育协调发展，建立和完善终身教育体系。"这些法令、条例的颁布为终身教育的实施奠定了法律基础，有力地促进了世界各国（地区）终身教育的发展。最后，终身教育思想对教育教学实践产生了较大的影响。随着终身教育思潮的进一步发展，终身教育逐渐由理念层面向实践层面过渡，对教育教学实践的影响也日益增强。许多国家或地区在终身教育思想和原则指导下，对教育体系、专业结构、课程设置、人才培养模式以及教学方法等诸多实践方面进行了改革。"基础教育新课程改革从适应终身教育的要求出发，把学会学习列为新课程改革目标的首位，提出要使学生的学习方式发生根本性的变化，通过调整课程结构让学生的活动时间和空间在课程中获得有效的保障，并通过改变学习内容的呈现方式确立学生在学习中的主体地位，促进学生积极主动地学习，这无疑为学生学会学习提供了重要的前提条件。"①

自20世纪80年代初终身教育思想传入我国以来，由于政府的高度重视及社会各界的积极推动，终身教育理念已深入人心，在更新教育观念、引导教育改革、促进人的全面发展等方面起了不可忽视的作用。然而，进入新世纪，我国终身教育在实践中却面临着诸多的问题和难点。首先，我国文盲率和辍学率较高。由于历史和地缘等原因，我国教育的基础较为薄弱，文盲率较高。2002年联合国教科文组织的数据显示：在中国15岁以上人群中有8500万人基本上不识字，这意味着每15个中国人中就有1人不识字。这些文盲中的90%分布在农村，其中一半分布在西部地区，而且70%是女性。由于种种原因，全国约200个县尚未普及小学教育，目前我国每年新增

---

① 郝克明.跨进学习社会——建设终身学习体系和学习型社会的研究[M].北京：高等教育出版社，2006：189.

文盲大约 50 万。① 2004 年全国小学辍学率平均为 0.59%，初中辍学率平均为 2.49%。② 如何解决文盲、半文盲的再教育问题，提高他们的知识水平和文化素质，是我国实施终身教育必须解决的重大课题。其次，农民、农民工的教育和培训没有得到应有的重视。作为一个传统的农业国家，我国农业人口的比重仍然很大，忽略这一群体的教育和再教育，终身教育的目标就不可能真正实现。尽管政府不断提高对"三农"问题的重视程度，逐步加大对我国新农村建设的投入，但针对农民的继续教育一直未有大的突破。新型农民科技培训工程是目前国家专门针对留乡农民的专项培训，2007 年投入资金只有 2 亿元，如果按照 2 亿农民需要培训计算，每人平均只有 1 元钱，按这样的投入比例，农民培训的覆盖面和培训质量难以保证。③ 随着大批农民进城务工，如何提高进城务工农民的文化水平和就业能力已成为亟待解决的重大问题。

尽管我国一些发达地区已设立了终身教育机构，但这些机构大多没能充分考虑和满足社会特别是所在地方的需求，不能有效地整合社会资源，为地方经济和社会发展提供实质性的服务。因此，为应对上述在终身教育实施过程中面临的问题和矛盾，我们应整合已有教育资源，形成能及时关注社会需求、提供相应教育服务的机构。在终身教育平台上，能扎根地方、敏锐捕捉地方多样化需求并尽力满足这些需求的社区学院将在终身教育的宏大背景下彰显其独特的生命力，成为实施终身教育的重要机构和载体。

(二)国家战略调整对社区学院的促进作用

首先，国家产业结构的变化对我国劳动者的素质提出了新的挑战。改革开放之后，特别是 20 世纪 90 年代以来，为促进经济更好更快发展，我国加快了产业结构调整的步伐，并取得了显著成效，具体表现为第一产业比例显著下降，第三产业比例显著上升，产业结构日趋合理。1978 年，我国第一、二、三产业在国内生产总值中所占比例分别为 28.2%、47.9%、23.9%，

---

① 尹鸿祝,吕诺. 中国文盲:还有 8500 万[N]. 新华每日电讯,2002-9-8.

② 中国教育统计年鉴编辑部. 中国教育统计年鉴(2005)[Z].北京:人民教育出版社,2005.

③ 王云贵.西部高等教育与区域经济协调发展存在的矛盾与对策[J].辽宁教育研究,2006(4):26-28.

1998年,三者所占比例分别为17.6%、46.2%、36.2%,而2009年,三者比例则为10.3%、46.3%、43.4%。[①] 随着第三产业在国民经济中的比重越来越大,以信息、金融、贸易为主的服务业飞速发展,社会对专门人才的需求在数量和结构上都发生了重大变化。瞬息万变的社会和频繁更迭的工作要求劳动者具备更高、更全面的素质。因此,人们对于岗前培训、在岗培训、转岗培训等继续教育的需求空前高涨。然而,普通高等学校由于重理论、轻实践,不能很好地满足人们在职业培训方面的需求,而中等、高等职业教育由于封闭的办学体制和落后的教育教学理念,也不能有效地满足这种需求。总之,产业结构的调整对高等教育的功能和使命提出了新的要求。

其次,政治经济体制改革对社会生活产生了深刻的影响。随着我国劳动人事制度改革的不断深入和事业单位后勤服务社会化改革的逐步推进,城市职工与所在单位不可分割的状况发生了根本性变化,个体逐渐由单位人向社会人、社区人转变。为配合这种改革,从20世纪80年代起,我国政府开始大力提倡和推广社区服务制度。作为社区服务的重要组成部分,社区教育也日益成为人们关注的对象。1999年,由国务院批转、教育部发布的《面向21世纪教育振兴行动计划》明确提出:"开展社区教育的实验工作,逐步建立和完善终身教育体系,努力提高全民素质。"以社区教育和成人高等教育为基本职能的社区学院应该在这一目标的实现过程中发挥重要作用。

(三)高等教育大众化发展的客观需要

我国高等教育自1999年大扩招以来,经过连续10年的大规模扩张,到2008年底,高等教育毛入学率已接近25%。至此,我国高等教育开始进入了规模扩张与质量提升的双重使命时期。在此阶段,各高校由于自身条件和特点不尽相同,因此在功能、使命上也有所差别。"理论上,精英教育机构培养的是理论性、学术型人才,理论基础要比较宽厚,并在宽的基础上有所专,成为创新拔尖人才;大众化高等教育机构培养的是实用性、职业型技术人才,只求理论够用,着重于学好职业知识技能,成为生产、管理、服务第一

---

① 中华人民共和国国家统计局.中国统计年鉴(2009)[Z].北京:中国统计出版社,2010.

线的有一定技术的专门人才……从国外的经验来看,精英型的大学,一般不承担大众化教育任务。有的也办大众化教育,大多是另设附属机构,另搞一套模式。大众型人才的培养,是由社区学院、多科性技术学院、短期大学、开放大学等来承担的。"①尽管如此,我国研究型大学还是在国家扩招政策的推动下承担了相当比例的大众化任务,对自身的各项工作产生了较大的负面影响,如生师比过高,教育资源不足,等等。目前,我国高等教育已进入调整期,单纯的规模扩张已让位于规模和质量的综合考量。建设高等教育强国的战略也促使各层次、各类型高校以提高人才培养质量为目标,更好地满足国家对人才、技术等方面的需求。各高等院校应根据自身特色和追求,准确定位,并与其他高校分工合作,共同促进我国高等教育的可持续发展。高水平的研究型大学应坚持精英教育传统,培养高层次的精英人才;地方性高校则可更多地行使大众化职能,围绕本地需求,开展教育服务,促进地方经济和社会发展。由于连续多年的扩招,我国普通高等学校已人满为患,不堪重负。此外,我国成人高校也因观念落后、体制封闭、质量低劣等原因陷入难以为继的境地,生源和机构数量逐年萎缩。因此,高等教育大众化呼唤采用新机制、具有新职能、适应能力更强的高等教育新形式。在此背景下,以服务社区,培养留得住、用得上的人才为目标的社区高等教育机构——社区学院将大有作为。

二、核心概念界定

(一)社区学院

社区学院(community college)起源于美国,其前身是初级学院,即传统四年制院校中对一、二年级学生实施教育的机构。这意味着,最初的初级学院并非独立于普通大学的机构,而是其不可分割的一部分。1896年芝加哥大学首次使用"初级学院(junior college)"一词,意指为大学生实施大学前两年教育教学的机构。随着美国高等教育的进一步发展,附设于普通大

---

① 潘懋元.大众化阶段的精英教育[J].高等教育研究,2003(6):1-5.

学的初级学院逐步分离出来,成为独立建制的高等教育机构,部分师范学校和职业技术学校也发展成为初级学院。1947 年,美国总统杜鲁门设立的总统高等教育委员会(President's Commission on Higher Education)建议使用"社区学院"一词代替"初级学院",以反映该机构为社区服务的新特点。尽管美国社区学院发展到现在已有 100 余年的历史,与之相关的研究也不胜枚举,然而关于社区学院的严格意义上的定义却凤毛麟角,大部分的定义仅是其特点、职能等的概括。如 20 世纪 70 年代,美国社区学院与初级学院协会(AACJC)对社区学院下的定义是"独立于分级教育之外的社区教育中心"①;美国学者科恩和布拉维尔(Arthur M. Cohen, Florence B. Brawer)认为,社区学院是"以授予文学协士学位或理学协士学位为最高学位的机构"②。从 20 世纪 80 年代末、90 年代初开始,我国陆续有学者介绍美国社区学院这一教育模式,这标志着社区学院的教育理念和办学模式传入我国。鉴于两国社会发展状况和高等教育体制相去甚远,我国现实意义上的社区学院在职能、性质等方面与美国社区学院存在很大的差别。

根据我国社区学院目前的状况及发展趋势,本研究认为,社区学院是指主要由区县级政府举办的、为所在社区成员提供高等职业教育和社区教育等服务、以提高国民素质和增强劳动者就业能力为目的的地方性高等教育机构,是所在社区的文化教育中心。

(二)运行机制

"机制"一词源于希腊文"mechane",辞海将其解释为"机器的构造和动作原理"③。孙绵涛教授认为,对机制的本义可以从两方面来加以理解:一是机器由哪些部分组成和为什么由这些部分组成;二是机器是怎样工作的和为什么要这样工作。④ 如今,"机制"一词已被广泛使用于自然科学和人文社会科学的各个研究领域。我们认为,机制是指复杂系统中各组成部分

---

① Arthur M. Cohen, Florence B. Brawer. The American Community College [M]. San Francisco:Jossey-Bass Publishers,2008:5.

② Arthur M. Cohen, Florence B. Brawer. The American Community College [M]. San Francisco:Jossey-Bass Publishers,2008:5.

③ 辞海编撰委员会.辞海(缩印本)[Z].上海:上海辞书出版社,2000:1511.

④ 孙绵涛.教育管理学[M].北京:人民教育出版社,2006:283.

之间相互联系、相互作用的工作原理。

运行机制是指社会系统内部各组成部分的结构、功能、相互关系以及系统与外部环境之间相互联系、相互作用的运作原理和制度。在此定义中,运行机制包括三个层面的内容:一是系统中的组织结构,即系统是由哪些具有特定功能的要素组成的;二是这些构成系统的要素之间的相互关系;三是系统通过自身的运行与外部环境保持特定的关系。也即是说,一个机构或系统的运行机制既涉及其内部的因素和关系,又不可避免地与其所处的外部体制环境发生这样或那样的联系。正如我国学者闵维方教授指出的,运行机制是指一定机体内各构成要素之间相互联系和相互作用的制约关系及其功能,高等教育运行机制的性质与方式受制于一定的政治经济体制与运行机制的性质与方式。[①] 因此,本书在论述社区学院运行机制的过程中,既要分析社区学院内部的结构、功能及其相互关系,也要阐述学院与整个高等教育系统乃至整个社会环境之间相互作用的关系。

三、文献综述

(一)国外关于美国社区学院的研究

社区学院发祥于美国,关于社区学院的研究也是从美国开始的。自社区学院产生之日起,与之有关的论述与研究就层出不穷,但社区学院的系统研究却始于美国学者库斯(Leonard V. Koos),其代表作是《初级学院》(The Junior College)和《初级学院运动》(The Junior College Movement)。库斯重点介绍了初级学院的特点、分布、教学以及与四年制学院的协作等方面的情况。其后,坎贝尔(Doak S. Campbell)的《初级学院目的论的批判性研究》(A Critical Study of the Stated Purposes of Junior College)、伯顿·克拉克的《开放大学》(The Open Door College)、菲尔茨(Ralph R. Fields)的《社区学院运动》(The Community College Movement)、小格利泽(Edmond J. Gleazer Jar)的《这就是社区学院》(This Is the Community College)和

---

① 　闵维方.高等教育运行机制研究[M].北京:人民教育出版社,2002:50-52.

《社区学院：价值、远景和活力》(The Community College：Values，Vision and Vitality)等著作从历史和现实两个维度对美国社区学院的功能、影响、组织机构、管理模式等方面作了较为全面的论述。[①] 美国学者科恩和布拉维尔(Arthur M. Cohen，Florence B. Brawer)在《社区学院的学院功能》(The Collegiate Function of Community Colleges)一书中详细论述了美国社区学院的学院功能(Collegiate Function)的定义、特点、形成过程以及发展和演变的情况。他们认为，学院功能是美国社区学院的基本功能，它包括两个相互关联的概念，一是转学(Transfer Education)，二是自由教育(Liberal Arts Education)。[②] 学生在学校间的流转是学院职能产生的基本前提，而社区学院若要发挥好转学职能，就必须突出自由教育的地位。他们认为，随着美国社区学院职业教育功能的日益彰显，其学院功能逐步衰弱，这必将导致自由教育在社区学院课程体系中的地位逐渐下降。科恩和布拉维尔在另一著作《美国社区学院》(The American Community College，第 5 版)中详细介绍了美国社区学院的发展背景、教师和学生、组织管理、经费来源、学生服务以及职业教育、社区教育、转学教育等职能，全景式地展现了美国社区学院的发展状况。在这部著作的第四章中，作者浓墨重彩地介绍了美国社区学院的组织结构类型及其相应的管理体制。尽管作者认为，美国社区学院的形式、结构类型过于复杂，很难对其进行明确的分类，但他们仍然尝试着从学院的规模和控制主体等方面将其分类，认为规模的大小和控制主体的不同将直接导致社区学院管理体制和运作模式的差别。此外，国外还有大量期刊论文从不同角度对社区学院进行介绍和研究。

总之，这些外文著作为本书作者了解美国社区学院的基本情况、主要职能及管理模式提供了较为全面、系统的资料。

(二)国内关于美国社区学院的研究

美国社区学院的蓬勃发展及其现实意义吸引了世界的目光，许多研究

---

① Loretta Y. Teng, George A. Morgan and Sharon K. Anderson. Career Development Among Ethnic and Age Groups of Community College Students[J]. Journal of Career Development . Volume 28，Number 2，115-127.

② Arthur M. Cohen，Florence B. Brawer. The Collegiate Function of Community Colleges[M]. San Francisco：Jossey-Bass Publishers，1987：XI.

者都将其纳入研究的视野。我国学者从 20 世纪 80 年代开始系统研究美国社区学院。

1. 国内关于美国社区学院的专著

我国对美国社区学院的研究始于 20 世纪 80 年代。1980—1982 年,华东师范大学毛澹然先生赴美国哈佛大学教育研究生院进修,以"社区学院"为主要研究课题。高等教育出版社于 1989 出版的《美国社区学院》一书,集中体现了毛澹然先生这一时期的研究成果。《美国社区学院》一书可分为三大部分。在第一部分,作者以大量翔实的数据和资料介绍了美国社区学院的起源和发展历史;第二部分详细地介绍了美国社区学院的特点、职能、学生状况、教师状况、教学方法、行政管理以及经费来源与支配等方面的情况;第三部分以四个案例分别介绍了美国社区学院发展的四种模式:大城市综合性社区学院、大城市专科性社区学院、小城镇综合性社区学院以及开放大学型社区学院。结尾处,该书还对美国社区学院的发展前景作了预测。该书是我国最早系统介绍美国社区学院发展状况的专著,内容丰富,资料翔实,是国内研究美国社区学院不可多得的权威资料。但限于篇幅,该书对社区学院与外部的互动关系没有作深入的探讨,且由于出版年代较早,未能充分反映美国社区学院发展的最新动向。

河南师范大学续润华博士著、中国档案出版社于 2000 年出版的《美国社区学院发展研究》也是研究美国社区学院的重要参考文献。该书以美国社区学院发展的历史为主线,结合美国社会的政治、经济、文化等因素,对各时期社区学院的特点进行分析,体现了美国社区学院的发展及其与所处社会的互动关系。但由于该著作篇幅较小,对美国社区学院发展的内部因素未作更深入的剖析。

浙江师范大学万秀兰著、人民教育出版社于 2003 年出版的《美国社区学院的改革与发展》是国内关于美国社区学院研究的又一力作。全书可分为三大部分:第一部分以加利福尼亚州高等教育系统为例,旨在说明美国社区学院在高等教育系统中的地位、作用以及其与其他高等教育机构之间的分工合作关系;第二部分介绍了美国社区学院的三大职能,即学院教育职能、职业教育职能和社区教育职能产生和发展的背景、内容、意义和存在的问题;第三部分论述了美国社区学院职能发展的趋势,并据此提出社区学院职能模式多样化的观点以及对我国短期高等教育改革的启示。该书以美国社区学院三大职能演化为主线,对社区学院在美国高等教育系统中的角色定位和功能发挥进行了较为深入的探讨,并对影响社区学院职能变化的内外部因素进行了分析,对我国社区学院的理论研究与实践操作不无裨益。美中不足的是,著者在强调社会因素对社区学院影响的同时,在一定程度上忽视了对社区学院内部因素的分析;此外,社区学院的成人教育功能也未能在该著作中得到充分的体现。

徐琦著、中国社会出版社于 2008 年出版的《美国社区学院研究》重点以圣莫尼卡学院、南内华达州社区学院和奥斯汀社区学院为案例,对美国社区学院进行研究,为国内学者研究美国社区学院提供了较为翔实的资料。但该书也存在内容单薄、理论性不足等有待改进之处。

此外,曾子达编著、北京大学出版社于 1994 年出版的《加拿大社区学院》为我们研究社区学院提供了又一国别的材料和借鉴。该书在介绍加拿大教育制度的基础上分析了加拿大社区学院产生和发展的背景,对加拿大社区学院的地位、特点、学生情况、管理模式以及其与工商企业的合作作了介绍和分析。该书向我们展示了有别于美国的社区学院模式,但也存在一定的缺陷。如:内容不够全面,对社区学院的教师、职能、经费等方面内容涉及不多;论述不够深入,很多内容仅停留在简单叙述层面,有待进一步思考。

2. 国内关于美国社区学院的学位论文

本书作者通过中国知网,以"题名"为检索项,以"美国社区学院"为检索词,截至 2011 年 3 月底,共搜索到硕士论文 40 篇,博士论文 1 篇,这些学位论文的写作时间跨度为 2002 至 2011 年。这在一定程度上表明,作为一种独特的高等教育机构类型,社区学院已逐渐引起我国高等教育研究者的关注。

西南大学 2008 年任钢建的博士论文《美国社区学院升学与就业双重功能研究》重点分析了美国社区学院的转学教育功能和职业技术教育功能。论文首先介绍了美国社区学院的地位、作用与特点,分析了社区学院产生的思想基础,并在此基础上论述了社区学院两大功能及其产生的社会背景,由此得出两大功能对我国高职院校"专升本"制度的启示。该论文内容丰富,重点突出,论述较为充分,但对美国社区学院的功能认识较为偏颇,忽略了社区学院的基本功能——社区教育功能,从而在一定程度上混淆了社区学院和一般职业技术学院的本质区别。

现有的 40 篇关于美国社区学院的硕士论文都写于 2002 年之后,这在一定程度上反映出美国社区学院正日益引起国内研究者们的关注。在已有的硕士论文中,全面介绍社区学院情况的有苏州大学硕士李亚的《美国社区学院的探析与启示》、西北大学硕士赵敏的《剖析美国社区学院发展历程》、天津大学硕士李建荣的《美国社区学院演进与发展若干问题探讨》、西北师范大学硕士郝有隽《美国社区学院的发展历程与启示》。关于社区学院师资队伍建设的有浙江师范大学硕士王银霞的《美国社区学院兼职教师队伍发展研究》、首都师范大学硕士林森的《美国社区学院兼职教师专业发展研究》、华东师范大学硕士吴昌圣的《美国社区学院师资管理研究》。关于社区学院职能的有东北师范大学硕士凌淑莉的《美国社区学院职能问题研究》、四川师范大学硕士兰艳的《美国社区学院职能研究》、福建师范大学硕士冯宏义的《美国社区学院的办学职能与启示》等。此外,上海师范大学的李向丽硕士以"美国西部社区学院认证制度初探"为题,详细介绍和分析了美国西部社区学院认证制度的产生背景以及实施认证的各个环节,并在此基础上提出了我国高等职业教育评估应从中汲取的经验。这些硕士论文从不同的角度论述了美国社区学院的相关情况,具有一定的理论和实践意义,但同时也存在诸如论述不够深入、以史代论、资料不够翔实等方面的问题。

3. 国内关于美国社区学院的期刊论文

1982 年 6 月,中国教育部组织短期大学考察团对美国的 6 所社区学院进行参观考察,此后美国社区学院逐渐引起了我国理论研究者的重视。第一篇介绍美国社区学院的短文刊发于《比较教育研究》1982 年第 6 期。截至 2011 年 1 月底,共有 343 篇题名中包含"美国社区学院"的论文介绍和分析了美国社区学院的相关情况。其中较有代表性的有:万秀兰的《美国社区学院的课程职能体系》论述了在社会需求的推动下,美国社区学院形成了独具特色的课程职能体系,而社区学院自身灵活应变的特点使其将课程职能体系不断地发展、完善。王晓波、蔡玉胜在《从美国社区学院的人力资源提升看中国社区学院的发展趋势》一文中介绍了美国社区学院和美国人力资源需求的互动关系,认为在我国尚未建立与市场机制相适应的人力资源培养机制的情况下,社区学院应抓住机遇,主动适应市场需求,建立与之相适应的人才培养机制,促进自身更好地发展。沈岩在《借鉴美国社区学院经验的思考》一文中认为,美国社区学院以服务社区为最高宗旨,具有职能多样化、适应能力强、管理模式务实高效等特点;我国高等职业教育也应建立相应管理体系,整合当地教育资源,走出一条学历教育与职业培训并重、产学结合的路子。李漫红、苏明飞在《美国社区学院董事会的管理模式及其借鉴》一文中介绍了美国社区学院董事会的运作机制,分析了社区学院如何通过董事会处理学院与政府、社区的关系,认为我国社区学院应该建立健全董事会制度,以更好地处理学校内外部的各种关系。

此外,一些学者在论述高等教育相关内容时也对社区学院做了有益的探索,例如王洪才教授的《论我国多样化大众高等教育体系建设》在论及如何建立多样化大众高等教育体系时提出,应该大力发展非学术性高等教育,如社区学院。王洪才教授把美国社区学院的特点归纳为开放性、低收费、实用性、方便性、选择性和多功能,认为地方政府在社区学院的发展过程中应承担更多的责任,原有的高等教育体制也应改革,使大学和社区学院之间能有效沟通。

(三)关于我国社区学院的研究

1.关于我国社区学院的学位论文

目前,还没有专门论述我国社区学院的博士论文,相关研究主要集中在少数几篇硕士论文中。首都师范大学硕士王志强的《我国社区学院发展中的问题及对策研究》从社会政治、经济等方面论述了我国社区学院发展的可行性与必要性,随后通过实证研究等方法论述了我国社区学院目前存在的问题,对其原因进行分析,并从管理体制、保障体制、教育质量和品牌意识等四个方面提出了对策建议。辽宁师范大学硕士王霁在《我国社区学院融资问题研究》中先介绍了美国社区学院办学经费来源情况,认为州政府投入是社区学院办学经费的最大来源,其余依次是学杂费、当地政府和联邦政府投入、辅助服务收入和其他形式收入。作者认为我国社区学院存在经费总量少、来源渠道单一、融资体系不健全等问题,建议建立以各级政府、社区教育组织、社区居民、社区企业以及基金会为主体的多元融资模式,从根本上解决我国社区学院的融资问题。华东师范大学硕士楼建丽的《浙江省 XCQ社区学院实践研究》以浙江省 XCQ 社区学院为研究对象,在介绍该社区学院的成立背景、办学职能、办学特色等基本情况的基础上,分析了该学院面临的主要问题及其原因,最后从立法、管理体制、教学质量、师资队伍、学院品牌等方面提出了建议。天津大学硕士李云水的《县办社区学院的理论与实践研究》从基本概念"社区"入手,揭示社区学院的内在特点,在阐述终身教育理论、高等教育大众化理论以及人力资本理论等与社区学院相关的思想的基础上,从区域经济发展、就业需求等方面论述了县办社区学院的可行性,并在借鉴美国社区学院办学经验的基础上提出我国县办社区学院的发展策略:抓好质量标准建设、加强师资队伍建设、建立多渠道投资途径等。华东师范大学硕士房建军的《中加社区学院办学与课程设置比较研究》以上海市金山社区学院与加拿大马拉斯比那大学学院为例对比分析了中加社区学院在办学目标、课程设置等方面的异同,并在此基础上提出应从办学理念、办学过程、办学策略及外部支持等方面加以改革,以促进我国社区学院的良性发展。

　　这些学位论文从不同的角度对我国社区学院的办学情况作了较为全面的介绍和总结,具有一定的理论价值和实践意义,但其对社区学院的理解仍未摆脱美国社区学院模式的桎梏。这对于发展我国社区学院这一在性质与内涵上有别于美国社区学院的机构而言是不利的。

　　2.关于我国社区学院的期刊论文

　　在中国期刊网以"题名"为检索项,以"我国社区学院"或"中国社区学院"为检索词,截至2011年1月,共检索到论文27篇。这些学术论文从不同的角度对我国社区学院进行了分析和探讨,为我国社区学院的改革与发展提供了有益的启示。现对其中较有代表性的论文作一简述。孔晓虹的《高等教育大众化与我国社区学院发展对策》从分析我国高等教育大众化过程出发,提出社区学院应成为大众化的主体选择之一,因此,社区学院应从办学职能、经费筹集、社区联系等方面加以改革。王良娟的《我国社区学院发展的政策分析》从政治经济体制的改革、职业教育面临的困境、终身教育的影响等方面分析了我国社区学院形成和发展的政策背景,在介绍我国社区学院发展状况的基础上,提出了我国社区学院发展的策略建议。王连华的《我国社区学院发展模式研究》首先介绍了我国社区学院的发展状况,随后从性质定位、功能定位、发展条件和建设途径等四个方面论述了我国社区学院的发展模式。刘尧的《我国社区学院发展现状、问题与对策》一文先介绍了国内外社区学院发展的现状,并认为社区学院的基本职能是转学教育、职业教育、补偿教育和社区教育,总结其特点是社区性、普及性、实用性、灵活性和经济性;随后从社会发展的角度论述了我国社区学院发展的可行性;最后从宣传、立法、管理以及职能定位、课程及收费等方面提出了发展建议。

　　3.关于我国社区学院的学术专著

　　由于我国社区学院起步较晚,因而与之相关的系统性研究并不多见。目前关于我国社区学院的专著主要有浙江师范大学刘尧教授的《中国县级社区学院发展研究》和孙桂华教授的《社区学院实践探究》。

2009年由江苏大学出版社出版的《中国县级社区学院发展研究》从我国新农村建设这一时代背景出发,以浙江省县级社区学院为主要研究对象,较深入地分析了中国县级社区学院产生和发展的时代背景,客观地描述了浙江省社区学院的发展状况,对业已存在的各种问题进行剖析,并在此基础上提出了我国发展县级社区学院的基本策略。该书资料翔实,内容丰富,针对性强,同时也是国内首部系统研究农村社区学院的专著,因而具有较大的理论和实践价值。由于该著作是在作者历年关于浙江省社区教育的研究成果的基础上编撰而成的,因而在系统性方面有待进一步增强。此外,本书关于社区学院的发展模式的分类也值得商榷。

孙桂华著、北京航空航天大学出版社于2009年出版的《社区学院实践探究》以北京市朝阳社区学院为研究对象,全景式地介绍了该校的发展历程、管理模式、人才培养模式、社会服务模式、师资队伍建设以及文化建设等方面的情况。该书紧紧围绕朝阳社区学院的办学实践,向人们呈现了翔实的资料和数据,但由于在行文过程中未能充分地进行理性思考和理论分析,因而,该书在学术性和理论性上略显单薄。

这两本新著的共同点是资料翔实可信,内容丰富全面,且紧扣教育实践,这标志着我国关于社区学院的研究已开始逐步从经验借鉴转向自我发展,从理论探讨转向实践观照,从宏观叙事转向微观探悉,为我国社区学院研究的深入发展奠定了良好的基础。

此外,有部分研究者从我国成人高等教育改革的角度以及高职院校地方化的角度对社区学院作了不同程度的探讨。这些研究成果在一定程度上对本研究的开展起了直接或间接的促进作用。

4. 对现有研究的反思

从已有的研究成果看,国内外学者对社区学院这一高等教育形式给予了高度的关注,使我们能对社区学院特别是美国社区学院有较为全面和深入的了解,为我国发展社区学院提供了有益的经验借鉴和启示。然而,通过对已有文献的分析,不难发现,在有关美国社区学院的研究成果中,重点都集中在对美国社区学院职能、课程、师资、经费等方面情况的介绍上,较少涉及管理体制和运行机制。有关我国社区学院的研究成果,主要还停留在论述我国社区学院的必要性和可行性层面,对我国社区学院的特殊性则少有研究,特别是对于我国社区学院的内涵、特征、形成方式、管理体制等内容的研究还亟待加强。我们认为,在我国社区学院成立之初,充分论述其必要性和可行性、呼吁人们对社区学院的关注与支持是非常必要的,但是,更为重要的应是研究我国社区学院的基本特征和形成方式,以及如何建立适合我国国情的社区学院体制、机制,如何更好地促进我国社区学院的发展。本研究以"运行机制"为研究视角,希望能为我国社区学院的改革和发展尽一份绵薄之力。

四、研究意义

我国社区学院的研究涉及社区理论、社区教育理论、职业教育理论、终身教育理论、高等教育大众化理论以及教育管理学等理论。本研究旨在运用各种相关理论,通过论述如何发展我国社区学院这一命题,阐述政府、社区、学校之间的关系,在一定程度上推动社区教育理论的发展,进一步丰富和发展终身教育理论、职业教育理论及高等教育大众化等理论,从而具有一定的理论价值。

目前,我国社区学院还属新生事物,在实际运作过程中存在各种矛盾和问题。本研究通过调查法、文献法和案例分析等方法,从运行机制的视角探讨我国社区学院的发展,有利于发现并解决实际存在的矛盾和问题,更好地协调社区学院内、外部关系,促进我国社区学院更好地发展。因此,本研究将在我国高等教育改革和发展的实践中展现应有的价值。

五、基本思路及研究方法

生存和发展是我国社区学院当前面临的最主要的问题,政府、社区、其他高校、社区学院之间以及学院内部诸因素之间的相互关系是影响社区学院生存和发展的关键因素。因此,本研究将从厘清具有中国特色的社区学院的概念入手,分析我国社区学院的基本特征及其形成方式,论述在我国现有国情下发展社区学院的必要性与可行性,通过实地调研探明实际存在的矛盾与问题,并在此基础上围绕政府、社区、学校三大主体,从如何形成、如何管理、如何协调、如何保障等方面探讨建立合理的运行机制,以有效地协调政府、社区、学校及学校内部各要素的关系，充分发挥它们的积极性，以促进社区学院的健康发展。

根据研究的目的和任务，本书将构建由文献研究法、比较研究法、调查研究法及案例研究法等组成的方法体系。

文献研究法是开展一项科学研究的基本的、前提性的方法。本书将通过查阅大量的相关文献，对社区学院的概念、性质、职能、发展历程作一番全面的梳理，并对与本书密切相关的关于成人高等教育及高等职业教育的资料做一分析，以期在此基础上进一步明晰本研究的思路与方向。

在本书中，研究的主要对象——社区学院起源于美国。因此，在构建我国社区学院的运行机制之前，我们应该运用比较研究的方法对美国社区学院的内涵、形成过程及发展状况进行归纳和总结，由此提炼出对发展我国社区学院有益的经验与启示。

本书所构建的新型社区学院是一种基于现实的理想机构，这意味着，对现实问题的观照将是本研究不可缺少的环节。为此，本研究将采用问卷调查、访谈等方式了解和分析目前我国社区学院的发展状况及基础。

最后，本书拟在理论构建的基础上，选择若干所院校，对其办学状况进行分析，并为它们的社区化提供合理化建议。

第一章

美国社区学院的发展状况及基本经验

第一节　美国社区学院的发展概况

一、美国初级学院形成和发展的历史背景

　　潘懋元教授在论述教育外部关系规律时认为，"社会是个大系统，教育是这个大系统中的一个子系统，它与社会的其他子系统如经济系统、政治系统、文化系统以及各种社会因素如人口、资源、地理、生态、民族、宗教等等，存在着不可分割的必然联系与关系，教育要受社会其他子系统和诸多因素的制约，也对其他子系统和诸多因素起作用"①。美国社区学院的前身是始创于 19 世纪末期的初级学院。美国初级学院的形成和发展不是偶然的，而是有其深刻的时代背景，是教育特别是高等教育与所处社会各相关因素相互作用、相互影响的结果。正如美国学者科恩和布拉维尔所指出的："在导致社区学院产生的社会因素中，最重要的是对维持国家不断发展的工业运转的技术工人的需求、少年时期的延长、社会平等的呼声等。"②

---

① 潘懋元.新编高等教育学［M］.北京：北京师范大学出版社，1996：12.
② Arthur M. Cohen, Florence B. Brawer. The American Community College ［M］. SanFrancisco：Jossey-Bass Publishers，2008：1.

(一)美国社会民主观念、实用主义哲学等理念奠定了初级学院形成的思想基础

首先,在美国深入人心的、被百姓广泛认同的社会民主观念是初级学院形成的政治思想基础。从词源上看,"民主(democracy)"一词源于古希腊语中的"demokratia",是由 demos(人民)和 kratos(管理)所合成,意指国家的事情由人民来管理。美国是个移民国家,当欧洲移民不远万里抵达美洲大陆时,迎接他们的是荆棘丛生的蛮荒之地,恶劣的自然环境促使广大移民平等相处、精诚协作。在这种生气蓬勃的拓殖精神面前,封建意识难起作用,只好被新的意识所取代。因为在开拓荒野面前,人人的确是机会平等的。[①] 加之赴美移民中多数为政治、经济或宗教上的受压迫者,民主平等乃是他们发自内心的诉求。久而久之,美国人民主、平等、自由、协作的观念就形成了。民主平等的观念一经形成就深植于美国民众的思想之中,并深刻地影响了美利坚合众国的建国理念。此后,经美国人民的努力,民主平等的政治思想更是在宪法中得到了明确的肯定,从此成为美国人政治活动、日常生活的思想坐标,影响深远。民主是社会的核心概念,对该社会的政治、经济、文化、教育等方面都会产生不可忽视的影响。只有民主的社会才有可能产生民主的教育。美国学者杜威认为民主的社会和教育之间有着密切联系,"要达到这个目的(指社会平等——作者注),不但要求有适当的学校管理设施,并辅以青年能够利用的家庭教育,而且要求对传统的文化理想、传统的课程以及传统的教学和训练的方法进行必要的改革,使所有青年能继续在教育影响之下,成为他们自己经济和社会的前途的主人"[②]。教育是一个社会不可或缺的重要组成部分,教育民主化是社会民主化的重要表征,因此,要真正实现社会民主平等,就必须扩大受教育机会,增进教育公平。正因为如此,一直致力于保障社会民主平等的美国政府历来重视教育的民主与公平,而这一点恰恰与社区学院所体现的民主、参与、共享精神一致。此外,值得一提的是,影响深远的民主思想在美国教育体制上也得到了充分的体现,即中央政府给予地方政府极大的教育自主权,由地方根据实际情况自主制定教育法规,设立教育机构,这也为美国社区学院这一地方性高等教育

---

① 滕大春.美国教育史[M].北京:人民教育出版社,2001:98.
② [美]杜威.民主主义与教育[M].王承绪译.北京:人民教育出版社,2001:108-109.

机构的形成和发展提供了适宜的条件。

　　其次,实用主义哲学思想为初级学院的形成和发展提供了思想武器。实用主义思想是一个极具美国特色的哲学思想,对美国社会产生了深远的影响。法国社会学家托克维尔在其名著《论美国的民主》一书的导言中有这样一段话:"美国人是一个讲究实际的民族,不大善于思考。他们凡事考虑眼前的利益,而不大追求长远的利益。他们所看重的是够得到,摸得着,切实存在,并能用金钱估量的东西。"①尽管这一评论有失武断和偏颇,但却形象地呈现了美国人民所奉行的实用主义的基本特点。实用主义在美国产生并不断发展成熟,受以下几个方面的影响:①19世纪中叶,科学和科学方法享有盛誉;②在随后流行的哲学中经验主义有相当的实力;③生物进化论被接受;④美国民主理念被接受;⑤美国是一个由欧洲具有反叛精神的移民在开疆拓土的冒险活动、残酷的战争等基础上形成的多民族、多种族的国家;⑥其思想直接来自英国的功利主义文化传统。② 现在一般认为,实用主义哲学的创始人是美国哲学家皮尔斯(Charles Pierce)。19世纪70年代初期,皮尔斯在当时美国的文化中心、哈佛大学所在地坎布里奇组织成立了一个哲学研讨会——"形而上学俱乐部",开展经常性的学术研讨活动,并将讨论结果加以总结,最后将其归纳为"实用主义"。1879年,皮尔斯在《哲学评论》学术期刊上发表了题为"如何使我们的思想变得更加清晰"的学术论文,初步阐释了实用主义的基本观点。皮尔斯认为,思维的主要任务在于确立信念,信念导致行动,而信念的意义取决于行动的效果,信念的作用在于确保人的行为更好地适应环境,从而达到人生的目的。"由此,皮尔斯将科学引进了人文的范畴,使信仰的确定不是取决于人性的因素,而是建立在客观外在并可验证的基础上。"③继皮尔斯之后,哈佛大学教授詹姆斯(William James)将实用主义进一步系统化,并具体阐述了实用主义的主要观点。1898年,詹姆斯做了题为"哲学概念和实际效果"的著名演讲,对皮尔斯的实用主义观点进行阐述和深化。在詹姆斯看来,哲学不仅是关于世界的根

---

　　①　[法]托克维尔.论美国的民主(下册)[M].董果良译.北京:商务印书馆,1988:954.

　　②　[美]C.莫里斯.美国哲学中的实用主义运动[J].文孙思译.世界哲学,2003(5).

　　③　钱满素.美国文明[M].福州:福建教育出版社,2008:356-357.

本方法论,更是与人们日常生活息息相关的指导思想;有用即是真理,真理不是空洞的理论体系,而应对人们的学习、工作、生活具有切实的指导和帮助,因此,真理也是一种工具,并且是对人们有直接裨益的工具。詹姆斯认为,一个概念"只要能证明对人生有任何效果,它就有一定意义;只要这意义是适用的,它就一定是真理"①。他最有名的说法是:它是有用的,因为它是真的。在詹姆斯将实用主义哲学思想系统化之后,杜威(John Dewey)将该理论的一般原则应用于政治、教育等领域,进而使实用主义哲学思想影响美国社会生活的各个方面,杜威本人也因此成为实用主义的旗手。杜威将真理和人的思想看作是适应环境的工具,人与环境交互作用的过程就是思想发展的过程,真理起工具作用的过程就是实践的过程,因此,杜威非常重视社会实验,主张用科学的方法研究人类社会,这一观点与皮尔斯是一脉相承的。

尽管人们普遍认为,美国成体系的实用主义哲学思想形成于 19 世纪末、20 世纪初,但在美国特定国情的影响下,实用主义的思想或观念却是随着欧洲移民抵达美洲大陆之日起就逐步扎根于美国人的头脑中的。无论是成体系的实用主义哲学思想建立之前还是之后,该思想对美国各级教育,特别是高等教育的课程结构体系都产生了极其深刻的影响。能否对美国社会生活产生积极的、现实的作用和意义,即是否具有实用性,往往成为一门课程能否开设的关键性因素。美国著名高等教育学家布鲁贝克认为,"由于高等教育越来越被指望能运用高深学问去研究解决社会问题,因此,决定课程结构的应该是应用型学科而不是传统学科"②。在实用主义哲学思想影响下,美国高等教育机构在办学目标、培养方式、课程设置、教学方法、评价体系等方面都明显带有实用主义的风格和特色。面向当地社会工农业发展实际需求的地方性高等教育机构开始出现,这部分学校以其实用性、地方性等特点适应了时代的要求,受到普遍赞誉,从而获得了极大的发展,这也为美国初级学院的形成和发展奠定了基础。

---

① [美]威廉·詹姆士.人本主义和真理[M].陈羽纶等译.北京:商务印书馆,1995.167.

② [美]约翰·布鲁贝克.高等教育哲学[M].王承绪等译.杭州:浙江教育出版社,2002:106.

① [美]威廉·詹姆士.人本主义和真理[M].陈羽纶等译.北京:商务印书馆,1995.167.

② [美]约翰·布鲁贝克.高等教育哲学[M].王承绪等译.杭州:浙江教育出版社,2002:106.

现代终身教育体系建设研究丛书
Construction of the Modern Lifelong Eudcation System
20 中国社区学院运行机制研究

（二）美国经济的发展、生产方式的变化促进了初级学院的形成和发展

马克思在《资本论》中指出："事实上，每一种特殊的、历史的生产方式都有其特殊的、历史地起作用的人口规律。"①在欧洲殖民者登上美洲大陆前，广袤的北美大陆人烟稀少，只有近百万的印第安人稀疏散布于此。自哥伦布于 15 世纪末踏上美洲大陆起，少量的欧洲人开始向这里移民，这块神奇的土地开始慢慢发生变化。到 1700 年，除土著印第安人外，北美大陆东部海岸分布着大约 28 万欧洲移民。随着北美大陆在欧洲本土影响的扩大以及航海技术的发展，越来越多的欧洲人来到新大陆。到美利坚合众国建立初期，共有 400 余万人口，其中 90％以上从事农业生产活动。由于土地资源充裕，人们从事自给自足的小农经济即能满足基本需求，对科学、技术的需求并不十分强烈，因而与此相关的技术教育发展并不明显，仅是出于政治、宗教等的考虑设立了为数不多的学校，以培养教师、律师、牧师等人员。18 世纪下半叶，以机器大生产为主要标志的工业革命开始席卷欧洲，受此影响，美国的生产方式也在悄然发生变化。1861 年至 1865 年，历时 4 年的美国内战一方面给美国经济造成了巨大破坏，另一方面由于废除了奴隶制度、逐步确立了资本主义制度，为代表先进生产方式的资本主义生产关系的发展扫除了障碍。内战后，美国经济发生了巨大的变化。首先表现在经济结构上，已由内战前的农业国转变为工业化国家。其次表现在工业生产实力上，从内战后到 19 世纪末的 40 年间，是美国完成工业革命、迅猛发展资本主义的阶段。随着工业、农业、商业、运输业的迅速发展，美国社会的政治、经济、文化等发生了深刻的变化。在工业体系中，急促的生产节奏和频繁的技术升级对从业者提出了更高的要求。杜威在论及工人和生产方式之间的相互关系时指出："他们个人的知识和独创性至少在一个小范围内得到了发展，因为，它们的工作是工人直接使用工具做的。现在，操作工人必须使自己适应于机器，而不是使工具适应于他自己的目的。"②在经济增长及经济结构调整的过程中，社会对科学技术的需求也趋于旺盛，日益呼唤掌握一定科学知识和技术的应用型人才。在此情况下，原殖民地时期建立的以培养精英型人才为目的的四年制本科院校已不能有效地满足社会发展的需

---

① 罗荣渠.美国历史通论[M].北京:商务印书馆,2009:13.

② [美]约翰·杜威.民主主义与教育[M].王承绪译.北京:人民教育出版社,2001:333.

求。经济社会发展要求对高等教育结构和功能进行调整，以建立新型的高等教育机构和形式，大量培养具备一定科学素养、掌握一定技术的劳动者。社区学院以其培养实用型人才的职能定位顺应了美国经济社会发展的潮流，从而获得较好的发展。

(三)美国高等教育哲学对初级学院形成和发展的影响

哲学是关于世界观的学说，是人们对世界(自然界和人类社会)的总体看法和根本观点。任何一种具有重大意义的新事物的诞生，除了要具备特定的经济发展水平和政治制度等客观因素之外，人们的哲学观念也成为不可或缺的基本条件。从一定程度上说，高等教育哲学就是高等教育理念，是关于高等教育的性质、功能、责任等本质问题的基本观点和看法。美国社区学院的形成和发展有其政治、经济方面的原因，高等教育哲学也在其中扮演了重要的角色。

美国高等教育哲学是伴随着美国(包括建国前殖民地时期的)教育特别是高等教育的发展而不断演进的，不同时期具有不同的政治、经济、文化背景，因而人们对高等教育的根本看法，即高等教育哲学也因时而异。美国学者布鲁贝克在其名著《高等教育哲学》中明确指出："在20世纪，大学确立它的地位的主要途径有两种，即存在着两种主要的高等教育哲学，一种哲学主要是以认识论为基础，另一种哲学则是以政治论为基础。"[①]基于认识论的大学在高等教育活动中倾向于把"闲逸的好奇"作为自己的精神追求，以探索高深学问为己任，关注人的精神世界，而对社会的现实需求则不甚关注。基于政治论的大学则强调大学对社会和国家的责任，运用大学自身的优势帮助解决社会存在的各种实际问题和矛盾。"高等教育的两种哲学——认识论的和政治论的——交替地在美国的高等学府中占据统治地位。"[②]其实，布鲁贝克的这个著名论断不仅适用于20世纪，也同样适用于20世纪之前的美国高等教育。

当欧洲殖民者试图长期驻扎北美大陆时，出于各种考虑，他们努力改善与当地居民的关系，在定居点先后建立了许多教育机构，包括教会学校、家

---

① ［美］约翰·布鲁贝克.高等教育哲学[M].王承绪等译.杭州:浙江教育出版社，2002:13.

② ［美］约翰·布鲁贝克.高等教育哲学[M].王承绪等译.杭州:浙江教育出版社，2002:15-16.

庭学校,免费为土著居民的儿童提供各种教育和辅导。1636 年,北美大陆的第一所高等院校——哈佛学院成立,此后,其他高等教育机构陆续建立起来,如 1693 年成立的威廉玛丽学院。由于经济发展水平等方面因素的影响,这些高等教育机构的经济促进功能并没有充分显现出来,因此,其主要任务是对殖民者子女和印第安人子女进行普通教育,学院和大学都将古典课程作为课程体系的核心。"学院的形式集中在为期四年的共同的古典课程教学上,最终授予学士学位。这些分散的学院,固定地围绕着好像'一个封闭的盒子'的课程,几乎不是与科研和紧张的专门化相宜的环境。"①但此时北美高等教育还处于初创时期,还未能形成系统的高等教育哲学,人们对高等教育的认识也仅限于学院的作用和意义。

随着欧洲移民数量的增加,北美经济逐渐繁荣,人们对实用知识和技术的需求也日益强烈。因此,州立大学在课程设置上冲淡了殖民地时期的神学气氛和古典主义,转而注重实用知识和科学知识;在 18 世纪末和 19 世纪初,更向专业教育方向跨越。② 这引起了人们对高等教育及其机构的性质、使命、功能的思考和争论。为统一人们对高等教育本质和使命的认识,1828 年耶鲁大学发表了著名的《耶鲁报告》(Yale Report of 1828),指出,传统学院的目的是实施自由教育,造就社会领袖和精英。学院教育之目的,其实也就是自由教育之目的,而自由教育的目的在于"智能训练",在于通过使用古典语言讲授传统课程的方式规范和完善学生的心智,发展他们的潜能。也就是说,通过学院教育,学生要扩展及平衡心智能力的发展,具有自由而全面的视野,塑造美好和谐的性格。③ 耶鲁报告认为,大学和学院教育的根本目的不在于为社会特定职业培养专门人才,而应通过开设逻辑、文法、修辞、数学等古典课程,以提高学生的心智水平。耶鲁报告所强调的大学人文精神对 19 世纪上半叶的美国高等教育产生了很大的影响。

然而,正如布鲁贝克所言,两种哲学交替在美国高等教育中占据统治地位。在《耶鲁报告》所推崇的认识论的影响还未消退之际,政治论哲学已蓄

---

① ［美］伯顿·克拉克.探究的场所——现代大学的科研和研究生教育［M］.王承绪译.杭州:浙江教育出版社,2001:137.

② 滕大春.美国教育史［M］.北京:人民教育出版社,1994:210.

③ Melvin Urofsky. Reform and Response:The Yale Report of 1828［J］. History of Education Quarterly,1995(1).

势待发。随着美国社会的发展,科学技术的重要意义日益凸显,要求高等教育通过传播社会所需的科学技术、培养科技人才以直接为社会服务的呼声日益高涨。1862年,美国国会通过了《莫雷尔法案》,使直接为工农业生产服务的农工学院迅速发展起来。《莫雷尔法案》的实施及后来的"威斯康星思想"大大强化了高等教育为地方服务的意识,密切了高等教育机构与地方或社区的关系;同时也夯实了大学存在的政治论基础,为以直接服务社区为目的的社区学院的发展提供了精神动力和法制保障。正如布鲁贝克所言:"当代的学院和大学同整个社区的关系比同修道院的关系更密切。尽管像修道院一样,安宁的理想并没有被完全放弃,然而已经与其不那么密切了。社区的需要是决定课程和学位这类学术要求的最后标准,对这一点再也不存在什么疑问了。今天,需要甚至渴求知识的人和机构比以往任何时候都多。为了生存并产生影响,大学的组织和职能必须适应周围人们的需要。"①

二、美国社区学院的发展历程

美国社区学院是美国高等教育发展的产物,是特定政治、经济、文化背景下多种因素相互作用的结果,或者说,是美国高等教育内部发展逻辑与外部环境相互影响的结果。在美国社区学院发展的百余年历史进程中,由于高等教育自身规律的作用,由于所处社会环境的变迁,社区学院的历史形态、内部结构、主要职能等都发生了变化。美国社区学院的发展可依据其特点而划分为四个阶段。

(一)初级学院的萌芽时期

1861—1865年的美国南北战争瓦解了奴隶制度,使代表先进生产关系的资本主义制度正式登上了美国历史舞台。在19世纪后半叶,由于社会持续稳定、经济不断发展,美国人口急速增长。1870年至1900年的30年间,美国的人口几乎增加了1倍,而在这一时期,美国高等学校的入学人数却增加了约4.5倍,由1870年的5.2万余人增加至1900年的27.3万余人。②高等教育入学人数的急剧增加使部分高教界人士开始担忧高等教育的质量

---

① [美]约翰·布鲁贝克.高等教育哲学[M].王承绪等译.杭州:浙江教育出版社,2002:17-18.

② 转引自毛澹然.美国社区学院[M].北京:高等教育出版社,1989:1.

问题。此外,以学习德国高等教育模式为主要特征的高等教育改革运动也在一定程度上促成了社区学院的形成和发展。这些因素促使许多教育家特别是大学领导者开始考虑对大学的结构进行调整,使更多的人可以进入大学接受高等教育,同时又不会影响作为研究高深学问的大学的教学和研究的质量。具体而言,就是将大学一、二年级与三、四年级分作两个相对独立的阶段,前一阶段负责普通教育,后一阶段负责专业教育;从二年级学生中挑选优秀者升入三年级,改变以前二年级学生直接升入三年级的做法。这样就能达到既增加大学入学机会,又保障大学追求卓越的品性的目的。这一观点在美国高等教育界引起了较大的反响,部分学者开始考虑付诸实践。1855年,美国学者塔潘(Henry P. Tappan)在就任密执安大学校长的就职演说中认为,德国十三年级的教学内容与美国大学一、二年级的相当,建议美国中小学将学习年限从12年延长至14年,将现在大学一、二年级的课程内容下移至中学。由于多种原因,塔潘的建议未能付诸实施。1892年,芝加哥大学校长哈珀(William Rainey Harper)将芝加哥大学分成"学术学院(academic college)"和"大学学院(university college)"两部分。学术学院负责对大学一、二年级的学生进行普通教育,而大学学院则负责对大学三、四年级的学生进行专业教育。1896年,这两个学院分别更名为"初级学院(Junior College)"和"高级学院(Senior College)"。这是美国首次使用"初级学院"这一名称,哈珀也因此被誉为美国"初级学院之父"。1900年,芝加哥大学设立协士学位,将其授予那些完成初级学院课程,但不愿或不能够继续升入高级学院学习的学生。此时,尽管已出现了名为"初级学院"的机构,但此类机构并非独立的学校,而只是四年制大学或学院中的一个教育阶段。

　　密执安大学校长塔潘在考察德国教育制度时发现,德国中小学教育年限普遍较美国长1~2年,且最后两年的教育内容已相当于美国大学一、二年级的程度。塔潘认为,德国中学年限较长且教育内容较深这一特点使其高等教育学生学术能力较强,这是德国高等教育水平领先于世界的重要原因,因此他建议美国学习德国的教育经验。受塔潘思想的影响,部分中学逐渐延长学制,开设一些中学后课程,为学生日后进入大学提供学术准备。此外,由于19世纪末期,美国大学多集中于大中城市,小城镇和农村学生就学极不方便,因此,许多美国人希望附近的中学能开设部分大学课程,使他们能就近接受近似大学的教育。部分初级学院即由此演变而成。1901年,伊利诺伊州成立了美国第一所公立初级学院——乔利埃特初级学院,费拉德尔菲亚、马斯基根、萨布诺、密苏里州的圣约瑟夫戈申等地也均在中学教育的基础上增设中学后课程,逐渐建立起初级学院。[①]

除此之外,部分师范学校和职业技术学院由于办学困难、急于转型等原因而改制为初级学院,还有一些地方政府出于各种考虑,如扩大高中毕业生的继续入学机会等,创办了部分初级学院。

(二)初级学院初步发展时期(20世纪初至20世纪40年代)

到1900年前后,美国初级学院还不到10所,规模也极小,但在随后的几十年时间里,美国初级学院便呈现了良好的发展态势。这主要是因为19世纪末、20世纪初美国中学入学人数激增,因而期望中学毕业后继续升学的人数也相应增加。另外,由于美国工业经济快速增长,社会各行业急需大量有知识、懂技术的人才,因此,许多商业部门纷纷对大学和学院,包括初级学院进行捐助,这也在很大程度上刺激了初级学院的发展。第一次世界大战后,世界各国百废待兴,各项需求极为旺盛,这对在战争中没有受到直接破坏的美国经济而言不啻绝佳良机。美国工业经济的巨大繁荣需要大批专业、半专业化人才,美国初级学院因此获得进一步发展的动力。

在此阶段,美国初级学院发展状况大体呈现如下特点:首先,初级学院萌芽之时,附设于四年制大学甚至中学之内,并非独立的高等教育机构;其次,独立的初级学院的规模普遍很小,在最初的20年内,校均规模还不足20人;再次,发展速度很快,特别是进入20世纪20年代,由于多种因素的推动,初级学院的数量和规模都有了很大的发展;复次,初级学院大部分是私立性质的,但随着时间的推移,公立初级学院的比重越来越大,见表1-1;最后,初级学院的主要职能是转学教育,即为日后升入四年制大学或学院继续学习的学生提供相关教育。正如有学者指出的,美国社区学院成立的目的就是在高等教育和低年级学校之间搭建起一座桥梁。无论社区学院在后来增加了多少功能,最初的转学功能仍是其最基本的功能。[②] 在美国初级学院的语境下,转学职能包括两层内容:学生流动和自由教育。在此,学生流动是指在初级学院完成13、14年级教育的学生凭其所修学分到其他四年制大学或学院继续学习的过程。自由教育是指人文、社会科学以及大学生

---

① 毛澹然.美国社区学院[M].北京:高等教育出版社,1989:5.

② Arthur M. Cohen, Florence B. Brawer. The Collegiate Function of Community Colleges[M]. San Francisco:Jossey-Bass Publishers,1987:xi.

必须学习的基础学科等方面的教育,在美国一般称为通识教育。在初级学院早期,其所开设的课程大多为转学教育课程。1924 年,美国学者库斯(Koos)对 1921—1922 年度的 58 所公私立初级学院的课程设置进行了分析,发现其转学类课程占总课程的 3/4。[1] 1930 年,美国学者坎贝尔通过对 343 所初级学院的课程体系的调查,发现为两年后转入四年制院校而开设的课程比例为 58.8%,提供终结性教育和职业教育的占 15.6%,提供民主教育培养良好公民的占 13.8%,普及高等教育的占 11.8%,由此,坎贝尔得出的结论是,初级学院的主要职能是转学教育。[2]

表 1-1　美国初级学院发展状况(1899—1948 年)

项目 / 年份	总数	公立初级学院数量及比例		私立初级学院数量及比例	
		数量(所)	比例	数量(所)	比例
1899—1900	8	0	0	8	100%
1908—1909	20	—	—	—	—
1915—1916	74	19	26%	55	74%
1921—1922	207	70	34%	137	66%
1925—1926	325	136	42%	189	58%
1929—1930	436	178	41%	258	59%
1933—1934	521	219	42%	302	58%
1938—1939	575	258	45%	317	55%
1947—1948	650	328	50%	322	50%

数据来源:Arthur M. Cohen, Florence B. Brawer. The American Community College[M]. San Francisco:Jossey-Bass Publishers,2008:15-17.

(三)社区学院的成熟时期(20 世纪 50 年代至 80 年代)

第二次世界大战对美国政治经济发展产生了深刻的影响。二战初期,由于经费的原因,美国初级学院发展受到较大冲击,但这种冲击并没有持续太久。反而由于战事发展的需要,美国政府急需补充大量的工程技术人员,如机械、航海、焊接、急救等方面的人才。初级学院迅速作出了反应,开设了大量相关的实用技术类课程,以培养适应国家需要的实用型人才,产生了良

---

① Arthur M. Cohen, Florence B. Brawer. The American Community College[M]. San Francisco:Jossey-Bass Publishers,2008:348.

② 毛澹然.美国社区学院[M].北京:高等教育出版社,1989:26.

好的社会效应。初级学院也因此在很大程度上改变了过去留给人们的质量低劣的不良印象。战后,数百万美军士兵退伍,回归地方,如何安置数目如此庞大的复员军人成了美国政府亟待解决的难题。1944 年,美国颁布《军人权利法案》,由政府出资,供退伍军人接受各级教育,其中进入高校的退伍军人,1945 年有 8.8 万,1946 年增至 101 万,1947 年有 115 万,1949 年有 97.5 万,1945—1956 年共有 549.6 万人。[①] 大量退伍军人涌入各所大学和学院,致使这些高校人满为患。1947 年,杜鲁门总统授权建立的总统高等教育委员会经过全面细致的调查,向总统提交了一份报告,该报告认为根据当时情况,应大力发展初级学院。在美国政府的大力推动下,初级学院发展呈现迅猛之势,见表 1-2。

表 1-2　美国初级学院发展状况(1952—1989 年)

项目 年份	总数	公立社区学院数量及比例		私立社区学院数量及比例	
		数量(所)	比例	数量(所)	比例
1952—1953	594	327	55%	267	45%
1956—1957	652	377	58%	275	42%
1960—1961	678	405	60%	273	40%
1964—1965	719	452	63%	267	37%
1968—1969	993	739	74%	254	26%
1972—1973	1141	910	80%	231	20%
1976—1977	1233	1030	84%	203	16%
1980—1981	1231	1049	85%	182	15%
1984—1985	1222	1067	87%	155	13%
1988—1989	1231	1056	86%	175	14%

数据来源:Arthur M. Cohen, Florence B. Brawer. The American Community College[M]. San Francisco:Jossey-Bass Publishers,2008:17.

在总统高等教育委员会的这份报告中,该委员会还建议在全国范围内用"社区学院"的称谓替换"初级学院",并利用各种传媒手段加以宣传。总统高等教育委员会之所以呼吁使用"社区学院"的称谓,是基于初级学院自身主要职能已发生变化这一实际状况。该报告认为,"在过去,初级学院主要是在地方社区提供传统学院的一、二年级课程。除了少数例外,初级学院

---

① 　陈学飞.美国高等教育发展史[M].成都:四川大学出版社,1989:150.

的重点在于输送学生到文理学院或专业学院三、四年级学习。但是,这种预备性的计划是不完整的……社区学院应突出终结性教育计划。终结性教育计划应包括普通教育和职业训练"①。在 20 世纪 40 年代之前,初级学院的主要职能是转学职能,即为学生提供转学教育,"初级学院"一词名副其实。但之后,由于美国社会职业教育日益受重视,初级学院的职能发生了变化,转学教育在各初级学院中的比重逐年下降,职业教育职能比重开始上升。1963 年,为适应经济发展要求,美国政府通过《职业教育法案》,大幅增加职业教育拨款,大力加强职业教育。更为重要的是,美国政府根据该法案成立了全国社区学院顾问委员会以指导职业教育的开展。此后,社区学院大量开设职业教育课程,以马萨诸塞州为例,1976 年该州 15 所社区学院中 2/3 的学校提供一半的职业教育课程,其中 9 所学校课程的 3/5 与职业教育相关。② 由此可见,职业教育已经成为社区学院的主要职能之一。社区学院开展职业技术教育的主要目的是培养具有实用技能的技术人员,以满足当地经济社会发展的需要。社区学院在开设新的职业技术专业或课程之前,一般都会在社区学院顾问委员会指导下,广泛征求当地工商界人士的意见,以期符合当地人才市场的需求。因此,社区学院的毕业生大多能找到合适的工作。开展职业教育大大拓展了社区学院生存与发展的空间,美国社区学院与初级学院协会(AACJC)的相关材料显示,1980 年,美国全国已有初级学院和社区学院 1231 所,占美国高等学校总数的 39%,在校的全日制和非全日制的学生共 4825931 人(不包括学习各类课程但不修学分的学员,这类学员共达 3977050 人),占美国高等学校学生总数的 42%。③ 当然,社区学院职业教育职能的扩展并未将转学职能完全排除,而是两大职能共存于一体,成为这一时期社区学院的基本特点。

(四)社区学院的综合发展时期(1990 年至今)

自 20 世纪 90 年代以来,在知识经济影响下,创新精神和综合素质成为

---

①　James R. Valadez. Transformation of the Community Colleges for the 21st Century[J]. Educational Researcher. Mar. 2002.

②　杨振宇,李慧清.美国社区学院的发展历程及其职能变迁[J].大学・研究与评价,2007(6).

③　American Association of Community and Junior College: Community, Junior and Technical College Directory[M]. 1981:2-4.

个人能否成功的关键性因素。时代的变迁和社会对个体要求的变化也直接影响了社区学院的发展方向,使其在多样化的社会需求推动下朝着多职能、综合化的方向发展。作为人们生活的主要场所,社区在文化教养方面的独特优势日益显现出来,因此,美国政府非常重视通过社区这个平台对民众进行各种宣传、教育活动。作为社区文化、教育活动中心,关注社区、服务社区已成为社区学院的重要任务。社区学院的各项活动都要以所在社区为中心,这是其区别于其他高等教育机构的重要特征之一,因此,社区学院的另一个重要职能是社区教育。社区教育从内容到形式都相当广泛、复杂,科恩和布拉维尔认为,社区教育是社区学院各项职能中范围最广的,包括成人教育、继续教育、合同服务以及许多其他非传统大学教育活动。社区教育的形式也多种多样,有学历教育,也有非学历教育;教学时间也长短不一,从1个小时到一学期不等;社区教育地点也不尽相同,有在校园内教学的,也有在校园外的,还有的通过闭路电视、报纸或收音机进行教学;社区教育的内容也相对广泛,既有正规教育,也有休闲娱乐,既关注个人兴趣,又涉及特定的商业领域或整个社区的事务。① 社区学院通过自身的教育教学活动,为所在社区提供信息咨询、教育教学、技术指导等服务,一方面证明了自身的存在价值,成为社区不可或缺的重要组成部分,另一方面也为自身生存和发展取得了各种支持,如经费、实习基地以及社区内其他可利用的设施和资源。

经过近百年的发展,美国社区学院已成为一个多职能、综合性的高等教育机构。目前,美国社区学院的主要职能有转学教育职能、职业教育职能、社区教育职能。社区学院发展的历史已经证明并将继续证明,社区学院的职能是不断发展变化着的。随着新世纪的来临,在经济全球化的影响下,世界各国之间的政治、经济、文化、教育交流日趋兴盛,国家间的人员流动也较以往更加频繁。在此背景下,美国社区学院以其便利性、经济性、实用性等特点,成为许多外国留学生青睐的教育机构。可以预见,国际文化交流将成为美国社区学院另一个重要职能。此外,部分规模较大、教学质量高、社会声誉好的社区学院在发展过程中逐渐获得了学士学位授予权,在办学层次上有所突破。甚至有部分社区学院在此基础上试图彻底抛弃转学教育和社

---

① Arthur M. Cohen, Florence B. Brawer. The American Community College [M]. San Francisco:Jossey-Bass Publisher,2008:313.

区教育职能,升格为四年制普通本科院校。所有这些现象都表明,在不断变化的社会环境影响下,社区学院正在积极地调整自身的结构、功能和理念,从而使社区学院变得更加复杂和多元。

第二节　美国社区学院的运行机制

一、美国社区学院的管理体制

美国社区学院经过 100 多年的发展,已经成为一种数量众多、形态各异的高等教育机构类别。从数量上看,截至 2011 年 3 月,全美共有社区学院 1167 所,其中公立社区学院 993 所,私立社区学院 143 所,族群学院 31 所,全美社区学院学生数约为 1200 万,约占美国大学生总数的 50%[①];从机构名称上看,除了最为普遍的"社区学院"外,还有其他称谓,如初级学院、城市学院(city college)、县级学院(county college)、职业学院(technical institute)、人民学院(people's college)、民主学院(democracy's college)、机会学院(opportunity college)、非大学学院(anti-university college),等等;从性质上看,有公立社区学院,也有私立社区学院和教会举办的社区学院;从规模上看,有人数超过 4 万的巨型社区学院,也有学生不足百人的微型社区学院,据卡耐基教育基金会(Carnegie Foundation)于 2006 年所做的调查,在 2004 年,全美公立社区学院中,有 1/3 的学校学生数不足 2444 人,有 1/3 的学校学生数在 2441 人至 5855 人之间,另有 1/3 的学校人数在 5856 人至 40000 人之间,还有极少量的社区学院规模超过 4 万人[②];从社区学院管理权限归属上看,既有州政府管理的社区学院,也有大学管理的社区学院(University-Controlled Community College)。

这些大小不一、性质各异、名称不同的社区学院在组织机构和管理模式上也存在很大的差别,并没有统一的组织架构和管理模式。许多学者试图

---

① AACC. Fast Fact. http://www. aacc. nche. edu/AboutCC/Pages/fastfacts. aspx.

② Arthur M. Cohen, Florence B. Brawer. The American Community College [M]. San Francisco:Jossey-Bass Publishers,2008:16.

对纷繁复杂的社区学院管理模式进行分类，查菲（Chaffee）把社区学院管理模式分为直接沟通的线性模式（the linear）、迅速反应的自适应模式（the adaptive）和基于文化的协调模式（the interpretive）；理查德森（Richardson）则根据社区学院的的权力主体及其相互关系提出了另外三种模式：官僚模式、政治模式和学院模式。[①] 在官僚模式体制下，社区学院的管理机构和组织呈现金字塔形结构，每一个组织和岗位都是根据责任而设置的，不同层级的组织和岗位有着迥异的责任、工作内容和特定权力。整个组织结构是通过权力将上下各级组织联系起来的，金字塔的顶端是董事会，塔底则是教职工和学生。政治模式则是通过建立一套机制以解决社区学院内部相关利益群体之间的矛盾和冲突，这些利益群体包括学生、教职工、行政管理人员以及董事会成员。基于平等协商、权力共享的学院模式将教师和学生置于与社区学院其他群体平等的地位，学院的权力也并非简单地自上而下地传达。教师和学生可直接与董事会谈判，表达自己的诉求，而不必逐级通过学院的各级管理层。从客观上讲，官僚模式与学院模式代表了两种极端的管理模式和管理理念。起源于韦伯的科层制的官僚模式强调明确的责任、严格的制度、权威的影响以及对效率的崇拜。深受民主思想影响的学院模式则主张师生主体、平等协商。而政治模式则兼收官僚模式和学院模式的优点，在特定制度框架内充分发挥权威带来的效率与民主产生的激励，在权威与民主二者间找到合适的平衡点。尽管美国社会崇尚民主平等，但实践证明，在学校内过多强调学生的主体身份和参与意识会在一定程度上导致学校管理的无序。因此，对于社区学院而言，纯粹的学院模式并非最佳的选择，相反，官僚模式和政治模式却在实践中大行其道。

美国社区学院数量之庞大、性质之复杂决定了其不存在统一的组织形式和管理模式；加之美国是个分权制国家，教育属各州自主之事务，而各州由于教育传统、经济水平、政治格局、历史文化等方面存在较大差异，因而在教育事务管理上也各有千秋。但从某一个角度对美国社区学院的组织形式和管理模式进行大致的划分和归类，也并非不可能。

从外部管理体制上看，我们可依据社区学院的管理主体将其分为州政

[①] Arthur M. Cohen，Florence B. Brawer. The American Community College [M]. San Francisco：Jossey-Bass Publishers，2008：114.

府管理的社区学院和大学管理的社区学院,二者在组织形式和管理模式上存在很大的差异。在州政府管理的社区学院的外部管理体制中,社区学院受由州政府任命的社区学院管理委员会、董事会或其他机构管理。1965 年由布洛克尔等开展的调查研究发现,在统一管理社区学院的各州中,有 6 个州的社区学院由州教育厅管理,20 个州的社区学院由州教育委员会管理,另有 6 个州的社区学院由州初级学院委员会统一领导。图 1-1 展示了美国部分州管社区学院的外部管理体制。[①]

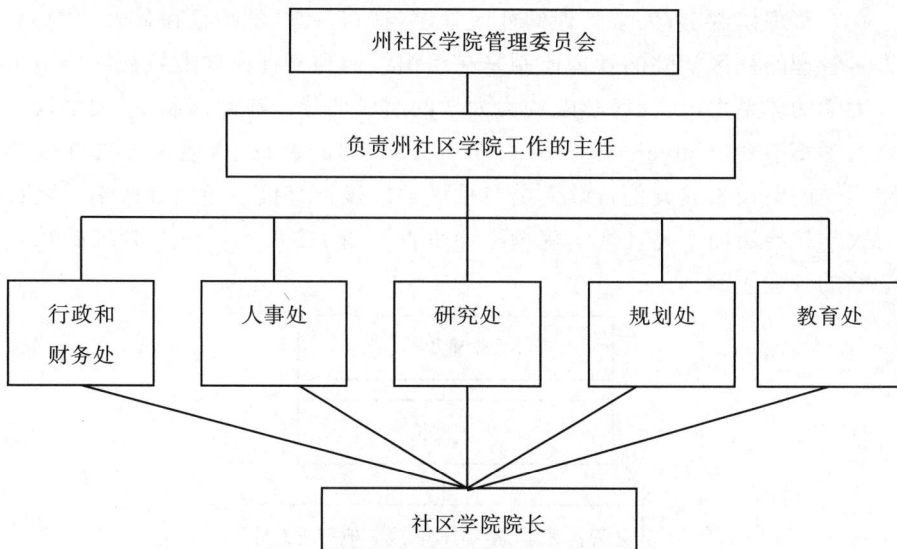

图 1-1　州管社区学院外部管理体制图

社区学院管理委员会、董事会或其他州管理机构根据实际情况对经费、人事(主要是社区学院的院长或副院长等高层管理人员)等重大事项进行集中决策和管理。但由于管理体制的差异,不同的州政府在管理社区学院时实际所起的作用也不尽相同,如有的州社区学院管理委员会在经费预算、人事任免、发展规划等方面对社区学院有着很强的规约作用,也有部分州的社区学院管理委员会在所辖区域社区学院中仅扮演咨询和顾问的角色,对社区学院的影响并不大。州管社区学院的管理体制有其独特的优势,对政府而言,该模式有利于在辖区内制定统一的教育政策和规划,能有效地对各社

---

① 毛澹然.美国社区学院[M].北京:高等教育出版社,1989:154.

区学院施加影响；对社区学院而言，该模式能确保与州政府的直接沟通与联系，便于获得各种资源以促进自身的发展。然而，州管社区学院在管理体制上存在的缺陷也不容忽视。首先，州政府统一管理社区学院可能导致区域内社区学院的趋同化，从而与社区学院灵活的办学特点和差异化的办学目标相冲突。其次，州政府通过相关机构直接管理社区学院，不利于社区学院根据所在区域的实际需求确定自身的办学方向和目标，有悖于社区学院服务地方、讲求实用等基本原则。

在管理体制上，大学管理的社区学院与州管社区学院存在显著的差异。大学管理的社区学院的管理体制是在组织结构和管理模式上将社区学院纳入大学的体系之内，社区学院成为大学的组成部分。在此体制下，大学校长在大学董事会（University Boards of Regents）的授权下，通过分管社区学院工作的副校长或其他行政人员对社区学院进行直接领导。社区学院院长对大学领导层而不是社区学院董事会负责。图 1-2 展示了大学管理的社区学院的管理体制。[①]

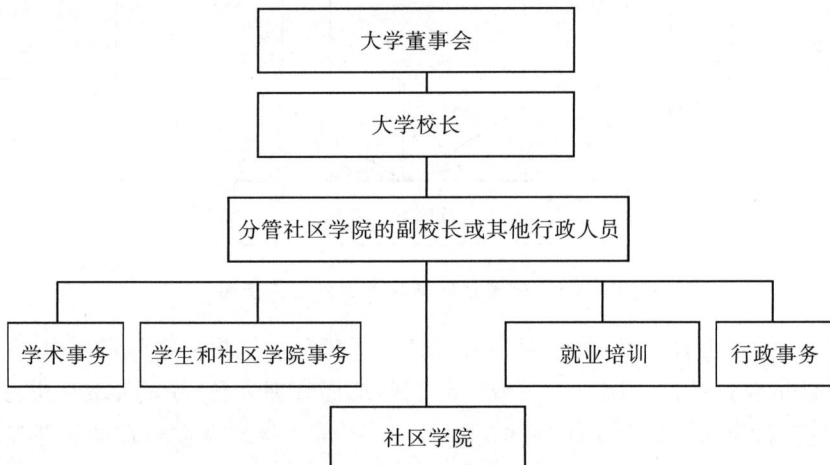

图 1-2　大学管理的社区学院管理体制

大学管理的社区学院的管理体制将社区学院有机地融入整个大学体制之中，有利于社区学院与大学之间建立亲密的合作关系，尤其有利于社区学

---

① Arthur M. Cohen，Florence B. Brawer. The American Community College ［M］. San Francisco：Jossey-Bass Publishers，2008：126.

院开展转学教育;大学与社区学院的融合有利于在两种机构间实现资源共享,优势互补,显然更有利于社区学院的发展。同样,该管理体制也存在难以克服的弊端,如融入大学的社区学院将面临丧失自身优势和特色的危险;由于该体制下的社区学院由大学统一管理,因而丧失了包括经费在内的许多重要资源的配置权,致使自身的发展状况更多地取决于大学决策层对社区学院的重视程度,这于社区学院而言无疑是不幸的。

从内部管理体制看,尽管美国各州的具体情况有所不同,但基本都采用同一种模式,即董事会领导下的院长负责制,其实质为"二级管理模式",即董事会负责重大决策,学院院长负责将其付诸实践。具体而言,由社区选举产生的或由政府任命的社区学院董事会或相关机构享有最高权力,对关乎社区学院发展的重大事项进行决策,如院长遴选、发展规划、经费筹措等。但董事会并不直接参与社区学院的日常管理,而是授权社区学院院长代为管理各项日常事务,如教师聘任、教学安排、学生工作、社区服务等。尽管美国社区学院大多采用董事会领导下的院长负责制,但由于不同社区学院的规模、文化传统等具体情况各有不同,其内部组织形式和管理模式也不完全相同。尤其是规模因素,对社区学院采用何种管理方式影响很大。一般而言,规模较小的社区学院采用相对简单的职能分工制[①](见图1-3),院长设立文理教育主任、技术教育主任、职业教育主任和继续教育主任等岗位,分别管理文理教育、技术教育、职业培训和继续教育。而规模较大的社区学院往往采用类似大学的管理体制[②](见图1-4)。

从以上介绍可以看出,美国社区学院的管理体制具有如下特点:其一,复杂性,这是由美国社区学院庞大的规模决定的;其二,外部的相关力量在社区学院的管理实践中产生了重大影响,这不仅体现在董事会的构成及其实际所发挥的作用上,而且反映在学院具体的教育教学过程中;最后,地方政府在社区学院的发展过程中产生了积极的影响,这也正体现出美国社区学院的"地方性"。

---

① 毛澹然.美国社区学院[M].北京:高等教育出版社,1989:162.

② Arthur M. Cohen, Florence B. Brawer. The American Community College [M]. San Francisco:Jossey-Bass Publishers,2008:118.

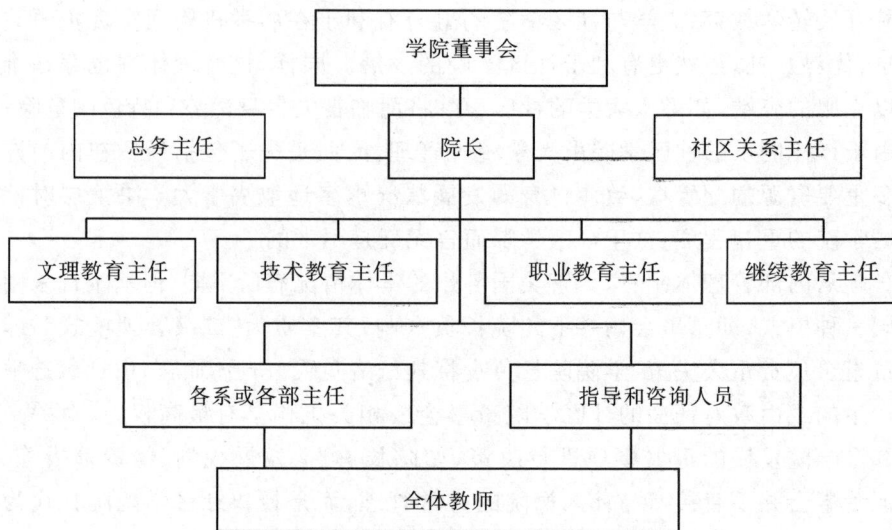

图 1-3　采用职能分工制的管理体制

二、美国社区学院的权利主体

英国学者莫里斯·柯根(Maurice Kogan)在运用政治学的观点考察高等教育时认为："高等教育领域中的机构,一方面受到世界注目,社会期望它们遵循道德义务的最高准则;另一方面,各个机构和学者都拥有追求个人或小团体活动的权力。因此,再没有哪个领域的机构,彼此关系会如此紧张了。高等教育的目标更为分散,这些分散的目标影响机构内部的和外部的关系,也向分析家提供了探究高等教育目标的性质和权力模式之类关系的机会。"①作为一种立足社区、为地方服务的高等教育机构,美国社区学院的发展涉及诸多方面的因素,即权利主体,因此,各权利主体必然会以自己独特的方式对社区学院施加影响。各权利主体及其相互关系构成了社区学院发展的内、外部环境。以下就构成社区学院外部环境的各相关主体作一简要说明。

(一)政府

在美国现有政治体制下,联邦政府、州政府以及地方政府在不同事务管

---

①　[美]伯顿·克拉克.高等教育新论——多学科的研究[M].王承绪等译.杭州:浙江教育出版社,2001:50-51.

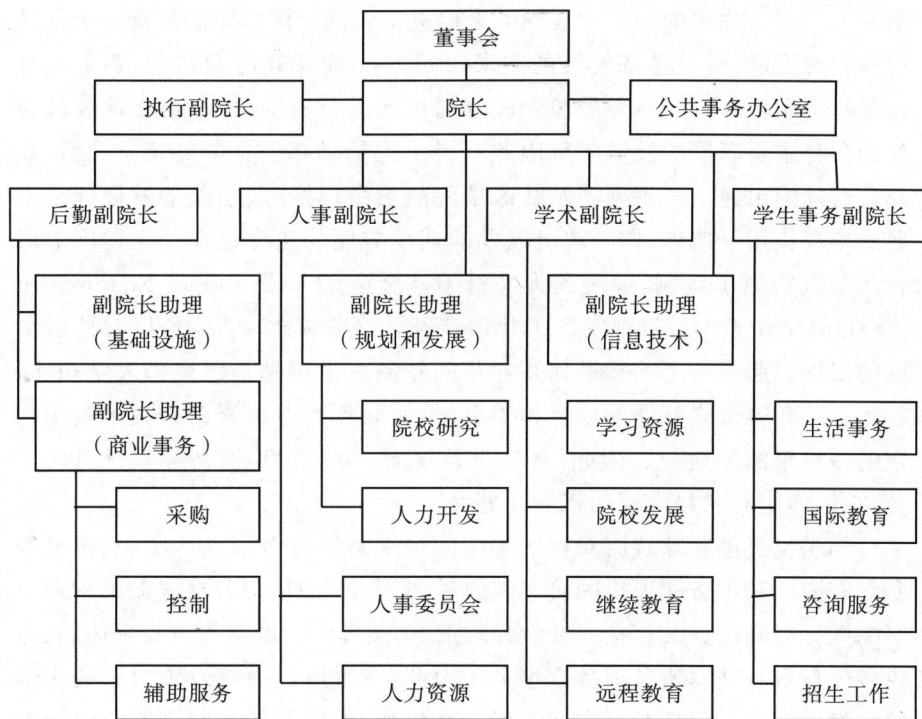

图 1-4　事业部式管理体制

理方面享有不同的权限,因而各自的管理方式及所起的影响和作用也不相同。根据美国宪法的相关条款,教育属各州自行管理之事务,因而联邦政府一般不直接参与管理各州教育事务,但联邦政府对各州教育也并非毫无影响。

联邦政府对社区学院的影响主要是通过立法、资助等形式加以实现的。"很显然,联邦政府的作用对社区学院的发展有着深远的意义。具体而言,联邦政府对社区学院的影响主要通过四种方式体现,即科研经费、税收政策、学生资助以及授权。"[①]例如,二战即将结束之际,为解决大批退伍军人的安置问题,美国政府于 1944 年颁布了《军人权利法案》,对进入各级学校进修的军人进行资助,鼓励包括社区学院在内的各级各类教育机构接纳退

---

① Barbara K. Townsend and Susan B. Twombly. Community Colleges:Policy in the Future Context[M]. Ablex Publishing Corporation,2001:24.

伍军人。这一法案的颁布与实施大大促进了美国社区学院的发展。为促进职业教育发展,满足经济发展的需求,1963 年,联邦政府颁布了《职业教育法案》,动用联邦资金对开展职业教育的机构进行资助,此时已将职业教育作为自身主要职能的社区学院因此获得了大量联邦资金的支持。此后,联邦政府陆续出台了一系列涉及社区学院的法令,对社区学院的发展起了重要的推动作用。此外,联邦政府颁发的其他方面的法令也在一定程度上对社区学院产生了影响,如美国人文科学基金会(The National Endowment for the Humanities)就曾发起了几项涉及社区学院的研究项目,对社区学院的发展也起了一定的积极作用。与四年制大学特别是研究型大学相比,社区学院获得外界资助的途径相当有限,而联邦政府的资助是其中较为稳定的一种来源和途径。因此,从这个角度看,相对于其他高等教育机构而言,社区学院对联邦政府的依赖性更大。

如果说美国联邦政府对社区学院的影响是通过全国性的法令、研究经费等有限的几种方式加以间接实施的话,那么,州政府对社区学院的管理与影响则显得既广泛又直接。在教育政策上,美国实行的是地方管理体制,即由各州自行管理本州各项教育事务。因此,州政府的教育政策对于社区学院的发展而言至关重要。在 20 世纪 60 年代,美国各州兴起了制定包括发展社区学院在内的教育规划的热潮,全美有一半以上的州制定了相关文件法令,以建立全州范围的社区学院系统,以至 60 年代中期出现了平均每年新增 50 所社区学院的发展高峰。州政府对社区学院的管理主要通过州教育委员会、教育厅或高等教育委员会来实现。这些机构在教育经费预算、分配,教师薪水级别乃至社区学院的筹建与革废等方面行使权力。高等教育系统庞大、社区学院数量较多的州通常在州教育委员会之下设立社区学院教育委员会,专门就本州社区学院的发展事宜进行决策和咨询。

此外,社区对辖区内社区学院的发展同样起着不可忽视的作用。作为社区学院的基本特征,区域性、实用性决定了社区学院必须与所在社区保持密切的联系。首先,学院的决策机构董事会的成员大多从本社区中选举产生。其次,为使专业设置与课程结构更加贴近社区实际需要,由社区政府代表和其他各界人士组成的社区学院顾问委员会在学院和社区之间起了桥梁中介作用。最后,社区政府在物资、人员等方面给予了社区学院大力的支持。

当然,由于政府职能的划分,联邦政府、州政府及地方政府在社区学院发展过程中所起的作用是各不相同的。随着美国高等教育政策的变化,联邦政府逐渐加大了对教育的调控力度,因此,三级政府在社区学院发展中的责任和义务也发生了变化。这种变化可以从社区学院的经费构成情况中得到反映,见表1-3。

表 1-3 美国公立社区学院经费来源渠道及比例

(单位:%)

年份	1959	1965	1975	1980	1990	1997	2000
学费	11	13	15	15	18	21	20
联邦经费	1	4	8	5	5	5	6
州府经费	29	34	45	60	48	44	45
地方经费	44	33	24	13	18	19	19
私人捐赈	0	1	1	1	1	1	1
服务收入	12	6	6	3	7	6	5
其他	2	7	1	3	3	4	4

数据来源:Arthur M. Cohen, Florence B. Brawer. The American Community College[M]. San Francisco:Jossey-Bass Publishers,2008:159.

(二)董事会

设立董事会是美国高等学校管理体制的通例,社区学院自然也不例外。美国社区学院按照相关法律的规定,经州教育委员会或其他机构批准,设立社区学院董事会。社区学院董事会成员一般由本社区民众选举产生,其身份较为复杂,有学院院长或其他职员、政府官员、律师、商界人士、牧师、医生等。董事会承担着与外界联系的重任,因此其成员来源的广泛性对于社区学院日后的发展至关重要。社区学院董事会一般有成员 10 人左右,如果成员数量较多,通常会在董事会内设立若干专业委员会,专门处理相关事务。

从社区学院的外部关系上看,董事会实际上扮演了沟通社区学院与政府、社区、校友、企业等之间关系的角色,同时承担着向外界寻求包括经费在内的各种资源的重任。首先,董事会要处理好与政府的关系。董事会是连接社区学院与当地政府的桥梁。政府对社区学院的管理是通过间接的方式实现的,即运用法律、经费等手段来管理,而董事会的主要责任就是在已有的法律框架内,通过制定社区学院的发展规划和各种规章制度,敦促院长实现既定的发展目标。其次,董事会应处理好与所在社区的关系。社区是社区学院赖以生存的外部环境,二者之间存在千丝万缕的关系。董事会应通过各种途径加强与社区的联系,一方面,定期或不定期地召开董事会工作会议,邀请社区代表参加,认真听取社区代表对学院发展的意见和建议;另一方面,在董事会成员构成方面,尽可能多地吸纳社区代表进入董事会。

从社区学院内部看,董事会是社区学院的最高权力机关和决策机构,其主要职责是:确定学院的性质、任务及发展规划;任免学院院长,并对院长的工作进行评价;筹措办学经费;沟通学院与外部的关系,为学院的发展创造有利条件等。美国社区学院一般实行董事会领导下的院长负责制,即董事会通过制定规划、人事任免、经费拨付、工作评价等方式对学院进行宏观的决策和管理,院长受董事会委托对学院具体的经常性活动进行管理。

(三)社区

美国学者唐·倍根(Don Bagin)等在论述学校与社区关系时认为,在民主社会里,学校作为一个公众资助的机构,必然要与社区之间发展合理的、建设性的关系。这是由学校的公众性及其运作的法定框架决定的,而民众的观点在教育政策与惯例形成过程中的作用也进一步证实了这一点。[①] 作为区域性的高等教育机构,社区学院的基本特点之一是社区性,即立足社区,依靠社区,为社区服务,因此,社区对于社区学院的重要意义不言而喻。社区对社区学院的影响是多方面的,例如,社区居民的教育需求影响甚至决定了社区学院的专业设置与课程结构,董事会中的社区居民代表直接行使社区学院重大事项的决策权,所在社区的支持力度对社区学院而言不可忽视,社区内各组织为社区学院学生的社会实践提供了方便的场所,等等。社区与社区学院关系的复杂性决定了前者对于后者作用方式的多样性。"社区应该参与学校培养和教育学生的任务,参与与社区紧密相关的各种重大决策和改革,参与学校的发展规划,把学校发展和社区发展紧密结合起来,参与协助学校解决各种问题,如支持学校财物等,参与对学校工作和成果的监督和评估(这种监督评估不是法律性的,是对法律性监督评估的有益补充,是对群众监督评估的强化)。"[②] 社区通过人员参与、物资供应、选择入

---

① [美]唐·倍根等.学校与社区关系[M].周海涛译.重庆:重庆大学出版社,2003:13.

② 厉以贤.社区教育原理[M].成都:四川教育出版社,2003:144-145.

学、雇佣毕业生等方式对社区学院施加影响,从而引导后者真正成为立足社区、服务社区的高等教育机构。

综上,美国社区学院的各个主要权利主体在社区学院的发展过程中扮演了不同的角色。政府部门主要在政策与经费两大方面为社区学院的发展提供支持和服务。董事会则充分运用成员身份多样化的优势,广泛与外界联系,为社区学院的发展争取良好的环境和充足的资源,并对学院的重大事项作出决策。社区对学校的影响则是弥散性的,通过各种直接或间接的方式对其产生影响。

三、董事会领导下的院长负责制

董事会领导下的院长负责制是美国社区学院普遍采用的管理模式,它是指由社区选举产生或上级教育委员会任命组成的董事会授权所遴选的院长,使其在董事会授权范围内对社区学院内部的教育教学、日常管理、社区服务等方面行使职权。社区学院董事会与院长根据学院章程分工合作、密切配合:董事会主要行使与学院外部各方面沟通联系的职能,同时对学院改革与发展的重大事项进行决策;社区学院院长受董事会委托,负责学院的日常管理工作,并对董事会负责。作为一所社区性高等教育机构,社区学院日常管理工作涉及的内容与其他类型或层次的高等教育机构并无大的差异。现就经费筹划、师资管理和教学管理三方面作一简述。

(一)经费筹划

在社区学院发展的初期,由于规模较小,所需经费数量有限,因此其经费主要依赖政府拨款。随着社区学院数量日益增加、规模逐年扩大,所需经费也水涨船高,仅靠政府财政已很难维持学院正常运转。因此,增加经费来源渠道,形成多元化的筹资体系已成为社区学院的必然选择。与其他高等教育机构一样,美国社区学院经费来源主要有各级政府的财政拨款、学生的学费收入、私人捐助、社会服务收入等。近年来,随着其他公共财政开支(如环境保护、医疗卫生、国家安全等)的不断增加,政府可用于教育的财政性经费相对紧张。因此,如何获取充足的办学经费,成为学院董事会和院长最为关注的问题之一。在一定时期,向学生收取的学费水平不宜大幅上调,因而政府的财政拨款、私人捐赠以及社区服务收入就成为学校努力争取的对象。对于政府财政拨款而言,各州对社区学院的资助政策尽管有所不同,但其资助都在社区学院经费总量中占有重要的比例。在政府拨款中,有一种名为协商预算(negotiated budget)的年度资助模式,即政府根据社区学院发展状况,通过与学院董事会协商、谈判,以决定是否对其进行经费资助以及资助的额度。在这种拨款体制下,社区学院董事会争取经费的主动性及其与政府之间关系的密切程度在很大程度上影响了社区学院经费的多寡。为此,多数社区学院董事会都把积极向上级主管部门争取经费作为自身的重要职责。除政府财政拨款外,私人捐赠也是社区学院办学经费的重要来源。美国捐赠文化源远流长,受此影响,许多有识之士纷纷对教育慷慨解囊。社区学院也受惠其中,特别是教育质量好、社区服务出色的社区学院,更是本社区民众捐赠的受益者。

如果说筹集办学经费主要是董事会的责任,那么对经费的分配使用则是社区学院院长的重要职责。社区学院院长根据需要列出开支项目,一般有:人员经费,主要用于支付教职工工资福利;公务经费,主要用于学校日常开支,如业务费、购置费等;修建费用,用于新建或维修校舍等基础设施;学生资助,用于发放各类学生奖学金及补贴;等等。近年来,在政府削减开支的影响下,社区学院在"开源"的同时,非常重视"节流",为了平衡收支,社区学院往往制定一套严格的财政计划,对人员、设备、活动等方面的开支进行严格控制。这必然对学校的教学、管理、社会服务等活动产生影响,但这种影响往往是积极的,"社区学院尝试着通过聘用效率专家、加强教职工的预算管理以提高管理效率;通过提高各种设施的使用效率以应对财政紧缩"[1]。

(二)师资管理

教师是学校最重要的资源,师资管理从来就是学校管理的重要内容。随着美国社区学院乃至整个高等教育系统的发展变化,不同院校间的教师流动性空前增大,围绕师资展开的院校竞争日趋白热化,因此,如何建立、管理一支科学、合理的师资队伍已经成为社区学院重点关注的问题。美国社区学院在教师的招聘和管理上形成了一套比较完备、科学、规范、成熟的管理体制,如:以岗聘人、公开招聘、竞争上岗的制度,灵活多样的聘任条件,严格的招聘程序以及在任期内多样的评价标准,弹性的激励政策和有效的教

---

[1] Arthur M. Cohen, Florence B. Brawer. The American Community College [M]. San Francisco:Jossey-Bass Publishers,2008:172-173.

师培养目标等。[①]

首先,建立独具特色的教师聘任制度。

社区学院院长受董事会委托,组织学校教学、管理等相关人员,组成人事聘任委员会,结合本校的实际情况,制定一套严格的教师选拔程序和标准。和美国其他大学相比,社区学院师资一个重要的特点是大量聘用兼职教师,其比例往往超过专职教师。社区学院专职教师一般通过公开招聘的方式从高校教师或毕业生中选拔,而兼职教师则采用公开招聘和推荐相结合的方式,从其他高校、本社区内的企业家、工程技术人员或其他专业人士中聘任。2003年,全美公立社区学院共有教师378700人,其中专职教师138300人,占总数的37%,兼职教师240400人,占总数的63%。[②] 在选拔标准上,尽管各社区学院不尽相同,但大多都要求应聘者具有硕士学位,对于特殊专业或兼职的企业管理人员等则适当降低要求。2003年,全美社区学院教师中,拥有博士学位、硕士学位、学士及以下学位教师的比例分别为19%、63%、18%。[③]

其次,建立科学合理的教师管理制度。

美国社区学院对教师的管理主要通过签订聘用合同来实现。专职教师一般从事基础性、通识性课程的教学工作,根据教师自身的愿望和学校对该教师的评价,签订1年以上期限的合同,两三年后根据学校评价,符合条件者可获得终身教职。兼职教师往往从事灵活性强的应用型课程的教学工作,一般不签订长期聘用合同,也没有终身教职。

与美国其他大学一样,社区学院没有全国统一的薪资标准,学院董事会根据当地经济发展水平、物价水平和其他学校特别是高校的工资水平,制定本校教师工资标准。一般而言,社区学院教师工资水平比当地中小学教师的稍高,而比当地高校特别是研究型大学教师的工资低。据美国大学教授协会对教师薪水所做的报道,2005—2006年度四年制大学中教师的平均年薪为56902美元,而公立社区学院有职称的全职教师的平均年薪也达到

---

① 张怀斌.美国社区学院师资管理的研究[J].宁夏社会科学,2009(6).

② Arthur M. Cohen, Florence B. Brawer. The American Community College [M]. San Francisco:Jossey-Bass Publishers,2008:95.

③ Arthur M. Cohen, Florence B. Brawer. The American Community College [M]. San Francisco:Jossey-Bass Publishers,2008:87.

52719美元,部分社区学院教师的年薪甚至超过了同社区四年制大学教师的收入水平。[①] 在同一社区学院内,兼职教师的待遇比专职教师低不少,前者仅为后者的 2/3 左右,因此,出于财务考虑,社区学院更倾向于聘用兼职教师。

最后,建立灵活多样的教师评价制度。

教师评价是社区学院教育质量保障体系的重要环节,对于促进教师个人专业成长和学校长远发展具有十分重要的意义。美国社区学院每年都要开展对教师,特别是专职教师的评价。由于美国社区学院教师的主要职责是教学,一般不开展科学研究活动,因此,对教师的评价也主要围绕教学进行。美国社区学院经常性开展教师评价是基于以下目的:对教师的教学内容、方式、程序及效果进行评价;发现教师在教学过程中的优势和不足,从而有效地促进教学工作,提高教育质量;为教师的考核、职务晋升、职务聘任、终身教职的取得等提供依据。在社区学院发展初期,教师评价的方式是,管理人员随堂听课,记录教师教学过程中的内容、表现、态度等,评价的结果仅作为教师奖惩、涨薪、评优的评判依据。随着社区学院的发展及其规模的扩大,教师评价发生了重大变化。在评价观念上,奖惩性评价逐渐演变为发展性评价,即评价不仅要关注教师存在的不足,同时更要发现其优势与潜能,使评价真正成为教师专业发展的重要工具与手段。在评价主体上,改变以往仅由管理人员单方评价,从而导致不能得出全面、有效评价结果的做法,在评价过程中,采用多主体评价,同行评价、学生评价、自我评价成为重要的评价方式。目前,美国社区学院广泛采用的评价模式是,院长或副院长组建教师评定委员会,在确定的评价时间内对教师的教学内容、教学表现、学生指导、参与学院活动等方面进行评价。评价过程中,充分发挥教师自身、其他教师以及相关学生的主动性,实现评价主体的多元化。教师评定委员会在收集各方评价信息后,对其进行分析,提出初步的评定意见,并与被评价教师讨论,形成结果后上报社区学院领导。

(三)教学管理

作为一个地方性的、以教学为基本任务的高等教育机构,社区学院的日

---

① 转引自宣葵葵.美国社区学院师资队伍建设的特色及启示[J].现代教育科学,2008(5).

常管理活动主要围绕教学活动进行,而教学又依据其性质和内容分别对应社区学院的三大教育职能,即转学教育职能、职业教育职能和社区教育职能。因此,美国社区学院的教学管理是针对不同的教育职能展开的。

转学教育职能(transfer education function),又称学院职能(collegiate function),是指社区学院实施大学一、二年级的教育活动,使学生能在此基础上升入四年制大学继续学习,它是社区学院的基本职能之一。最初的社区学院本身就是四年制大学或学院的一部分,之后,尽管社区学院成为独立的机构,但二者的关系依然紧密。这种紧密的关系主要是通过社区学院的转学职能维系的。社区学院通过与四年制大学或学院签订转学协议,商定转学的相关事宜,如课程设置、学分要求、转学名额等。社区学院根据转学协议规定的相关内容,组织实施转学教育,使有意转学的学生通过1~2年的学习,在知识、能力、学分等方面达到四年制大学的转学要求;四年制大学则根据协议,对申请转入本校学习的社区学院学生进行考核,接收其中符合相关要求的学生。美国学者科恩和布拉维尔认为,作为一个起桥梁作用的机构,社区学院的转学职能主要基于两点:转学教育课程和学生进入四年制大学进一步深造的心理期望。[①] 一般而言,美国大学一、二年级的主要任务是开展通识教育,专业教育则在大学高年级开展。为衔接这种课程教学体制,社区学院转学教育课程多为人文社会类学科,如语言、数学、哲学、心理学、音乐、艺术、体育等。随着美国社区学院的发展,转学教育职能的形式和内容都发生了较大的变化,如近年来,美国社区学院与四年制大学之间的转学形式由当初的"转学",即学生由社区学院进入四年制大学学习,逐步演变为"合作办学"模式。该模式是指在协议框架下,在社区学院内建立合作教育平台,由四年制大学派遣教师,对符合转学要求的学生实施大学高年级教育,使学生不必转入四年制大学即可接受相应的教育,并获取相应的学位。

职业教育职能是美国社区学院另一个基本职能,它的形成标志着社区学院逐步摆脱了对四年制院校的依附,真正成为特色鲜明、功能多样的高等教育机构。职业教育在20世纪初的社区学院就已经存在,但并没有占据主导地位。第一次世界大战之后,特别是20世纪40年代,美国工业生产蓬勃

---

① Arthur M. Cohen, Florence B. Brawer. The Collegiate Function of Community Colleges[M]. San Francisco: Jossey-Bass Publishers, 1987: 1.

发展,需要大批专业和半专业化人才,为适应这种形势,社区学院开始大量设置终结性的职业技术教育专业,增加职业技术类课程,如商业、机械、秘书、财会等,使此类课程在社区学院课程体系中的比例显著上升。20世纪70年代初期,美国社区学院接受终结性职业技术教育的学生数首次超过了文理科及普通教育学生数,表明职业技术教育已成为社区学院最主要的教育职能。由于职业教育直接面向人才市场需求,相关专业及课程设置具有很强的灵活性,更新速度较快,针对这个特点,社区学院往往从工商企业界聘请各方面专家和技术人员任兼职教师。这样一方面有利于社区学院根据市场的变化及时调整专业结构和课程体系,使自身能更好地适应市场的需求;另一方面大量聘用兼职教师有利于节约办学经费。更为重要的是,从工商企业界大量聘请专家和技术人员兼任教师的做法大大加强了社区学院与外界的联系,为经费筹措、实习安排、学生就业等方面的工作积累了大量的社会资源。许多社区学院的教育实习基地就是通过这种方式得到解决的。当然,美国社区学院的职业教育职能也处于不断发展变化之中。20世纪90年代以来,美国社区学院的职业教育出现了一个新动向,即“新职业主义教育论”①。该观点认为,随着劳动力市场的变化,社区学院过去仅培养低端技术人员的教育模式和目标已不适应社会发展的需求,而应该更加密切地联系政府、私人部门和工商业界,提高社区学院人才培养的规格与层次。为此,社区学院在强化职业教育的同时,加大了普通教育的力度,要求学生必须修得一定数量普通教育课程的学分,以提高学生综合素质,为培养更高层次的专业人员奠定基础。

社区教育是继转学教育、职业教育之后美国社区学院的又一重要教育职能,是指为所在社区人们开设的一种非正规教育。社区教育直接为社区服务,具有形式多样、内容丰富、覆盖面广等特点。从形式上看,社区教育包括成人教育、继续教育、技能培训等;从内容上看,社区教育包括家政、汽车驾驶及维修、装潢设计、卫生保健等。社区教育是美国多元化社会发展的结果,也是实践终身教育思想的重要途径。美国社区学院未来委员会认为,包含在社区教育中的终身学习是唯有社区学院才能胜任的一项非常重要的使

---

① 万秀兰.美国社区学院的改革与发展[M].北京:人民教育出版社,2003:265.

命,社区学院也许比其他任何学院都更多地承担着终身学习的义务。[①] 由于社区教育在教育目的、形式、内容等方面与其他教育存在较大差别,因此社区学院往往设立专门的社区教育管理机构,负责社区教育的课程设计、教学安排、外部联系等业务。另外,与职业教育、转学教育不同,社区教育一般没有直接的经费资助,其所需费用大多来自接受教育或培训的学员所缴纳的学费,或通过与企业等机构签订服务合同,以此获得相应报酬。可以预见,在知识经济的推动下,在终身教育和终身学习思潮的影响下,社区教育的重要性将进一步凸显。

总之,美国社区学院广泛采用的董事会领导下的院长负责制是极具特色的管理模式。该制度一方面通过董事会的决策权充分地反映社会各界(主要是当地)的利益诉求,确保社区学院的"社区性";另一方面,院长运用董事会的授权,根据学院发展的现实需求,自主地组织学校内部的教育教学和日常管理工作,从而有效地将社会需求与学院自身发展二者结合起来,实现社区学院的办学目的和价值。

第三节　美国社区学院的主要贡献及思考

社区学院是美国高等教育的一大创举,它对完善美国高等教育体制、实现高等教育大众化、扩大高等教育入学机会、提高高等教育质量发挥了重要的作用。不仅如此,美国社区学院的教育理念和办学模式对英国、加拿大、日本等国高等教育产生了很大的影响,为世界高等教育的改革与发展作出了重大贡献。因此,在世界高等教育改革风起云涌的今天,我们有必要对美国社区学院的主要贡献和历史局限性作一辨析,以期为我国高等教育改革提供经验借鉴。

一、美国社区学院的主要贡献

社区学院的形成与发展是美国高等教育史上一道独特、亮丽的风景,对美国的政治、经济、文化等产生了广泛而深刻的影响,因而,它的贡献是全方位的。下面就社区学院对美国及其他国家高等教育产生的积极意义作一

---

① 万秀兰.美国社区学院的改革与发展[M].北京:人民教育出版社,2003:177.

简述。

(一)社区学院对美国高等教育的影响

1.有利于扩大高等教育入学机会,促进美国高等教育大众化

如果把欧洲中世纪大学看作现代大学的雏形,那么现代大学已有近千年的历史。在这漫长的千年岁月中的绝大部分时间里,大学奉行精英教育理念,严格控制入学规模,仅允许极小比例的青年接受高等教育。尽管在此过程中,大学遭到众多诸如美国学者布鲁贝克所提出的"高等教育:权利还是特权[①]"的质疑,但精英教育还是作为大学的传统顽固地传承下来。自19世纪下半叶以来,世界高等教育发展的一个显著特征就是,在科技进步、经济繁荣的推动下,国际高等教育持续扩张,乃至实现了高等教育的大众化和普及化。在这发展过程中,美国高等教育发挥了至关重要的作用,正如我国学者王洪才教授指出的,"高等教育大众化运动在具有较强民主传统的美国最先展开,从而美国领导了世界高等教育大众化的潮流"[②]。美国之所以能在世界范围内率先启动并实现高等教育大众化,原因是多方面的,民主平等的思想观念、雄厚的经济实力以及地方分权的政治制度是其深层次原因,而数量众多、各具特色的社区学院则是推动美国高等教育大众化的直接原因。实际上,促使社区学院产生的动因之一便是19世纪下半叶美国民众不断增长的接受高等教育的需求。自1636年北美大陆第一所高等院校——哈佛学院成立后,美国高等教育始终执行精英教育路线,高等教育毛入学率长期低于5%,即使在1940年,也仅为8.4%。从第二次世界大战后期开始,为解决大批退伍军人的安置问题,美国政府适时出台了《军人权利法案》等一系列法令,使高等教育入学人数在1946年前后急速增长,而其中大部分人进入了社区学院,社区学院也由此进入空前繁荣时期。1950年,美国高等教育毛入学率达到了15%[③],进入了大众化时期。很难想象,假如没有社区学院,美国高等教育从精英教育向大众化教育迈进的过程还会经历多长时间。因此,社区学院对于美国实现高等教育大众化乃至后来的普及化的重

---

① [美]约翰·布鲁贝克.高等教育哲学[M].王承绪译.杭州:浙江教育出版社,2002:67-75.

② 王洪才.大众高等教育论[M].广州:广东教育出版社,2004:12.

③ Arthur M. Cohen, Florence B. Brawer. The American Community College [M]. San Francisco:Jossey-Bass Publishers,2008:44.

现代终身教育体系建设研究丛书
Construction of the Modern Lifelong Eudcation System

48 中国社区学院运行机制研究

要意义不言而喻。

2.有利于保障美国高等教育质量

20世纪以来,美国高等教育以其优异的质量赢得了世界性声誉,成为继德国之后的新的世界高等教育中心和楷模。在各种全球大学排行榜中,占据榜单前列的众多美国知名大学无不彰显着美国高等教育的质量和实力。然而,在这些世界顶尖的美国大学绚丽夺目的光环背后,却有一大批毫不起眼的机构,为支撑起美国众多世界一流大学而默默奉献自己的力量。社区学院就是这样的机构。早在19世纪末,越来越多的中学毕业生进入大学,这引起了众多学者的关注和忧虑。他们担心过度的招生会影响高等教育的质量。然而,"机会均等"的思想已在人们的脑海里扎根,"让每一个人都有条件尽可能充分地发展他的潜能,这是一种良好的公共政策、良好的政治哲学","如果一个人有权享受高等教育,那么其他人就有法律义务提供高等教育"[①]鉴于此,如何实现在满足更多教育需求的前提下保障高等教育质量的目的成为当时亟待解决的难题。以芝加哥大学校长哈珀、密执安大学校长塔潘为代表的教育家开始考虑建立新的机构,吸纳大量的中学毕业生,以减轻大学的招生压力,确保高等教育质量的"卓越",于是,社区学院应运而生。此后,社区学院一如既往地在提升美国高等教育质量方面发挥着不可替代的作用。社区学院通过开设丰富的终结性职业技术类课程,使大量学生在1～2年内具备一定的从业能力和素质,在获得社区学院颁发的协士学位后,即可离校工作,从而降低了部分学生进入四年制院校继续学习的热情。美国学者伯顿·克拉克把社区学院的这种作用称为"冷却功能"(cooling-out function)[②]。社区学院的"冷却功能"减小了汹涌而至的学生潮对四年制院校的冲击,正如加利福尼亚大学校长克拉克·科尔所言:"我在1959年和1960年指导制定《加州高等教育总体规划》时,把巨大扩张的社区学院视为有国际名望的加利福尼亚大学的第一道防线……否则,大学要么为大量学术成绩差的学生所摧毁,要么被批判为试图独霸通向较高地

---

① ［美］约翰·布鲁贝克.高等教育哲学[M].王承绪译.杭州:浙江教育出版社,2002:68-69.

② Burton R. Clark. The Open Door College:A Case Study[M]. New York:Mcgraw-Hill Book Company,Inc. 1960:160-167.

位的入口。"①社区学院之于美国高等教育质量的重要意义,由此可见一斑。

3.有利于完善美国高等教育体系

对于一个国家的高等教育而言,多层次、完整的结构体系是必须重点考虑的,因为它有利于对国家不同层次的人才需求和社会服务作出及时、有效的反应。社会对高等教育的需求是不断发展变化的,高等教育的结构也应随之变化。高等教育专家伯顿·克拉克在论述美国教育体制时认为:"在20世纪末,国际比较有力地支持这样的印象,即在初等和中等教育阶段是薄弱的,甚至是很有缺陷的,而在第三级教育阶段是健全的,甚至是很有效率的,它的最高教育方案——'研究生教育',以力量的顶峰出现。"②克拉克所说的健全的高等教育体系是指由大学、综合学院和社区学院所构成的三级教育体制。然而在19世纪末期,美国高等教育的结构还是不完整的,就教育机构而言,仅有四年制大学和学院;就学位而言,仅能授予学士以上学位。如果说在高等教育还处于社会边缘、对社会政治经济不产生重大影响的时期,这种单一结构的高等教育体制的弊端还没有充分暴露出来的话,那么,伴随着高等教育向社会中心移动,其弊端已日益为人们所察觉,建立健全、完善高等教育体系的呼声也愈发强烈。19世纪末20世纪初,美国社会发展需要大批具有一定知识和技能的各类专业技术人员,单靠数量有限的四年制院校很难满足这种需求,而学制两年、专业设置灵活的社区学院很快地适应了社会发展的形势,从而获得了很好的发展,也因此进一步完善了美国高等教育体制。进入21世纪,世界高等教育将共同面临两大任务,即平等(equity)和卓越(excellence),平等的任务要求扩大入学机会,卓越要求培养精英人才、提供优质服务。包含社区学院在内的美国高等教育体制,将在应对新世纪两大任务方面显示出独特的优势。必须指出的是,一个完整的高等教育体系不仅包括各层次、各类型的机构,更为重要的是要建立沟通和联系各层次、各类型机构之间的协作机制。美国社区学院和四年制院校之间的转学关系及其他合作形式正体现了协作机制的重要意义。正因为如此,由社区学院系统、州立学院系统和加州大学系统及其相互之间的协作关系组成的加利福尼亚(公立)高等教育系统,以其质量优异、保障公平的特色

---

①　万秀兰.美国社区学院的改革与发展[M].北京:人民教育出版社,2003:128.

②　[美]伯顿·克拉克.探究的场所——现代大学的科研和研究生教育[M].王承绪译.杭州:浙江教育出版社,2001:134.

而获得了巨大成功,该模式被美国许多州所效仿,并为世界其他国家和地区高等教育改革提供了宝贵的经验。

(二)社区学院对其他国家高等教育的影响

美国社区学院不仅对美国本土高等教育产生了深远的影响,对世界高等教育的影响也是不容忽视的。美国社区学院对其他国家高等教育的影响主要表现在以下几个方面。

首先,各国纷纷学习美国经验,建立本国的社区学院。美国社区学院的极大成功引起了世界上许多国家的注意,它们纷纷建立社区学院,以促进本国高等教育的发展,如加拿大、津巴布韦等国。以非洲国家津巴布韦为例,1980 年,津巴布韦摆脱英国殖民统治,独立建国。此后,该国政府和社会各界希望通过大力发展教育来实现民族振兴。但由于高等教育机构数量极少,力量单薄,根本无法担当此大任,也无法满足社会上日益旺盛的高等教育需求。为此,该国政府以美国为榜样,在大力发展四年制大学的同时,建立了数量不菲的社区学院,赋予其职业教育和继续教育的功能,取得了良好的效果。社区学院灵活的办学模式适应了不同人群的多样化需求,因而该国社区学院很快获得了社会的认可,有了很大的发展。"对于已参加工作的非传统学生而言,津巴布韦社区学院提供了很好的补偿机会,因为社区学院灵活的教学安排很适合他们的时间安排,使他们可以白天上班,晚上上课,或者白天上课,晚上上班。"①大量建立社区学院有效地解决了津巴布韦高等教育有效供给严重不足的问题,对该国高等教育及社会发展产生了积极的影响。

其次,美国社区学院的办学理念得到了广泛传播,对世界各国完善本国高等教育体系产生了积极的影响。美国社区学院大体属于专科层次,它的形成和发展,使美国建立起包括研究生、本科、专科在内的三级学历层次和包括博士、硕士、学士、协士在内的四级学位制度,使其高等教育体系日趋完整。这一经验对世界其他国家高等教育的发展产生了积极的影响。日本的短期大学可看成是这一情况的典型。二战结束后,日本政府在美国教育使节团的帮助下重建高等教育体系,它分为两大部分:一是由实力较强的学校

---

① R. L. Raby, E. J. Valeau . Community College Models[M]. Springer Science + Business Media B. V. 2009:71-78.

组建成的四年制新式大学,有国立、公立和私立三种类型;二是借鉴美国社区学院的理念,将实力较弱的学校改建为短期大学。短期大学由于具有职业性较强、周期较短的特点,在很大程度上满足了战后日本重建的需求,因而发展迅速,成为日本高等教育的重要组成部分。但与美国社区学院不同,日本短期大学的定位是:其一,将短期大学定位于两年至三年制的"完成教育";其二,将短期大学作为"普及女子高等教育的对策"[①]。尽管如此,短期大学毕竟是在社区学院的影响之下成立的,其最终发展成为日本高等教育的重要组成部分。

最后,社区学院的办学模式得到广泛的赞誉,为许多国家所借鉴。美国社区学院采用灵活的办学模式、大力满足所在区域多样化需求的理念对其他国家的高等教育机构产生了积极的影响,如英国的继续教育学院、荷兰的区域训练中心、澳大利亚的技术和继续教育学院、芬兰的成人教育中心以及奥地利的街区学院(District College)等。[②] 这些教育机构在美国社区学院服务社区理念的影响下,积极调整办学方向,使自身的教育教学行为更符合当地社会的需求。

二、美国社区学院引发的思考

美国社区学院在百余年的发展历程中充分展示了自身存在的价值和意义,但也存在一些难以克服的矛盾和问题,因而自其产生之日起,批评之声就不绝于耳。这些矛盾和问题是社区学院发展过程中的"阵痛",还是难以克服的"顽疾"? 如何客观、辩证地看待这些矛盾和问题对于正在发展社区学院的中国高等教育而言无疑是很重要的。

(一)质量之痛

对社区学院质量的批评由来已久,原因是多方面的。首先,社区学院的"出身"使人对其质量产生怀疑。美国社区学院成立初期,有相当一部分是在师范学校、职业学校等中等教育机构的基础上改制而成的,甚至有部分社区学院是由中学创办的,其师资水平和教育质量的确让人有理由怀疑这种

---

① 王园园,夏建国.日本短期大学的发展及对我国高职的启示[J].职教论坛,2010(18).

② Arthur M. Cohen, Florence B. Brawer. The American Community College [M].San Francisco:Jossey-Bass Publishers,2008:27-30.

自称为高等教育机构的办学质量。其次,社区学院门户开放的招生政策对其教育质量产生了较大的负面影响。社区学院的宗旨是为所有愿意接受教育的社区居民提供合适的教育,因此招生从不进行严格的挑选,绝大部分社区学院没有入学考试,甚至连中学毕业的学历都不是必备的条件。在很多人看来,不加选拔的招生标准使社区学院更像个培训组织,而不是正规的高等教育机构。最后,"灵活"的教学体制容易给人造成质量低下的印象。由于社区学院开门办学,学生成分较为复杂,为了方便学生上课,学院实行灵活的教学安排,晚上、周末都可成为授课时间,没有四年制院校普遍采用的较严格的教学安排,因而使人产生"不正规"的感觉。转学职能是社区学院的重要职能之一,转至四年制学院继续学习的学生的学业成绩在一定程度上反映了社区学院的教育质量和水平。20世纪60年代教育资料情报中心所属的初级学院情报中心的调查发现,转学生的成绩一般低于从一年级开始便进入四年制高等学校的学生,有的没有读完就中途退学,有的最后获得学士学位,但时间往往超过两年。[1] 因此,社区学院饱受诟病也就不奇怪了,早期初级学院的院长们在后来的回忆录中常常提到,每当看到或听到他们的学院被贬低为"变荣耀的高中"(glorified high school)或"廉价底层学院"(bargain basement college)时他们是多么气愤。[2]

我们认为,对于美国社区学院的教育质量之争应予以辩证、客观地分析。一方面,人们应采用多元化的标准来看待社区学院的教育质量。如果仅依据传统的精英高等教育的价值观,以学术性作为评判标准,那么,社区学院的质量显然无法与多数四年制院校相比。但是,高等教育的任务是多重的,其机构也是多样化的,用单一的标准衡量多样化的机构显然有失公允。如果考虑到社区学院的办学宗旨及其应然价值,那么对其评价的结果就会大不相同。另一方面,社区学院也应正视自身在办学过程中出现的质量问题。美国社区学院在采用灵活的教育模式以满足多样化需求的同时,自身的课程设置过于分散,教学安排过于零乱,使许多学生无所适从,而且学院难以突出自身优势和长处,从而降低了教育质量。正如美国学者鲍尔森在谈到捐赠人对社区学院教育质量的担心时所说的,社区学院试图满足

---

①　毛澹然.美国社区学院[M].北京:高等教育出版社,1989:370.
②　万秀兰.美国社区学院的改革与发展[M].北京:人民教育出版社,2003:95.

所有的社会需求,然而却不能做好一件事情。① 有鉴于此,社区学院在满足多样化社会需求的同时,应设定自身稳定的发展方向,突出优势专业,以便更好地为社区服务。

（二）功能之辩

美国社区学院具有收费低廉（甚至免费）、开放招生等特点,使许多原本不具备接受高等教育资格的青年实现了自己的梦想,因此被誉为"人民的学院"、"民主学院"等,成为维护社会平等的正义机构。然而,社区学院果真能发挥促进社会公平的作用吗? 从教育机会均等上看,社区学院门户开放的招生政策看似给了人们平等的选择机会,但实际上,许多学生并没有选择的机会,只能接受社区学院的教育,而家庭背景更为优越的学生却真正拥有选择的机会。基于这种现实,许多人认为,社区学院并不能促进美国教育的民主化,而只是适应,甚至维护了现有社会的等级制度。从社区学院学生的家庭背景看,大多数学生出身于社会经济、政治地位较低的家庭。由于各种原因,这部分学生中的大部分在接受 1~2 年的职业技术教育后,即离开学校,从事地位较低、待遇较差的低级技术工作,而这无助于处于社会较低阶层的群体向上流动。换言之,伯顿·克拉克加在社区学院头顶的"冷却功能"的桂冠不过是束缚在那些试图向上流动者的头上的"紧箍咒",因为它在一定程度上阻碍了部分学生试图通过接受高等教育改变自己命运、实现向上升迁的通道。

那么,我们究竟该如何看待美国社区学院所发挥的功能呢? 本研究认为,评价社区学院的功能应充分考虑它所处的社会背景。从客观上看,社区学院这一普及性的高等教育机构使许多原本无法接受高等教育的人有了继续求学的机会,为他们提供了学习知识、掌握技能的场所。从这个意义上看,社区学院所发挥的作用是毋庸置疑的。然而,我们也应清醒地认识到,社区学院并不是万能的,在政治、经济、文化等因素的制约下,它不可能改变整个社会的阶层结构,在促进不同阶层之间的流动上所起的作用也是有限的。有了这种认识,我们就能客观、冷静地看待社区学院的功能。

（三）职能之思

经过 100 余年的发展,美国社区学院已演变成为具有多种职能的地区

---

① ［美］米切尔·B.鲍尔森.高等教育财政:理论、研究、政策与实践［M］.孙志军等译.北京:北京师范大学出版社,2008:543.

性高等教育机构,其中,转学教育职能、社区教育职能和职业教育职能已成为其最基本的职能。那么,美国社区学院应如何处理这三者之间的关系呢?是平均发力还是重点突破?

从转学教育职能看,美国最初的社区学院脱胎于四年制院校的一、二年级教育阶段,二者之间有着天然的"血缘关系",而且社区学院由于减轻了四年制大学的招生压力、保障了精英高等教育质量而获得了允许部分学生升至四年制院校的权利。也正是基于这种联系,社区学院才对美国公众保持着相当大的吸引力。不难想象,假如失去了转学教育职能,社区学院存在的价值和意义将大打折扣。从社区教育的角度看,在终身教育思潮的推动下,人们希望在方便的时间和地点接受适合自己的教育,以提高自身的生活品质。随着社会的不断进步,这种需求将进一步高涨。因此,社区教育也是社区学院彰显自身价值的重要方式。从职业教育职能看,随着转学教育的逐渐式微,职业教育已取而代之成为美国社区学院最主要的职能,社区学院也成为美国职业教育的主力军。美国社区学院发展的实践经验显示,职业教育应成为社区学院最主要的职能,它与转学教育、社区教育一起构成社区学院"一体两翼"式的职能体系,以满足社会的多样化需求。

本章小结

本章着重介绍了美国社区学院形成的历史背景、发展阶段及管理体制,并在此基础上对其进行价值判断,以期为我国发展社区学院提供经验借鉴及启示。

社区学院率先在美国形成并影响世界高等教育格局绝非偶然,个中缘由既涉及教育外部环境,又与教育内部因素密切相关。从政治思想上看,社会民主观念、实用主义哲学等思想为社区学院的萌芽与茁壮成长提供了肥沃的思想土壤。从生产力及生产方式上看,资本主义生产方式的发展促成了社区学院的形成。从高等教育内部看,高等教育与外部环境的关系日益密切,导致高等教育的结构和功能发生相应的变化,社区学院由此产生。

美国社区学院自产生以来经历了不同的发展阶段,在结构、功能及办学理念上发生了相应的变化,最终发展成为具有转学教育、职业教育、社区教育等多项职能的综合性机构,其名称也由"初级学院"演变成"社区学院"。

在管理体制上,本章介绍了两种分类标准。从外部管理体制上看,我们根据社区学院管理主体的不同将其分为州政府管理的社区学院和大学管理的社区学院。从内部管理体制上看,我们将社区学院分为职能分工制和事业部式管理体制两种类型。在管理主体上,政府、董事会及社区内各种力量在社区学院运行过程中发挥着各自的作用。

本章最后分析了美国社区学院的历史功绩及其影响。首先,社区学院门户开放的招生政策有力地推动了美国教育民主化进程。其次,社区学院通过分流众多高等教育人口,充分发挥自身的"冷却功能",因而在很大程度上保障了四年制本科院校的教育质量。最后,社区学院完善了美国高等教育的结构和功能体系。美国社区学院的功能、作用以及社会各界对它的评价,对于正在发展社区学院的中国高等教育而言无疑将产生深刻的影响。我们应正确认识美国社区学院在发展过程中的功绩和历史局限性,对其引起广泛争议的质量、功能及教育职能问题应予以冷静、客观的分析。

第二章

我国社区学院的发展状况

第一节 我国社区学院概述

列宁在论述如何进行社会科学研究时深刻地指出:"为了解决社会科学问题,为了真正获得正确处理这个问题的本领而不被一大堆细节或各种争执意见所迷惑,为了用科学眼光观察这个问题,最可靠、最必需、最重要的就是不要忘记基本的历史联系,考察每个问题都要看某种现象在历史上怎样产生,在发展中经过了哪些主要阶段,并根据它的这种发展去考察这样事物现在是怎样的。"①为了更好地了解我国社区学院的发展状况及其发展趋势,我们应以历史的观点,对社区及社区教育等几个与社区学院密切相关的概念进行梳理和分析。

一、我国社区发展的概况

(一)社区的含义

"社区"一词来源于拉丁语,原意是伴侣或共同的关系和感情。最早将"社区"用于社会学研究的学者是德国社会学家滕尼斯,他用 Gemeinschaft 一词表达共同体或公社的意思。1887 年滕尼斯完成《社区与社会》一书,美国学者查尔斯·罗密斯将该著作译成英文,并首先用英文单词

---

① [苏]列宁.列宁选集(第四卷)[M].北京:人民出版社,1995:43.

community 表达"社区"一词的意义。中国最早使用这一概念的学者是社会学家费孝通先生,他用"社区"一词翻译 community,即指在一定地域范围内结成互助关系的群体。随着社会学理论的进一步发展,社区的含义也发生了相应的变化,学者们从不同的角度对这一社会学基本概念作出不同的解释。美国社会学家戴维·波普在其所著的《社会学》一书中指出,社区是指在一个地理区域里围绕着日常交往方式组织起来的一群人。日本社会学家横山宁夫在其所著的《社会学概论》一书中指出,社区具有一定的空间,它是一种综合性的生活共同体。费孝通主编的《社会学概论》一书认为,社区是若干社会群体或社会组织聚集在某一地域里而形成的在生活上互相关联的大集体。[①] 社会学教授王思斌认为,"社区是聚居在一定地域内的、相互关联的人群形成的共同体"[②]。郑杭生教授认为:"社区是进行一定的社会活动、具有某种互动关系和共同文化维系力的人类群体及其活动领域。"[③]我国民政部于 2000 年颁发的《民政部关于在全国推进城市社区建设的意见》指出:"社区是指聚集在一定地域范围内的人们所组成的社会生活共同体。目前城市社区的范围,一般是指经过社区体制改革作了规模调整后的居民委员会辖区。"[④]根据目前我国的实际情况,我们认为,"社区"是指在一定区域内,人们由于特定的关系而形成的相互作用、相互影响的集合体,它往往与我国行政区域划分相联系,相当于某一级行政区域。

尽管人们对"社区"一词有着不同的理解,所下定义也各不相同,但这些不同的定义里大致包含了一些共同的因素,我们称之为构成"社区"概念的基本要素:人口要素、空间要素、组织要素和文化心理要素。也就是说,任何社区都不是人类在一定区域内的简单聚集,而是人们在一定的文化心理作用下,通过一定的组织机构,将分散的个体有效组织起来,成为一个较为稳定的共同体。

(二)社区的分类和功能

社区是个复杂的概念,这一点从上述学者提出的众多不同的定义上得到了体现。社区的复杂性要求人们对其进行分类,以更好地深入了解社区

---

① 时伟等.高校与社区关系论[M].合肥:安徽大学出版社,2005:25.
② 王思斌.社会学教程[M].北京:北京大学出版社,2007:162.
③ 郑杭生.社会学概论新修[M].北京:中国人民大学出版社,2003:272.
④ 《民政部关于在全国推进城市社区建设的意见》,2000.

的性质、特征和含义。从不同的角度着眼,我们可以对社区进行不同的分类。从社区的范围上看,社区可分为大型社区、中型社区和小型社区;从社区的功能上看,社区可以将其分为经济社区、文化社区、生活社区等;从地域上看,社区可分为城市社区、乡村社区;从社区的呈现形态上看,社区可分为虚拟社区和现实社区;从行政级别上看,社区可分为行政村落、乡镇、区县、市、省(直辖市、自治区)等。

社区的功能是指社区实际所起的作用。社区不是人的简单的聚集,而是因某种特殊的原因使人们通过一定的组织方式而形成的人类共同体。尽管由于社区形成的原因与目的不同,导致了不同社区功能的差异,但一般而言,各社区都具有一些基本的功能,主要包括政治功能、经济功能、教育功能以及保健功能。[①]

1. 政治功能

政治是协调不同利益群体相互关系的社会行为。社区的政治功能是指社区通过建立各种组织机构,制定相应规章制度以约束不同利益群体的行为,从而实现社区内部和谐、稳定的功能。尽管社区的性质、规模、形态各不相同,但确保社区内部的稳定与进步应是不同社区的基本目标。为此,社区建立了众多政治组织机构,如党派组织、政府机关、社会团体等,这些组织在维护社区稳定、促进社区发展、实现社区目的等方面起着至关重要的作用。一般而言,社区的规模越大,政治组织的机构就越多,其行为也越活跃。

2. 经济功能

人是构成社区的基本要素之一,因此,与人们生活息息相关的经济活动是社区最主要的活动,如生产、分配、交换及消费等,经济功能也因此成为社区的基本功能之一。不同的社区,由于性质、环境、目的等各不相同,因此社区实现经济功能的方式也不尽相同,如农村社区主要以第一产业即农业为主,城市社区则主要以第二、三产业即工业和服务业为主。

3. 教育功能

从广义上说,任何增进人们品德、知识和技能的活动都属于教育活动。社区是人类聚居的一种形式,也就是说,在社区内,人与人之间的相互作用和影响是不可避免的,其中,积极的、有利于人们发展的作用和影响就属于

---

① 于显洋.社区概论[M].北京:中国人民大学出版社,2006:41-42.

社区教育功能的范畴。社区教育功能的范畴较广,除了社区内各级各类正规学校实施的各种教育外,还包括社区内相关组织和机构采用各种形式,对人们特别是青少年施加的各种影响,这些教育都是用以提高人们社会公德、职业道德和家庭美德的。社区的教育功能是社会教化得以实现的重要保障。

4.保健功能

作为一种社会组织形式,社区对居民的日常生活需要应提供相应的服务,即社区保健功能。社区保健功能除了向社区提供医疗健康服务之外,还包括:对特殊人群进行专门化服务,在社区活动中心开展一些文体、教育活动和轻微的手工劳动、心理劝导服务,在社区内建立庇护工场和临时住所,为孕妇、儿童、老年人和残疾人进行保健和康复检查,以及为单亲家庭、低收入家庭和部分老年人、残疾人家庭提供心理和实际的帮助。① 随着我国社会改革的不断深入,单位人逐渐向社会人、社区人转变,许多原本由各工作单位承担的职责逐步向社区转移,在这种情况下,社区的保健功能将进一步得到发展。

(三)我国社区建设的内容

1.社区建设的主要内容

社区建设以社区的实际需要为基本出发点,而社区的实际需要是多方面、多层次的,因此,社区建设的内容也较为丰富。目前我国社区建设的主要内容体现在以下几个方面。首先,改革社区管理体制。社区管理体制体现了社区与其他部门,特别是上级主管部门的责、权、利的关系。从我国城市社区管理的实际情况看,"两级政府,三级管理"的体制是比较合适的选择。"两级政府"是指市、区级政府,"三级管理"是指市级、区级和街道一级的管理体制。应改变以前街道一级有职无权的尴尬局面,对街道一级部门充分放权,使其能直接面对、解决社区内的众多事项。其次,加强社区民主建设。作为一个人类生活的共同体,社区内部人与人之间的关系对于社区的发展状况有着直接的影响。实践证明,民主的管理方式有利于形成和谐、融洽的人际关系,因此,应大力加强社区民主建设。在社区民主建设过程中,政府应采用引导、规范的方式,为社区自治指明方向,并提供各种便利条

---

① 于显洋.社区概论[M].北京:中国人民大学出版社,2006:42-43.

件,确保社区自治的实现。其具体内容包括:提高人们素质,增强人们自我管理的能力和意识;给予社区更多的自我管理权限,给社区居民更广阔的自治空间;充分发挥各类社区中介和社团组织的积极作用,如工会、各类行业协会、志愿者组织等。再次,促进区域内经济发展,提高人们生活水平。经济发展是社区建设的前提和基础,同时也为社区其他方面的建设提供物质保障。社区发展经济主要体现在:根据所在社区的优势和特点,统筹安排社区内的经济结构;积极采用各种方式鼓励、帮助社区居民创业;优化内部投资环境,大力吸引外部投资,以促进自身经济发展。复次,提高社区教育、文化水平。社区教育与文化水平对社区的民主建设、经济发展等方面有着重要的影响作用,因此我们要高度重视社区教育与文化水平的提高。主要举措包括:充分发挥辖区内已有各级各类正规教育机构的作用,不断提高人们受教育程度和文化水平;积极利用各种组织和机构,大力开展非正规、非正式教育和培训,如家政、汽车驾驶、美容美发等,以丰富人们的业余生活;在农村地区,更要加强和农业、农民、农村密切相关的教育和培训,逐步提高广大农民的科学文化素质,以配合新农村的建设;大力加强社区精神文明建设,提高人们思想道德水平,提升社区居民的生活品质和精神境界。最后,大力完善社区公共基础设施建设,提高社区现代化程度。公共基础设施建设关系到社区内人们日常生产、生活的各个方面,是社区现代化程度的重要标志,因此成为社区建设的重要内容。具体举措包括:大力改善区内交通、通信等基础设施建设;建立健全社区医疗卫生服务体系,保障人们的身心健康,对于医疗保障落后的农村地区,这一点尤为重要;充分利用各种组织,为社区百姓提供生活服务。

2.社区建设应注意的问题

首先,从内容上看,我国社区建设应具有综合性。这意味着,社区建设并不是仅就某一方面开展的,而是针对特定的问题,从社区发展的整体需要和宏观视野出发,整体推进,综合治理。其次,从主体上看,社区建设应具有参与性。参与性是指社区建设必须调动社区全体居民的积极性,获得他们的广泛关注和大力支持,从而提高社区建设的成效。再次,社区建设应以人为本。以人为本意味着社区建设应着眼于人的发展,也就是说,在社区建设的过程中,要充分考虑"人"的因素,满足社区居民的真实需求,真正做到以人为本。最后,社区建设应具有前瞻性。社区建设不仅要考虑当下的现实需求,还应以发展的眼光开展社区建设。这要求人们在实施社区建设时应做好规划,将当前急需解决的问题和长远发展的需要结合起来。

二、我国社区教育的概况

(一)社区教育的含义

近年来,随着终身教育思想的普及,作为教育与社区相结合的社区教育这一概念日益成为人们关注的热点话题。但究竟什么是社区教育,学界对此见仁见智,意见不一。国外有学者认为社区教育即民众教育,如 1844 年,丹麦教育家 C. F. Ler 创办了"民众学校",以"为民众服务、为民众教育"为宗旨,其出发点在于,通过建立一种新的教育形态使广大民众得到集中而有效的爱国主义教育,获取有用的知识与技能,从而提高民族素质,达到富民强国的目标。[①]胡森主编的《国际教育大百科辞典》指出,"社区教育被普遍地认为是一种将学校和大学当作向所有年龄层开放的教育娱乐中心的过程"。厉以贤教授认为,"所谓社区教育,是实现社区全体成员素质和生活质量的提高以及社区发展的一种社区性的教育活动和过程。"[②]《辞海》对"社区教育"的解释是"由社区人员与学校共同参与的教育活动。目的可指向为社区服务和有利于社区发展,亦可指向学校教育"[③]。从这些不同的认识中,我们可以总结社区教育的一些共同点:社区教育为所在区域所有成员提供服务;社区教育内容涉及社会生活的各个方面;社区教育目标多样化。在本研究中,我们认为,社区教育定义有广义和狭义之分,广义上的社区教育是指特定区域内的教育机构对所在社区全体成员实施的高等教育、职业教育、技能培训、继续教育及休闲娱乐教育等教育活动的总称。而狭义上的社区教育,则指的是面向社区居民实施的技能培训、休闲娱乐教育、文化熏陶、思想引导等非正规教育活动。需要指出的是,在本研究中,特别是在介绍社区学院的职能时,"社区教育"取狭义定义,以便将其与职业教育、成人教育等职能相区分。另外,当论及社区教育时,我们并非强调教育发生的空间领域——社区,而是强调教育应该改变以往封闭的状态,主动地与外部环境相融合,采用更为灵活的形式,为更多群众提供适合他们的教育服务。

---

① 叶忠海.社区教育学基础[M].上海:上海大学出版社,2000:21.
② 厉以贤.社区教育的理念[J].教育研究,1999(3).
③ 辞海编撰委员会.辞海(缩印本)[Z].上海:上海辞书出版社,2000:1911.

（二）我国社区教育的发展历程

社区教育是社会经济政治和教育发展到一定程度的产物，它随着社会的发展变化而呈现出不同的表现形式。

在 20 世纪二三十年代，受五四运动和新文化运动的影响，一些先进知识分子希望通过在城市或农村地区推行教育改革，以推动所在地区的全面建设，最终达到改造国民素质、强国富民的目的。晏阳初以河北定县为实验区，大力推行农村平民教育实验。经过长期、广泛的实地调查，晏阳初认为，由于历史的原因，中国农村普遍存在"愚、贫、弱、私"四大症状，为此，他主张推行文艺教育、生计教育、卫生教育和公民教育，以解决上述四大症状。为推行四大教育，晏阳初还设计了三种教育方式，即学校式、家庭式和社会式教育，三种教育方式都可实施四大教育，但各有侧重。学校式教育根据不同层次，主要开展识字教育和政治学、经济学、农学等专业性较强的教育。家庭式教育则主要开展公民道德、生活保健、日常生活等教育。社会式教育是主要通过平民学校同学会开展的一些团体性活动，如读书会、讲演会等。值得一提的是，晏阳初等所倡导的平民教育实验并非仅局限于教育活动，而是将教育改革与其他改革如县政改革结合在一起，这样使改革更具系统性，也更有利于取得实际的效果。实践证明，晏阳初等开展的平民教育实验取得了较好的社会效果，"1927 年至 1932 年，毕业 10 多万人。仅 1933 年，平民学校初、高两级毕业生就有 7644 人。定县的实验在全国产生了很大的影响，吸引了全国各地的人员前往参观"[①]。在这一时期，除晏阳初推行的平民教育实验外，梁漱溟在山东开展的"乡村建设"实验、陶行知倡导的"生活教育"实验以及黄炎培在江苏开展的"职业教育"实验，都在不同程度上将教育与当地区域发展紧密联系起来，并取得了一定的成效。

新中国成立之后，受高度集中的计划经济体制影响，各级政府在教育发展过程中起着至关重要的作用。针对当时人们受教育水平普遍低下的实际状况，政府通过各种途径，大量开设夜校、工农速成学校等非正规教育机构，大力开展扫盲教育、职工业余教育，在一定程度上提高了工农文化素质，促进了社会的发展。这一时期社区教育的主要特点是政府主导，由各企事业

---

① 陈乃林.现代社区教育理论与实验研究[M].北京：中国人民大学出版社，2006：16.

单位具体实施,主要对本单位职工进行教育,因而具有较强的封闭性,也未形成稳定、合理的体系。

改革开放之后,我国逐步建立起了社会主义市场经济体制,并开始推行与之相适应的政治体制改革。人们生活方式发生了巨大的变化,由"单位人"逐步向"社会人"、"社区人"转变,原来主要按单位划分的居住格局已被打破,社区作为一种新型城市居住模式正日益兴起。在这种情况下,原有的由各机关、企事业单位具体实施的社区教育模式正在改变,区域内其他群体,如居民等在社区教育的实施过程中享有更多的发言权,教育更多地考虑所在地区的实际需求,至此,真正意义上的现代社区教育才逐渐兴起。

1999 年,国务院批转教育部文件《面向 21 世纪教育振兴行动计划》,明确提出要开展社区教育实验工作,由此启动了社区教育实验工程。据教育部统计,截至 2002 年底,全国已建立了 110 多个社区教育实验区,各类型社区教育中心(或社区大学、社区学院)790 多所,社区教育已经在全国范围内开展起来。以浙江省为例,该省打算创建一批国家级社区教育实验区、30个省级社区教育实验区,要求各市抓好一批市级社区教育实验区。全省有60%以上的城区,50%以上的县、镇开展社区教育工作,国家级、省级、市级社区教育实验区,通过有效整合资源,初步形成社区教育网络,市建立社区大学,县(市、区)建立社区教育中心(学院),街道、乡镇建立社区教育学校,居民区、村建立社区教育工作站(分校),广泛开展学习型社区和学习型组织创建活动,省级以上实验区 30%至 50%的单位和家庭要成为学习型组织。① 教育部颁发的《国家中长期教育改革和发展规划纲要(2010—2020年)》也明确提出,要"广泛开展城乡社区教育"、"加强城乡社区教育机构和网络建设,开发社区教育资源"等。由此可以看出,社区教育得到了我国各级政府的高度重视,已经走上了发展的快车道。

(三)我国社区教育存在的问题

尽管我国社区教育的历史由来已久,并取得了很大的发展,但由于它涉及面较广,实施主体多样,因而在实施的过程中容易出现一些问题和矛盾。

首先,我国社区教育管理较为混乱,缺乏科学、合理的规划与整合。

---

① 张志松.社区教育发展及其模式浅探[J].宁波大学学报(教育科学版),2004(5).

社区教育千头万绪,涉及面极广,凡是与人们生产、生活密切相关的事情都有可能成为社区教育的内容。正如有学者指出,受计划体制的影响,我国现有社区教育资源由不同部门分别管理,难以沟通使用,难以将有限的资源进行整合,不利于发挥资源的整体优势。[①] 社区无论大小,都受相应级别政府的管辖,如区县政府、居民委员会、街道办事处等。政府各职能部门都通过派出机构将自身的职能延伸至基层,以便管理相应事务,如,武装部负责社区的国防教育,法制办负责社区的普法教育,宣传部负责社区的思想政治教育,等等。社区教育的内容分别由相关部门管理实施,从而形成条状管理体制,不同职能部门之间少有沟通和协作,难以形成统一的社区教育规划,容易造成教育内容的割裂,从而出现资源浪费而又效果不佳的局面。表2-1在一定程度上反映了我国社区教育政出多门、管理混乱的现状。

表 2-1　海淀、羊坊店、双榆树三街道办事处各类教育隶属科室一览表

项目 ＼ 街道	海淀街道	羊坊店街道	双榆树街道
义务教育	文教科、司法科等	文教科	文教科、司法科
职业教育	联社办、劳资科等	宣传部、联社办	联社办、劳动科等
成人教育	文教科、宣传部等	党办	劳动科、工会等
家庭教育	妇联、文教科等	妇联、文教科	妇联
特殊教育	文教科、居民科等	民政科、文教科等	民政科
保健卫生教育	文教科、计生科等	文教科、团委等	文教科、居民科
干部教育	纪检委、宣传部等	宣传部、组织部等	宣传部、组织部
普法教育	司法科、文教科	司法科、综治办等	司法科、宣传部等
国防教育	—	—	武装部
未成年人保护教育	文教科、妇联、团委、工会、派出所	文教科、团委、工会、司法科	团委、司法科

注:表内凡有两个以上科室的,皆以第一个为主管科室。

资料来源:厉以贤.社区教育原理[M].成都:四川教育出版社,2003:162-163.

---

① 李少元等.农村社区教育的问题与改进建议[J].教育研究,1999(9).

其次,社区教育重学历提升、轻实际应用的倾向较为明显。

从理论上看,社区教育是针对特定区域的具体需求而进行的教育活动,因而具有很明确的目标指向性。社区是与人们生产、生活紧密结合的区域,这一特点决定了社区内部需求带有较强烈的职业特征。然而,受各种条件的影响和限制,我国社区教育的现实状况是重视学历提升,而在一定程度上忽视人们职业能力的培养。造成这种现状的原因,既有历史的因素,也受人们思想观念的影响。一方面,新中国成立之后,为大力提高人们的受教育水平,除正规的教育外,我国面向社区居民的教育大多数以学历补偿为目的。受此影响,现阶段我国社区教育无论是教育内容还是教学模式,都以学历提升为主要目的。另一方面,老百姓的思想观念也在很大程度上促成了我国社区教育以提升学历为目标的现状。重学轻术、学历至上、文凭主义等观念在国人心目中根深蒂固,人们把获取更高一级的文凭作为接受教育的最主要的甚至是唯一的目的。中国人对文凭有着特殊的情结,常常将接受教育与获得文凭挂钩,这一客观存在的需求状况对社区教育产生了不良的导向。① 在盲目追求文凭与学历的需求刺激下,我国社区教育片面强调学历提升、忽视职业能力培养的顽疾就难以克服。

再次,我国社区教育的民众参与度不高。

社区教育是为所在社区及其居民开展的教育活动,其特征之一就是"全员参与",因此,社区居民的参与程度是社区教育成功与否的重要标志,也是社区教育能否良好发展的重要影响因素。从我国社区教育的现状看,社区居民的参与度并不乐观。这主要表现在,参加社区教育的居民人数占社区全体居民人数的比例偏低,参加社区教育的青壮年人数比例偏低,许多社区教育流于形式,等等。造成这种现象的原因是多方面的:一是我国现阶段社区教育主要由政府机关主导实施,在社区教育的过程中未能充分地调动社区居民的主动性和积极性,因而导致在社区教育中居民参与度不高;二是社区教育在实践中带有较浓厚的政治色彩,"应景式"的教育较多,而在很大程度上忽略了当地社区及其居民的现实需求,致使社区教育内容和形式严重偏离实际,从而导致了社区居民消极应付的局面。

最后,相关法制建设相对滞后。

---

① 邵泽斌.当代中国社区教育问题与政策建议[J].职业技术教育,2006(22).

由于我国现代社区教育的历史并不长,因而与之相关的法规制度建设一直处于落后的状态。迄今为止,专门针对社区教育的、全国范围的政策只有教育部职成司于 2000 年 4 月颁布的《关于在部分地区开展社区教育实验工作的通知》以及教育部于 2004 年颁发的《教育部关于推进社区教育的若干意见》两个文件。社区教育法制建设的严重滞后反映了相关部门对社区教育的忽视程度,这不利于社区教育的顺利开展。同时,社区教育法制的缺乏不利于分清社区教育的实施主体及其相应责任,这在很大程度上导致了社区教育所必需的经费难以得到保障。

三、我国社区学院的发展状况与存在的问题

起源于 19 世纪末 20 世纪初的社区学院是美国高等教育的一大创举,为美国高等教育乃至整个国家的发展作出了不朽的贡献,也为世界高等教育发展树立了光辉典范。美国社区学院的发展及其影响也引起了我国社会各界的注意,一些地方开始借鉴社区学院的办学理念和发展模式,指导当地进行教育改革。1994 年 5 月 4 日,我国第一所社区学院——河南省许昌社区学院正式成立。许昌社区学院由许昌市政府批准设立,由许昌财税学校、电大、农机学校、外贸职业中专等 14 所学校组合而成。学院实行董事会领导下的院长负责制,董事会成员由政府领导、社会名人、各组成学校负责人等担任。[①] 当年该院招大、中专学生 2897 人,其中大专 12 个专业 637 人,中专 19 个专业 2260 人;学院设有 14 个分院,筹集资金达 1250 万元。许昌社区学院的创建,为全省进一步调整教育结构,大力发展职业教育提供了成功经验。[②] 1994 年 11 月,当时担任国务院副总理的李岚清同志出访美国,重点考察了位于芝加哥市的杜培那社区学院。回国后,李岚清向北京市相关部门作出了"试办社区学院"的指示。在一次全国政协教育界委员座谈会上,李岚清副总理再一次强调美国社区学院成功的经验及对我国教育改革的借鉴意义。[③] 教育部制定的《面向 21 世纪教育振兴行动计划》中,在有关成人教育的部分指出:开展社区教育的实践工作,逐步建立和完善终身教育体系,努力提高全民素质。江泽民同志在第三次全教会的讲话中指出:"根

① 毕明春,张大策.联合办学走新路,面向市场育人才[J].河南教育,1995(7).
② 孙增福.许昌首创社区学院.河南年鉴[Z].1994:374.
③ 孙桂华.社区学院实践探究[M].北京:北京航空航天大学出版社,2009:8.

据需要和可能,采取多种形式积极发展高等教育,特别是社区性的高等职业教育,扩大现有普通高校和成人高校的招生规模,尽可能满足人民群众接受高等教育的要求。"①在这些思想的指导和推动下,我国社区学院开始发展起来。1994 年 11 月 11 日,我国第一所由省级政府批准设立的社区学院——上海金山社区学院正式成立。金山社区学院是由上海市政府批准设立的地区性高等教育机构,它依托于中国石化集团所属的上海石油化工高等专科学校,主要满足上海石化公司和上海化学工业区的人才需求。1998 年上海市教委实施《关于本市推进社区学院建设的意见》后,社区学院的建设又取得了新的发展。经市政府批准同意试办的社区学院已达 8 所(金山、长宁、南市大同、闸北行健、宝山行知、杨浦同济、静安、普陀),区、县政府参与高等教育办学的格局正逐步形成。2001 年,当时担任教育部长的陈至立同志在教育工作会议上的讲话明确指出:"大力发展高等职业教育,既是我国经济社会发展的需要,也是高等教育发展的新的增长点。今后高等教育的发展,要向有条件的地级城市延伸,大力发展社区性高等职业教育和社区学院,使高等教育区域性布局更加合理,培养当地留得住、用得上的人才。社区学院教育成本相对较低;学生又可就近学习,花费较少;'立交桥'开通后,部分学生还可以进入本科学习。我们要积极探索高等职业教育和社区学院的发展模式,把地方举办高等教育的积极性和人民群众的求学热情引导到发展高等职业教育和社区学院上来,在地级城市形成一批社区高等教育机构和职业培训中心,并使其成为文化中心和继续教育中心,为当地培养一大批生产、管理、服务第一线的应用型专门人才。"②这充分表明,国家决策高层已开始对社区学院这一高等教育新模式表现出了浓厚的兴趣,这对于社区学院的发展无疑起了强大的推动作用。截至 2007 年,上海全市已经有 14 个区建立了社区学院。③ 北京市第一所社区学院——朝阳社区学院,于 1999 年 9 月 8 日正式成立。朝阳社区学院以朝阳区职工大学为基础,整

---

① 孙中范. 对面向 21 世纪我国社区学院教育模式的思考[J]. 决策咨询通讯,2001 (1).

② 陈至立. 在 2001 年度教育工作会议上的讲话[EB/OL]. http://www.edu.cn/ 20010827/208910.shtml.

③ 王志强. 我国社区学院发展中的问题及对策研究[D]. 首都师范大学硕士学位论文,2008:19.

合了北京广播电视大学朝阳分校和朝阳师范学校,成为一所集学历教育与非学历教育于一身的新型高等教育机构。此后,北京市宣武社区学院、东城社区学院、丰台社区学院、中关村社区学院、昌平社区学院、崇文社区学院、石景山区社区学院、广内社区学院、西城区社区学院等陆续成立。浙江省社区学院也呈现出良好的发展态势。截至 2009 年 3 月,浙江省 90 个县(区、市)中有 58 个成立了社区学院,占 64%;正在筹建的有 7 所,占 8%;待建的有 25 所,占 28%。[①] 此外,天津、辽宁、福建等地也根据本地实际情况纷纷设立社区学院。

如果以 1994 年河南许昌社区学院建立为起点,我国社区学院已走过近 20 年的时间。在此期间,由于国家政策和社会需求的双重推动和鼓励,我国社区学院最终成立并取得了初步的发展。然而,我国社区学院存在的问题也不容忽视,主要表现在如下几点。

首先,职能定位不清。目前,我国社区学院的职能较为宽泛,如职业教育、继续教育、补偿教育、成人教育、社区教育,等等,学历教育与非学历教育并存,正规教育与非正规教育共处。尽管社区学院相对于其他高等教育机构的优势正体现于自身多样化的职能和广泛的适应性,但在缺乏主体职能的情况下,过于宽泛的职能可能使社区学院在众多的社会需求面前迷失自身的发展方向。因此,社区学院应根据现实需要确定自身的核心职能。从目前我国的现实国情看,通过职业教育获得一定的工作技能和相应的学历文凭是多数人的期望。因此,社区学院应以高等职业教育为核心职能。

其次,法制不健全。尽管我国社区学院成立至今已有近 20 年的历史,但与之相关的法律法规却迟迟未见出台。相关法律的缺失,使社区学院的运行一直处于无章可循的状态之中。例如,社区学院设立的标准不清,致使很多不具备资格和条件的机构被冠以"社区学院"之名,"我国一些大城市在一些社区成立了以街道或居委会为主体的社区学院,导致人们对社区学院这一名称产生误解。如上海浦东潍坊社区学院,是潍坊街道与高校合办的,其职能以相当于中等程度的非学历教育为主,形式有培训班、专业班、系列讲座等,招生对象为街道工作者、下岗人员、社区居民、民工等,名为社区学

---

① 刘尧.中国县级社区学院发展研究[M].镇江:江苏大学出版社,2009:198.

院,实为一所社区学校"①。社区学院归口的管理部门不明确,造成高教部门、职教部门以及所在区政府职责不分,遇事推诿,这对社区学院的良性发展极为不利。造成这种状况的主要原因在于,社区学院还未能向社会展示自身存在的价值,因而政府对于给予其合法地位持观望态度。从这个意义上说,要解决合法地位问题还在于社区学院本身。

再次,经费不足。目前,我国社区学院的办学经费主要来自当地政府拨款和学费两大块。由于缺乏相关法规制度的保障,来自政府的财政拨款难以成为社区学院稳定的经费来源,政府往往优先考虑其他高等教育机构的办学经费。另外,我国社区学院董事会成立时间不长(有的还未设立董事会),成员来源较为单一且往往只具象征意义,筹资能力极为有限,远不能满足社区学院发展的需求。加之社会各界对社区学院这一新型高等教育机构了解甚少,因而捐赠的热情不高。因此,收取相对较高的学费成为社区学院的无奈之举,但学费过高又使社区学院面临招生困难的危险。办学经费的缺乏已在许多社区学院的办学条件上充分反映出来了。因此,办学经费不足已成为社区学院进一步发展的瓶颈。

复次,分布不均衡。由于我国教育部并未将社区学院的发展状况列入统计范畴,因此缺少全国性的统计资料,不能有效反映我国社区学院发展的总体情况。但从各省市有限的统计材料看,社区学院在全国各地发展的状况很不平衡。总体分布状况是,在上海、北京、浙江、天津、江苏等发达地区社区学院分布较多,而在中西部地区,特别是农村,社区学院数量较少。北京市8个城区均设有社区学院,其余10个县也基本都成立了社区学院,上海市18个区县都设立了社区学院,此外,浙江、天津等地也陆续创建了许多社区学院。在教育部最近公布的"全国社区教育实验区名单"中,江苏16个,浙江12个,上海9个,北京、天津、辽宁各6个,广东、福建、山东各5个,江西、新疆各4个,安徽、陕西、湖北各3个,河北、湖南、重庆、四川各2个,山西、广西、甘肃各1个。(此数据不包括全国社区教育示范区,这些示范区

---

① 郭必裕.我国社区学院发展的主要问题和解决思路[J].教育与现代化,2000(4).

主要集中在北京、上海两地——笔者注）[①]尽管社区教育实验区并不等于社区学院，但本数据也能在一定程度上反映出作为社区教育的龙头的社区学院的地域分布状况。

最后，社会不认可。我国社区学院发展已有近20年历史，但至今还没有在教育部备案，这就意味着它还没有取得合法地位。我国现有社区学院都不具备独立的法人资质，而是挂靠其他成人高校，这种名不符实的状况如表 2-2 所示：

表 2-2   社区学院及其法人名称对应表

学院名称	法人名称
朝阳社区学院	朝阳区职工大学
丰台社区学院	丰台职工大学、北京广播电视大学丰台分校
中关村学院	海淀区职工大学、北京电大海淀分校
石景山社区学院	石景山业余大学、北京电大石景山分校
东城区社区学院	东城区职工大学、北京电大东城分校
西城区社区学院	西城经济科学大学、西城区职工中专
宣武区社区学院	宣武红旗业余大学、北京电大宣武分校、宣武总工会职大
崇文区社区学院	崇文区职工大学、北京电大崇文分校

资料来源：相关院校网站。

与其他高校相比，我国社区学院成立的时间短，规模较小，师资力量弱，教育教学效果不甚理想，服务社区的职能也未能得到有效发挥，加之老百姓的精英教育观念根深蒂固，这种种原因使我国社区学院在发展初期没能得到社会各界的普遍认可，社区学院的进一步发展困难重重。

四、我国新型社区学院的概念及特征

我国新时期社区发展的趋势要求与之相适应的社区教育，目前我国社区教育的现状呼唤不同于已有社区学院的新型社区学院。在本研究中，新

---

① 数据来源：教育部关于重新公布全国社区教育实验区名单的通知［EB/OL］. http://www. moe. edu. cn/edoas/website18/level3. jsp？ tablename = 603&infoid = 1258424777941347.

型社区学院是指主要由区县级政府举办的、为所在社区成员提供高等职业教育和社区教育等服务、以提高国民素质和增强劳动者就业能力为目的的地方性高等教育机构,其基本特征是职业性与社区性相统一。本研究所构建的新型社区学院处于一种基于现实的理想状态,这意味着,新型社区学院既与已有社区学院或高职院校有一些共同之处,同时又具备这些已有机构所不具备的特点和优势。

首先,立足社区、服务社区——社区学院独特的办学目标定位。顾名思义,社区是社区学院的安身立命之本,舍此,社区学院则会失去生存和发展的根基。社区与社区学院之间的紧密关系不仅体现在二者在空间的融合上,更为重要的是,二者的健康发展都离不开对方的通力协作与大力支持。一方面,社区的和谐、稳定与发展需要社区学院在人才提供、思想引导、技术支持、民智启发等方面发挥重要作用;另一方面,社区学院的存在与发展也离不开所在区域提供的经费、政策、实习实训场地、工作岗位等必要条件。鉴于此,社区学院应紧紧围绕社区,以社区为立足点和出发点,在办学理念、专业设置、课程安排、教学计划等方面充分考虑所在区域的需求,并据此安排自身的各项教育教学活动,使自身真正成为立足社区、服务社区的地方性高等教育机构。如前所述,对于多数人而言,接受教育的直接目的主要在于,通过掌握一定技能和获得相应的文凭来得到一份自己满意的工作。因此,对于社区学院而言,立足社区、服务社区的实质就是全面提高劳动者素质、为本社区居民的就业及再就业提供支持和帮助。

其次,从社区学院的职能上看,它是以高等职业教育为核心,以社区教育为特色,以成人高等教育为补充,以转学教育为突破口的新型高等教育机构。作为地方性高等教育机构,社区学院的主要任务不是进行高深学问的学术研究,而是针对当地的经济、社会发展的现实需求,培养具有一定知识、技能的应用型人才,并为相关部门提供技术服务。也就是说,社区学院的本质特征是职业性和社区性,其核心职能是职业教育。相对于其他类型的高等教育机构而言,社区学院的特色职能是社区教育,这是因为,社区学院的根基在于当地社区,满足社区多样化需求是其重要目标。在社区多样化的需求中,开展和社区居民生产生活息息相关的技能培训、休闲娱乐教育等非正规教育活动成为社区学院不可或缺的重要职能。成人教育是我国社区学院的另一个重要职能。成人教育是指以在职人员为主要教育对象、以学历补偿和职业能力提高为主要目的的教育类别。在终身教育理念日益深入人心的今天,成人教育的重要性也得到了进一步的体现。由于成人教育的对象大多是在职的成人,担负着工作和家庭的双重职责,因此,他们不太适应普通高校那种统一、严格的教育制度和教学安排。他们在进行学历和职业能力提升的过程中,重点关注接受教育的便利性和灵活性。社区学院贯彻立足社区、服务社区的原则,在教学安排上应充分考虑教育对象的特殊性,最大限度地体现自身的便利性、灵活性和开放性,以方便广大社区居民接受教育。

转学教育也应成为我国社区学院这一新型高等教育机构的重要职能。转学教育是指社区学院根据国家相关政策规定,通过与相关四年制普通高等学校签订协议,将本校部分符合相应条件的学生转至四年制院校,继续深造。此外,社区学院与中等职业学校之间的学生转换也属于转学教育范畴。社区学院的转学教育职能在一定程度上能打破不同层次、不同类型教育机构之间长期存在的壁垒,对于完善我国教育体系,特别是高等教育体系,促进各种教育层次和类型之间的沟通和协作,具有重要的意义。在这一方面,北京朝阳社区学院作出了有益的尝试,其率先与同在朝阳区的对外经贸大学合作,实行“2+2”合作办学模式,即两校联合招生,共同商定课程设置和教学等相关事项,前两年由朝阳社区学院安排教学,后两年学生转至对外经贸大学继续学习。2000年9月11日,两校联合办学的首批720名学生入住朝阳社区学院。尽管由于政策的原因,这部分学生后来没能顺利升至对外经贸大学,但这毕竟开始了社区学院与其他高校合作办学的探索。我们有理由相信,随着教育体制的不断完善,不同类型和层次教育之间的转学将成为我国高等教育发展的趋势。因此,作为最基层的高等教育机构,社区学院应将发展转学教育作为自身的突破口。

再次,从社区学院的系统功能定位上看,它是我国教育内部不同子系统之间、教育与其他系统之间相互联系的功能结合部。

1.统一招考与开放入学相结合

社区学院职能多样,学历教育与非学历教育相结合,正式教育与非正式教育相交融,体现了严密性与开放性、灵活性相结合的特点。在学历教育方面,社区学院主要开展高等职业教育和成人教育。高等职业教育主要是通过全国统一的招生考试,录取具有相应资格的应届高中毕业生,具有很强的严密性和统一性。而在成人教育方面,尽管学生也须通过全国性的成人高考,但与普通高考相比,录取标准已大大降低。特别是广播电视大学系统的开放性教育,它完全采用免试的方式,学生仅通过一定的资格审查即可入学。因此,社区学院的职能体现了统一招考与开放入学的有机结合。

2.学校使命与社区需求相结合

社区学院作为某种层次和类型的高等教育机构,其使命也大体与其他高等教育相似,即教学、科研和社会服务,其中以教学和服务社区为社区学院最重要、最基本的使命。从教学上看,社区学院的教学直接面向所在社区人们的需求,从专业设置、课程结构、教学方法、学生评价等诸多方面体现自身的社区属性。从社会服务上看,社区学院充分利用自身所具有的优势,通过技术咨询、岗位培训、资源(图书馆、运动场地等)共享、政策宣讲、志愿服务等多种形式大力服务社区,大大密切了学校与所在社区的联系,从而也赢得了社会各界的普遍赞誉和大力支持。深入社区基层,关注最基层的社会需求,是新型社区学院在功能和使命上区别已有地方性高校的最显著特征。

3.不同层次、类型高校相互沟通

对于任何一个国家而言,高等教育体系都不是单一的,而是由各类型、各层次高等教育子系统联结而成。不同类型、不同层次高等教育由于各自的价值取向、目标任务、学科结构等方面不尽相同,因而呈现出丰富多彩的高等教育生态特征。然而,如果在一个高等教育系统内,各种不同类型和层次的高等教育子系统之间壁垒森严,不能有效地沟通和联系,那么,各子系统就会逐步陷入孤立、封闭的状态,整个高等教育系统也会因内部缺少必要的冲突和碰撞而丧失生机和活力。因此,一个健全的、充满生机和活力的高等教育系统必须建立一定的机制,确保内部各组成部分的交流与协作,使之既相对独立又相互依存。社区学院处于高等教育最基层,同时又肩负多种功能,这些特点决定了社区学院在客观上具备了联通高等教育与各种社会需求的便利条件。换言之,社区学院利用自身扎根社区的优势,充分反映了社会的各种需求,然后,通过与不同类型、层次高等教育机构的沟通与协作,优势互补,从而较好地满足相应的社会需求。社区学院与其他不同类型和层次高等教育机构之间沟通与协作涉及的内容较为丰富,主要有人才培养和社会服务两个方面的内容。在人才培养上,主要体现在机构之间通过一定的协议,使学生能根据需要在不同机构之间进行流动,既有向上的转学,又有向下的逆向转学,还有不同类型机构之间学生的流动。在社会服务上,社区学院可以充分利用自身密切联系社区的优势,结合其他高校较强的科研和技术的优势,共同为社会提供相应的服务。

最后，从学生身份上看，社区学院学生的身份更加多元化，进一步体现了终身教育的特色。由于社区学院的灵活性、开放性等特点，在学学生的身份也较其他高等教育机构更为复杂，既有全日制学生，也有大量的非全日制学生，既有高等教育适龄青年学生，也有年龄较大的成人学生。从学生的学习形式上看，一般高等教育机构内的学生大多采用全日制的学习形式，非全日制的学生所占比例较小。社区学院的办学宗旨之一，便是满足不同学生的教育需求。对于不能脱岗进行全日制学习的学生，社区学院便采用适当的教学形式和安排，使这部分人也能在社区学院获得相应的教育。在美国，社区学院的非全日制学生占学生总数的 60％以上。从学生年龄上看，社区学院的学生年龄普遍较大，这是因为，社区学院灵活开放的办学模式和服务宗旨使更多的成人有机会进入社区学院接受教育，这无疑将提高学生的平均年龄。从世界范围看，高等教育学生的在学年龄大多在 18～22 岁之间，而社区学院学生年龄往往较大。据加拿大安大略省统计，1991 年加拿大社区学院全日制新生中，19 岁以下的占 39％，20～24 岁的占 40％，25～34 岁的占 15％，35～44 岁的占 5％，45 岁以上的占 1％。[①] 2010 年，美国社区学院学生的平均年龄为 29 岁，大大高于其他高校学生。[②] 因此，社区学院的办学宗旨和服务方向决定了社区学院学生的身份较为多元，而这一点也成为社区学院的基本特征之一。

总之，新型社区学院是我国政治经济社会发展的必然产物，也是高等教育为应对不断变化的外部环境而进行自我调节的结果，因而，它具有其他类型高等教育机构所不具备的特征。

五、我国新型社区学院与美国社区学院的区别

发轫于美国的社区学院现在已经成为世界上许多国家学习和效仿的榜样，加拿大、英国、日本等国都将这种高等教育形式引入本国。值得注意的是，这些国家并没有完全照搬美国社区学院的办学模式，而是在充分借鉴该模式的基础上，结合本国的现实情况，将其改造成具有本国特色的高等教育

---

① 曾子达.加拿大社区学院[M].北京：北京大学出版社，1994:108.

② American Association of Community Colleges. Community Colleges in Their Communities[EB/OL]. http://www.aacc.nche.edu/AboutCC/Trends/Pages/communitycollegesintheircommunities.aspx,2010-9-13.

新模式。以加拿大为例,与美国社区学院相比,加拿大社区学院的办学模式更具多样性,大致可分为三种类型[①]:第一种是趋同于美国的模式,即社区学院与四年制院校保持较为密切的联系,如西部的不列颠哥伦比亚省的社区学院;第二种是独立于大学体系之外的教育类型,只颁发文凭或证书,一般不授予学位,学生也很少转入其他四年制院校,如纽芬兰省等地的社区学院;第三种社区学院带有较为浓厚的义务教育色彩,即政府要求所有欲上大学者须先进入社区学院学习两年,如魁北克省的社区学院。

我国在学习美国社区学院办学模式的过程中,同样应秉持"扬弃"的哲学方法和态度,充分考虑我国高等教育的特殊性和社会发展的现实条件,从而构建具有中国特色的社区学院办学模式。本研究所构建的新型社区学院与美国社区学院在以下几个方面存在差异:

(一)形成的目的不同

正如前文所述,美国社区学院形成于 19 世纪末,是美国社会政治、经济、文化、教育等发展的产物。就社区学院产生的直接动因而言,扩大高等教育规模以接纳更多的适龄学生接受高等教育与维持高等教育的精英水准之间的矛盾促成了社区学院的诞生。换言之,美国社区学院形成的目的是缓解当时美国社会有限的高等教育资源与不断高涨的高等教育需求之间的矛盾。

与美国社区学院不同,我国社区学院形成的目的与现时代我国社会发展的特定现实状况密切相关。建立和发展社区学院的目的之一是为了顺应发展终身教育、建立学习型社会的目标。终身教育自传入我国以来,对我国社会发展产生了深远的影响,教育部颁发的《国家中长期教育改革和发展规划纲要(2010—2020 年)》明确将 2020 年"基本形成学习型社会"作为战略目标。学习型社会的基本特征是"学习生活化,生活学习化"[②],即个体将自身的学习行为与生活行为及习惯有机融合,始终保持不断学习的状态。学习型社会不仅要求个体具有持续学习的动机和意愿,同时要求社会为之提供必要的学习场所和条件。显然,现有的高等教育机构很难满足这种要求。为此,我国有必要建立一种新型的机构,使之与社区密切联系,大力满足社

---

① 曾子达.加拿大社区学院[M].北京:北京大学出版社,1994:165-167.
② 连玉明.学习型社会[M].北京:中国时代经济出版社,2004:5.

区居民多样化的、持续的学习需求。社区学院正是在这种社会背景下应运而生的。此外,解决成人高等教育、高等职业教育等特定教育类型乃至整个教育系统存在的问题也是我国社区学院所背负的重要使命。

(二)形成方式不同

美国社区学院的前身——初级学院的形成主要有两种途径:一是四年制院校把一、二年级与三、四年级分开,前者就成为初级学院;二是部分中等学校为满足当地居民就近上大学的需求,增设大学一、二年级的课程,而后慢慢发展成为初级学院。造成这种现象的主要原因是,当时美国高校数量较少,不能有效满足人们的入学要求,只能采用大学分拆、中学升格等方式在短期内迅速增加高等教育机构数量,以消化迅猛增长的高等教育需求。

与美国不同,我国社区学院主要通过转制的方式形成,即将部分符合条件的成人高校或高职院校转型为社区学院。这种转型得以成功实现有赖于两个客观条件:一是高等教育供给与需求处于相对平衡状态,无须或不宜设立新的高等教育机构;二是相关院校具备转型的条件。对于第一个条件,经过世纪之交的大扩招,我国高等教育规模迅速扩大,毛入学率急速提高,从总体上看,高等教育需求与供给已处相对平衡的状态。在这种情况下,大量设立新的高等教育机构显然不符合国情,将已有机构进行适当改造,使之转型成为社区学院是较为可行的方法。第二个条件是指,转型为社区学院的相关院校必须具备一定的资质,如,具备实施高等职业教育的基础、属于地方管理以便更好地联系和服务社区,等等。

(三)与普通高校的关系不同

由于中美两国社区学院产生的社会背景不同,因而它们与普通高等学校之间的关系也存在较大的差异。

美国初级学院形成之时,正值高等教育入学人口数量激增,大量的高中毕业生涌入各所大学,同时有更多人希望能接受高等教育。在此情况下,各大学都真切地感受到招生的压力,但迫于民主化思潮的压力,大学又不能将这些学生拒之门外,有识之士担心这种状况会削弱大学的教育质量。以芝加哥大学校长哈珀为代表的教育家想出了一个折中的办法,即成立社区学院,以接纳过剩的高等教育需求,并使其中的部分学生能够转至四年制大学及学院继续学习。这样既能最大限度地满足人们的入学需求,又不至于对精英高等教育产生太大的冲击。这说明,美国社区学院自产生之日起,就与普通高等学校形成了无法割断的"血缘关系",二者的关系极为紧密。美国社区学院与四年制大学的关系主要表现在以下几个方面：首先，转学关系，即社区学院将符合一定条件的毕业生转至大学继续学习；其次，在管理体制上，部分社区学院设于相应大学的体制之下，接受大学的统一管理；最后，社区学院与大学合作，在社区学院建立教学点，由大学派遣教师实施教学，联合培养学生，授予学士学位，这是社区学院与大学合作的一种新兴模式。

与美国情况不同，我国社区学院产生于发展终身教育、建立学习型社会以及实施高等教育体制改革的历史大背景之下，其与普通高等学校之间并没有美国那样的"血缘关系"。但这并非意味着我国社区学院与普通院校之间缺乏应有的联系和沟通。本研究认为，我国社区学院与其他类型高校之间存在如下联系：其一，作为高等教育的一种类型，社区学院与其他类型、层次的高校分工协作，共同构成我国高等教育的完整系统；其二，从功能上看，社区学院在整个高等教育系统中发挥着承上启下、沟通左右的"立交桥"功能。例如，职能多样化的社区学院可以将中、高等职业教育在机构内进行有效沟通，也可使学生根据需求在普通教育与职业教育之间进行转换。

（四）教育职能不同

中美两国社区学院的差别还体现在教育职能上。

美国社区学院在长达百年的发展历程中，其主要职能也发生了相应的变化，经历了以转学教育为主要职能到以职业教育为主要职能的发展过程。目前，美国社区学院已进入综合发展时期，多样化的职能体系是其赖以生存和发展的主要特色，职业教育、转学教育、社区教育等都是其不可或缺的重要职能，基本形成了以职业教育为主、辅之以转学教育和社区教育的"一体两翼"式的职能体系。

在我国，受经济结构转型等因素的影响，技能习得和文凭获取成为人们异常关注的对象，因此，高等职业教育是我国社区学院的核心职能。另外，我国社区学院建立在发展终身教育、建立学习型社会的深刻社会背景之下，为社区服务、提高社区居民文化科学素质和精神境界成为政府和社会各界赋予社区学院的重要使命。因此，社区教育应成为社区学院的重要职能。在国民受教育程度总体偏低的情况下，成人高等教育目前仍是社区学院一个不可缺少的重要职能。此外，定位于教育系统中的"立交桥"的社区学院，转学教育同样是其重要职能。诚然，就目前的教育体制而言，不同教育系统间的沟通和衔接甚为困难，转学教育也因此举步维艰。但从发展的眼光看，打破不同系统之间封闭、僵化的状态是教育发展的必然。《国家中长期教育改革和发展规划纲要(2010—2020 年)》也提出了"职业教育和普通教育相互沟通"的改革目标。所以,可以预见,社区学院的转学教育将实现由理论设想到现实操作的跨越。因此,我国社区学院的职能体系特点应以高职教育为核心,以社区教育为特色,以成人高等教育为补充,以转学教育为突破口。关于社区学院的职能分析详见本书第三章。

第二节 我国社区学院发展的必要性与可行性分析

一、我国社区学院发展的必要性分析

(一)发展社区学院有助于缓解我国高等教育长期存在的扩大入学机会与提高教育质量之间的矛盾

随着大众化进程的加快,高等教育内部的一些矛盾和问题也日益凸显,如质量下滑,教育机会不均,大学生就业难度增加,高等教育体系不完整,高校定位不清、办学特色不明显,等等。在大众化初期,在不断扩大高等教育规模以满足人们持续增长的教育需求的压力下,这些问题和矛盾在很大程度上被忽视,而在大众化中后期,规模扩张的压力相对较小,因此,解决业已存在的矛盾和问题成为这个阶段我国高等教育的主要任务。其中,尤以解决扩大入学机会与提高高等教育质量之间的矛盾最为紧迫。

在 20 世纪末以前,我国遵行的是精英教育路线,高等教育成为一种特权,只有极少部分适龄青年有机会享受,绝大多数人被排斥在高等教育殿堂之外。随着社会的发展,知识的价值日益彰显,高等教育也日渐成为更多人关注和追求的对象。"精英高等教育"逐渐不能适应现实的需要,普遍的学校教育逐渐成为一种必要,高等教育也不再为少数人所独有,而是逐渐面向大众,朝着"大众化"的方向发展。[①] 在此背景下,将高等教育视为只有少数人才能享有的特权的观念已被人们所抛弃,取而代之的是高等教育应成为人人能享有的权利的思想。《中华人民共和国教育法》第 9 条明确规定:"中

---

① 邬大光.中国高等教育大众化问题研究[M].北京:高等教育出版社,2004:136.

华人民共和国公民有受教育的权利和义务。公民不分民族、种族、性别、职业、财产状况、宗教信仰等,依法享有平等的受教育机会。"高等教育作为教育的一个层次和阶段,理应成为公民依法享有的权利内容。此外,从国家发展战略来看,增加高等教育入学机会有利于推动人力资源强国的建设。进入 21 世纪这个知识经济时代,国家的发展越来越依赖于知识的创新和科技的进步,而这二者都离不开高素质的人才,高等教育作为培养高级专门人才的部门,为国家输送所需人才是义不容辞的责任。对于一个发展中的人口大国而言,通过高等教育,尽可能多地将潜在的人力资源转化为现实的人力资源,对于促进社会的发展有着重大的意义。因此,在人均资源相对缺乏的现实状况下,确保高等教育机会均等,使更多的人有机会接受高等教育,是政府义不容辞的责任和亟待解决的问题。

此外,高等教育承担着为社会培养高级专门人才的重大使命,质量是其生命线。如果说高等教育大众化初期的主要任务是扩大教育规模,增加入学机会,那么,大众化中后期即后大众化阶段的主要目标和任务就是增加入学机会和提高教育质量。高等教育质量就是指高等教育作为一种特殊的实践活动,在实现自身功能的过程中对高等教育基本规律的体现程度,适应并促进社会政治、经济、科技、文化发展的体现程度,以及适应并促进学生主体发展的体现程度。[1] 只有不断提高教育教学质量,提高科研能力和服务社会的能力,提高所培养人才适应社会的能力,高等教育的价值和意义才能得到充分的体现。特别是在知识经济时代,高等教育的质量关乎一个国家的科技实力、经济实力、乃至综合国力。因此,提高高等教育质量,已经成为政府和高等教育自身努力追求的目标。

从理论上看,增加高等教育入学机会和提高高等教育质量之间并不存在必然的矛盾,在一定条件下,二者可以并行不悖,甚至相互促进、相得益彰。然而,在我国高等教育发展水平较为落后、还不能完全满足人们需求的情况下,在各种社会资源相对紧张的情况下,增加高等教育入学机会和提高高等教育质量却现实地成为一对难以解决的矛盾和问题。为增加入学机会,让更多的人接受高等教育,从 1999 年开始,我国实施连续多年的大扩招政策,在短期内使高等教育规模迅猛增长。高等教育的超常规发展一方面

---

① 张安富等.高等教育质量与水平及相关概念辨析[J].高等教育研究,2009(11).

大大增加了入学机会,促进了教育公平,为社会输送了更多的有用人才;另一方面也给高等教育自身带来了较大的负面影响。1998年,我国普通高等学校学生数校均规模为3335人,2009年则上升为9086人,生师比也由11.62∶1上升至17.27∶1。[①] 高校规模急剧膨胀,各种资源全面紧张,特别是实验器材短缺,授课班级规模空前,教师工作负担加重,多校区大学频频出现,凡此种种,对高等教育质量产生了较大的影响。但已走上大众化之路的中国高等教育显然不能重回精英教育的老路,不能通过大幅度压缩招生规模以提高教育质量。况且,根据目前的国情,在今后较长的时期内,高等教育规模持续扩大(当然是较为缓慢的、渐进式的)将是可以预见的趋势。因此,通过何种方式在增加入学机会和提高教育质量二者之间找到合理的平衡点,已成为大众化中后期我国高等教育必须解决的重大而紧迫的现实问题。

社区学院通过接纳大量学生,既能扩大教育机会,在更大程度上满足人们接受高等教育的需求,又能有效减轻其他高等教育机构特别是研究型大学的负担,有利于提高高等教育的整体质量。作为一种非学术性高等教育机构,社区学院采取开放的入学政策,对入学者的学习基础不作过高要求,大大降低了入学门槛,为更多原本不能接受高等教育的人提供了学习机会。目前美国社区学院注册学生达620万人,占全美大学生总数的35%。社区学院总是在不断地寻求新的项目和顾客。社区学院是非传统的,但是它们又是最好的,因为它们代表了美国,从不满足已取得的成就,总是能想到用新的方法来解决问题。它们对每个人开放,增强了美国特色的流动性,它们的理念是:通过努力,社会可以变得更民主,个人可以获得更好的发展。[②] 因此,我们应根据地方需要,大力发展社区学院,充分发掘社区学院的容纳功能,推动我国高等教育的后大众化和民主化。同时,在高等教育大众化政策的推动下,人们接受高等教育的需求空前高涨,大批学生涌入大学,造成各个大学人满为患,资源紧张,对高等教育质量产生了很大影响。在这种情况下,依靠内涵式发展,即扩大校均规模,已不能有效地解决规模与质量的

[①] 教育部发展规划司.中国教育统计年鉴(1998、2009年)[Z].北京:人民教育出版社,1999,2010.

[②] Arthur M. Cohen,Florence B. Brawer. The American Community College[M]. San Francisco:Jossey-Bass Publisher,2008:41.

矛盾,必须走外延式发展之路,即建立和发展新型高等教育机构,以满足不断增长的高等教育需求。社区学院凭借自身的独特优势,吸收了大批学生,大大减轻了其他高等教育机构特别是研究型大学的压力,有利于在整体上提高高等教育质量。社区学院在一定程度上发挥了美国学者伯顿·克拉克所提出的"冷却功能(cooling-out function)"[①],对于引导人们形成理性的高等教育观念,有着积极的现实意义。

(二)发展社区学院有利于完善我国高等教育结构

高等教育结构是指构成高等教育系统的各个子系统的比例及其相互关系,包括层次结构、区域结构以及科类结构。1949 年以来,我国高等教育经过几次改革,如 20 世纪 50 年代的院校调整、世纪之交的院校合并等,已初步形成了层次多样、分布较为合理、学科门类比较齐全的高等教育结构体系。然而,随着近年来高等教育规模的快速膨胀,其结构也出现了一些问题,主要表现在:部分高职高专不安于其位,高校升格之风盛行;独立设置的成人高等学校逐年萎缩;理论性高校及专业过多,应用型、面向社会需求的高校及专业过少;等等。这些问题成因复杂,牵涉面广,既涉及宏观的结构,又涉及微观的因素,既与外部环境有关,又与高等教育内部因素有关。因此,解决结构方面的问题对于大众化高等教育的顺利发展至关重要。

尽管我国已经初步形成了由不同层次、类别、形式的机构组成的高等教育结构体系,但这种结构体系不是一成不变的,应随着整个社会的发展而不断调整。社会主义市场经济体制的建立和经济的全球化发展,将从根本上改变我国劳动力结构和人才培养模式,进而影响高等教育结构体系的构成与发展;我国产业结构和技术结构正在进行战略性调整,人力结构与高等教育结构必须进行相应的调整,科学技术进步将对高等教育学科、专业结构以及大学生就业产生直接影响;在新的历史条件下,我国经济、科技进一步发展,社会经济成分、组织方式、利益分配、就业方式等走向多样化,必然要求高等教育多元化发展;未来人口压力将得到缓解,人口结构将发生变化,人民生活水平将进一步提高,这些必将对高等教育结构产生重要影响。[②] 特

---

① Burton R. Clark. The Open Door College:A Case Study[M]. New York:Mcgraw-Hill Book Company,Inc. 1960:160.

② 潘懋元,肖海涛.中国高等教育大众化结构与体系变革[J].高等教育研究,2008(5).

别是随着后大众化阶段的到来,高等教育需求日益多样化,因此,建立和完善多样化的高等教育结构体系显得尤为必要。正如有学者指出的,"高等教育走向大众必须建立一个多样化体系。传统的单一性的高等教育体系是一种学科性体系,强调的是培养重知识接受和重思辨能力的人才,而不是实践中需要的大批应用性人才,不能完成高等教育大众化的任务,只有多样化的体系才有可能收到更大的社会实际效果,即高等教育大众化不只是为了解决扩大高等教育入学机会问题,更主要的是为了满足社会对多方面人才的需求以及个体接受高等教育后的就业需要"①。从目前我国高等教育结构来看,存在的主要问题是,理论性、学术型高校偏多,应用性、实践型高校偏少,即使是地方本科院校和高职高专,也大多未能真正体现应用型的特征,这显然不能很好地满足后大众化阶段多样化的高等教育需求。

与传统高等教育机构不同,社区学院主要由地方政府甚至社区举办,其目的就是满足所在区域的现实需求,强调应用性和实践性。因此,社区学院的专业设置、课程内容、教学方法、时间安排等都充分考虑了社区成员及相关机构的实际需要,注重培养学生的实践能力,具有很强的应用性和实践针对性。国内部分社区学院在这方面作出了有益尝试,2001 年,北京朝阳社区学院将人才培养目标锁定在满足社区需求上,设置了社区管理专业,并从国家民政部、北京大学等单位聘请社区建设研究方面的专家、学者为学员讲课,及时培养了一批既有较高理论水平,又具有一定实践技能的应用型人才。② 因此,社区学院的发展将对我国建立和完善多样化的高等教育结构体系产生积极的影响,也必将成为大众化阶段我国高等教育的重要形式。

社区学院不仅能够在机构体系上完善我国高等教育结构,同时也能在功能上对我国高等教育结构有所裨益。长期以来,我国高等教育系统主要由两大体系构成,普通高等教育体系和高等职业教育体系。前者主要培养理论型、学术型人才,而后者则以培养应用型、职业型人才为主要目的,两个体系各自独立,壁垒重重,沟通和协作较少。随着社会的发展,从业者技能的综合化和多样化成为社会对劳动者的基本要求,单纯培养理论型或应用型学生的培养目标和模式已不能适应社会发展的需求,而培养具有较强实

---

① 王洪才.论我国多样化大众高等教育体系建设[J].教育科学研究,2003(7).

② 孙桂华.社区学院实践探究[M].北京:北京航空航天大学出版社,2009:64.

践能力的理论型人才和具有较好理论素养的应用型人才则能更好地适应社会多样化的需求。因此,拓展普通高等教育体系与高等职业教育体系之间的沟通与协作已经成为社会发展对我国高等教育系统的热切期盼,兼具高等教育和职业教育两大职能的社区学院在这方面应该发挥应有的作用。一方面,在社区学院接受职业教育的学生如果希望在理论素养上有所提升,可以根据社区学院与其他四年制普通高校之间达成的合作协议,通过一定的程序,转入相应高校;另一方面,对于希望掌握一技之长的四年制大学生而言,也可根据相应的协议,转入社区学院接受职业教育。总之,社区学院以自身独特的结构、功能及使命在一定程度上加强了普通高等教育和高等职业教育之间的沟通和联系,因而在完善我国高等教育体系方面将发挥积极的作用。

(三)发展社区学院有利于推动终身教育的发展和学习型社会的建立

学习型社会(learning society)是美国教育家赫钦斯(Robert M. Hutchins)在其名著《学习型社会》(The Learning Society)一书中率先提出的概念。在该书中,赫钦斯在批判传统教育的基础上,提出了一个理想的社会形态——学习型社会。他认为,学习型社会"除了要在人生的每一个阶段为所有成人提供非全日制的成人教育外,还应实现学习、发展及人格完善的价值,并使所有学校都以此为终极目的","在学习型社会里,人人都能够在学校内部或外部接受自由教育,并能够持续地、自由地学习;这是真正意义上的大学,是独立思想和批判的中心,在此人们的价值观得以转变"[①]。赫钦斯认为,在学习型社会,不仅有足够的教育资源,为所有社会成员提供充足的教育机会,更为重要的是,在全社会树立理想的教育精神和信念,使人们自觉地形成终身学习的习惯和行为。学习型社会的概念在刚提出时并未引起大的反响,然而随着终身教育思想的全面普及,人们越来越强烈地意识到学习型社会的重要性,该理论也逐渐得到人们的认可和重视。联合国教科文组织在其经典文献《学会生存——教育世界的今天和明天》中指出:"学习型社会是一个能支持个人终身学习的社会。"1973 年,美国卡内基高等教育委员会发表题为"学习型社会——通向生活、劳动和奉献的道路"的报告,

---

① Robert M. Hutchins. The Learning Society[M]. New York:The New American Library, Inc., 1969:164-166.

阐述了学习型社会对于美国社会发展的重要意义,并将学习型社会理论确认为美国教育改革与发展的指导思想之一。此后,世界各国对学习型社会理论进行了不同程度的研究,使该理论不断发展与完善,一些国家和地区还在实践中充分运用该理论,以指导教育改革实践。我国政府从 21 世纪初开始大力提倡学习型社会理论的实际运用。2001 年 5 月,江泽民同志在亚太经合组织人力资源能力建设高峰会议上明确提出,要"构筑终身教育体系,创建学习型社会"。2002 年 11 月,江泽民同志在党的十六大报告中把"形成全民学习、终身学习的学习型社会,促进人的全民发展"作为我国全面建设小康社会的目标之一。2007 年 10 月 15 日,胡锦涛同志在党的十七大报告中将"发展远程教育和继续教育,建设全民学习、终身学习的学习型社会"作为优先发展教育、建设人力资源强国的重要举措。2010 年教育部颁布的《国家中长期教育改革与发展规划纲要(2010—2020 年)》明确将"到 2020 年,基本实现教育现代化,基本形成学习型社会,进入人力资源强国行列"作为教育发展的战略目标。此外,许多地方政府机构、企事业单位、居民社区等组织纷纷提出要发展成为学习型组织,并积极采取措施以达成这一目的。由此看出,建立学习型社会已成为我国社会各界的共同呼声。

与传统社会不同,学习型社会的特征体现在"学习"二字上,从终身教育的视角看,学习型社会具有全过程学习、全面学习、全员学习、即时学习、个性化学习等特征。全过程学习是指学习行为贯穿人的一生,特别是在成人时期,学习行为将根据生活、工作的需要随时进行,强调学习、生活、工作的有机融合。全面学习是指学习的内容更加宽泛,改变以往过于偏窄的、仅与特定职业相关的学习内容,使专业教育和个人兴趣相结合,使学习真正成为个人的生活方式。全员学习是指每个社会成员都应根据工作、生活的需要,持续地进行学习活动。即时学习是指学习活动成为日常生活的一部分,改变传统的将学习限定于人生某一阶段的做法。个性化学习是指个人根据自身的特点和需求,自主地选择学习内容、学习时间和学习方式。学习型社会不是一个空洞的"乌托邦"式的假想,而是有现实意义且切实可行的社会建构。从构成来看,学习型社会由学习型组织、学习型社区、学习型家庭和学习型个体等构成。其中,学习型个体是构成学习型社会最基本的、不可或缺的重要组成部分。因为,无论是学习型组织、学习型社区,还是学习型家庭,都是由个体组成的,社会成员能否成为学习型个体对于学习型社会的形成起着关键性的作用。

随着我国生产力的发展和人们生活方式的变化,"活到老,学到老"的终身学习的观念真正被人们认可,越来越多的人在工作之余通过各种方式进行学习,高等教育中非传统的成人学生所占比例越来越大。与传统大学生不同,非传统的成人学生由于工作和生活的关系,大多不能接受全日制的教学形式。对于这部分学生,沿袭传统的教学模式显然不合适,打破单一的教学体制,建立灵活多样的教学形式显得非常必要。此外,随着我国经济结构的调整和城市化进程的加快,大量农业人口涌入城市,他们的教育问题也是政府必须予以重视的。在进城务工的农民当中,有相当一部分是青壮年人口,他们大多有一定的文化基础,在社会发展的影响下,他们具有进一步学习的条件和动机。如何满足这一群体继续教育的需求,帮助他们更好地融入当地社区,促进当地社会的和谐发展,已经成为现代社区建设过程中必须重点关注的问题。以服务社区为主要目标的社区学院具有开放性、便利性、社区性等特点,因而在非传统成人学生的教育方面显示了独特的优势。社区学院根据社区居民的生活特点和教育需求,摒弃了刻板统一的教学体制,实施灵活多样的教学管理制度,使学生可以根据自身的实际情况选择合适的上课时间和内容。因此,贴近社区、体制灵活的社区学院对于促进我国终身教育的进一步发展,对于建立学习型社会有着重要的现实意义。

二、我国社区学院发展的可行性分析

(一)区域经济发展战略为社区学院奠定了必要的经济基础

经济发展水平与高等教育之间的紧密关系已是不证自明的客观存在。一方面,承担为社会发展提供人才和技术服务的教育,特别是高等教育,是经济发展的基本前提和动力;另一方面,经济发展状况又决定了高等教育发展的水平和结构。区域经济是指某一特定区域内各种经济要素之间关系和状态的总和。区域经济是个相对的概念,在特定的背景下,既可以指多个国家形成的经济范畴,如东南亚经济圈,也可指某一国家,甚至是一国内部某一地区的经济活动。在本研究中,区域经济指的是后者,即一国内部某一区域,如区、县的经济活动。正如一个国家高等教育发展状况与该国经济发展水平之间存在密切关系一样,区域高等教育与区域经济之间也有着必然的联系。首先,区域经济发展水平直接影响甚至决定了该区域内高等教育的发展状况,这是因为,一个地区的高等教育发展水平在很大程度上有赖于该地区所能为高等教育提供的各种资源的总量。其次,区域经济的产业结构对当地高等教育结构有着较大的影响。产业结构的状况决定了人才需求的结构,而人才需求的结构又影响了人才供应方——高等教育的层次结构、专业结构和课程结构等。例如,珠江三角洲是我国重要的工业基地,发达的工业生产需要大批掌握较高技能的劳动力,受此影响,此区域培养该规格和类型劳动力的高等职业教育相对较为发达。随着国家整体经济的持续发展以及政府实行区域经济发展战略,我国区县经济得到了前所未有的发展,地方财政收入也因此大大增加,这为地方政府举办区域高等教育机构——社区学院奠定了坚实的经济基础。美国社区学院发展的历史也表明,一般情况下,地方经济越发达,社区学院发展势头就越好;反之,社区学院的发展就受到限制。另外,随着区域经济的发展和经济结构的变化,地方经济更需要大批留得住、用得上的初、中级技术人员,而社区学院立足当地、学制短、实用性强等优势,正好适应了区域经济发展的需求。

(二)城市社区的兴起为社区学院的形成和发展提供了社会基础

新中国成立后相当长的时期内,我国实行"单位体制"下的城市社会组织管理模式,即构成城市的基本元素是政府、企事业单位,国家通过对各种"单位"的管理实现管理社会的目的。在计划经济体制下,我国城市市民在通过教育等途径成为一个合格劳动者后,由政府分配至某一单位,安排工作,从而成为该单位的一个成员。而一个人自成为"单位人"的第一天起,就与这个单位形成了高度的依赖关系。这主要体现在如下几个方面:一是政治上的依赖,主要指个体加入党团组织、接受政治思想教育等;二是经济上的依赖,主要指个体工资收入、奖金、住房等方面;三是社会保障,如退休养老、子女入学、医疗卫生等;四是业务发展的依赖,包括业务培训、文化进修、参观学习等。单位对内部成员产生了全方位的影响,"吃喝拉撒睡,生老病死退",俨然成为一个无所不包的小型社会。在这种社会管理模式下,单位既是个人获得各种资源的源头,又是工作、生活及各种社会活动的主要场所,甚至是唯一的场所。政府在一定程度上授权单位对个体进行管理,从而实现对整个社会的管理,这是我国计划经济体制下政府管理国家的基本方略。不可否认,在各种资源十分紧张的情况下,这种城市社会管理模式的确起了非常重要的作用。然而,随着社会的发展,这种纯粹的"单位体制"已越来越不适应时代发展的需求。伴随着我国社会主义市场经济体制的确立和逐步发展,政治领域、社会领域的改革也在同时进行,如政企分开,要求企业与政府分开,成为自主经营、自负盈亏的独立法人;政事分开,要求事业单位逐步与政府分开,成为具有独立法人资格的事业机构,等等。此外,与政企分开、政事分开等改革相配套的是医疗、保险、养老、住房、就业等方面也相继实施社会化改革。这一系列改革加速了原有的"单位体制"社会向"非单位型"社会转型,使个体与单位固有的依赖关系在很大程度上被削弱。在改革过程中,单位原有的许多功能逐渐弱化甚至丧失,城市社会也由此出现了某些功能"盲区",即某些功能没有相应的机构承担或实施。因此,在单位职能弱化的情况下,城市社会迫切需要建立一种新的社会组织形式以承担这些"盲区"的功能,于是,城市社区便应运而生。

城市社区是指在特定区域内,由从事各种行业的人员及相关人口所构成的社会区域。与以单位为核心的社会管理模式相比,城市社区具有如下特点:首先,社区成员身份复杂且流动性大,社区向心力不足。当代城市社区内的成员往往来自不同工作单位,甚至来自其他地区,社区成员的来源、身份、受教育程度、生活观念和方式等都存在较大的差异。因此,社区成员对所在社区缺乏"单位人"对其所依赖的单位的忠诚感、认同感和归属感。其次,城市社区成员自我组织和管理意识较强。单位体制下的城市管理模式更多地依靠单位本身严密、完整的管理机构和组织,单位成员只需要服从单位的各项规章制度即可。而在现代城市社区,由于单位的概念已淡化,单位人逐步向社会人、社区人转变,社区成员身份复杂,来自不同单位的社区成员无法按照某一单位的规章制度行事,因此,为了使所在社区能更加有序运转,社区成员倾向于在已有的行政管理机构之外建立由本社区成员构成的委员会,在一定程度上实行自我管理。再次,城市社区以其社会功能为标准进行分类。与以单位性质为标准进行区分的模式不同,城市社区是按它所承担的社会功能进行区分的,如工业区、商业区、居民区等。需要特别指出的是,在我国实施城市社区建设的同时,乡镇社区建设也在有序进行,但由于本书主要涉及社区建设与社区学院的关系,而目前我国乡镇社区学院仍处空白状态,故本书对乡镇社区不作论述。尽管如此,我们仍有理由相信,在可预见的将来,随着我国乡镇学院的进一步发展,乡镇社区学院也将像城市社区学院那样逐步形成和发展起来。

由于城市社区管理模式适应了我国政治体制改革的需求和社会主义市场经济的发展形势,在政府的积极推动下,城市社区在我国很快全面推广。为进一步推动社区建设的深入开展并及时探索和总结经验,1999年,民政部开展了"全国社区建设实验区"的试点工作,选择社区服务和城市基层工作基础比较好的 26 个城区作为社区建设实验区。同时,有 20 多个省、自治区、直辖市确定了近 100 个省级社区建设实验区。[①]

　　鉴于城市社区在社会发展过程中的重要意义,如何建设好城市社区就成为政府必须予以重点关注的问题。由于研究主题的限制,本书仅就社区教育之于城市社区建设的作用作一简述。首先,社区教育通过提高社区成员的科学文化素质和道德修养,提升社区的文明程度,促进精神文明建设,从而有利于社区的全面发展。其次,通过社区教育可以加强社区成员间的交流和互动,增进人们之间的相互理解,增强社区成员对社区的向心力,从而有利于建设和谐、进步的新型社区。再次,社区教育可以增进社区成员的民主意识,增强他们参与社区建设的意识和能力。因此,要通过各种方式,充分发挥各种机构和组织的作用,大力加强社区教育,以促进城市社区健康、和谐发展。作为社区教育的龙头单位,立足社区、以社区教育为特色的社区学院必将在我国城市社区建设过程中充分彰显自身优势,从而得到长足的发展。

(三)多样化的教育需求是社区学院发展的强大动力

　　从发生学的角度看,教育起源于社会需求,换言之,教育是社会需求的产物。因此,任何教育活动都不能忽视社会的需求,也不能无视社会需求的变化。随着社会的发展,科学技术前进的步伐正以前所未有的速度迈进,与此相关的行业也日新月异,导致人们从事的职业岗位也处于不断变化之中。在这种情况下,原有的“一劳永逸”的学习—工作模式早已不合时宜,人们必须不断地更新自身的知识、能力结构,以便能适应不断变化的外部世界。首先,随着社会生产力的快速发展,我国产业结构也发生了巨大的变化,第一产业在整个国民经济体系中的比重逐年减小,第三产业则呈现一派欣欣向荣的景象,在国民经济中的比重不断攀升,第二产业中传统的工业流程和技术正日益萎缩,代表新科技革命的新技术、新工艺正在强势登场。我国产业结构的重大调整和变化对于劳动力市场格局产生了深远的影响。由于产业结构的调整,大批与落后工艺、技术相关的产业渐渐萎缩,与此相关的劳动者因此失去工作岗位,成为待业者。对于这个需要转换工作岗位的群体而言,接受相应的继续教育,获得新的知识和技能,是他们成功转岗的必然前

---

① 张俊芳.中国城市社区的组织与管理[M].南京:东南大学出版社,2004:70.

提。其次,近年来,随着我国政府推进城镇化建设步伐的加快,加之改革开放的影响,我国广大农民群众的思想观念发生了很大的变化,乡土观念正受到市场经济的猛烈冲击,越来越多的农民离开了自己赖以生存的土地,来到城市从事非农业生产,成为一个新的群体——农民工。目前,散布于各大中小城市的农民工大约有 1.7 亿,其中以出生于 20 世纪 80 年代之后的青年农民工为主,约占农民工总数的 60%。从受教育程度上看,我国农民工绝大多数没有接受过高等教育,也没有接受过正规、系统的职业技术教育和培训。在数量约为 1 亿的青年农民工中,91%的人从没有接受过职业技术教育,68%的人对自己的受教育程度不满意,64%的人要求接受职业技术教育,职业培训的需求较为强烈。[①] 受教育程度低、无一技之长的现实状况,在很大程度上影响了农民工的求职、薪酬、社会保障、子女入学等切身利益,因此,广大农民工在为城市建设作出巨大贡献的同时,也强烈要求政府和相关部门采取切实可行的措施,为他们的继续教育和职业培训提供相应的条件。农民工的继续教育和职业教育的需求正随着社会的发展而日益旺盛。最后,社会对人才需求的结构和要求也发生了显著的变化。受"文凭至上"、"重学轻术"等传统思想观念的影响,较长时期以来,我国社会对人才的评价主要以文凭或理论水平高低为标准,对从业者的实际应用能力却没有足够的重视,从而导致了我国人才培养过程中忽视学生实际应用能力的不良倾向。在当今社会,以创新、实践为核心的知识经济已初见端倪,多元化社会也要求多元的人才类型,因此,传统的人才培养模式及人才知识能力结构已不适应新时代的要求,教育观念和模式的改革已迫在眉睫。在这种情况下,许多已具备较高学历文凭,但缺乏实际应用能力的从业者纷纷"回炉",走进职业技术院校,提高自身的实践能力。美国四年制大学学生转入社区学院学习一技之长的"反向转学"便是在这种情况下发生的。总之,无论是因产业结构调整而导致的劳动者转岗的需求,还是因城镇化而形成的大批农民工的教育需求,抑或是多元化社会要求从业者具备较强的实践能力,都在一定程度上促成了我国目前多样化的教育需求。作为具有开放性、多职能、实用性、便利性等特点的社区学院,在当今社会多样化教育需求的强烈刺激下,将得到迅猛发展。

---

① 曾一春.教育培训圆新生代农民工职业梦[N].中国教育报,2010-7-5,第 2 版.

(四)高等教育管理体制改革为社区学院的形成和发展提供了政策依据

一个国家的高等教育管理体制对该国高等教育乃至高等学校具有深刻的影响作用。1949年之后,受苏联的影响,为适应计划经济体制,我国实行的是高度集中的高等教育管理体制。这种体制的特点是,中央政府在高等教育管理中占据绝对主导地位,采用垂直、纵向的指令性计划对高等教育进行全方位的管理与控制,正如学者周远清教授在论及这一管理体制时所概括的:"国家集中计划、中央部门和地方政府分别投资办学和管理、统一招收学生、国家包上学包分配工作。"①从客观上讲,这种高度集中的高等教育管理体制在当时资源紧缺的特定历史条件下有其合理性,对当时的我国高等教育也确有促进作用。然而,随着我国改革开放的逐步深化,社会主义市场经济体制已经建立并日趋发展完善,以集中控制为主要特征的高等教育管理体制的弊端日益显现。为此,1985年我国政府颁布了《中共中央国务院关于教育体制改革的决定》,明确指出:"当前高等教育体制改革的关键,就是改变政府对高等学校统得过多的管理体制,在国家统一的教育方针和计划指导下,扩大高等学校的办学自主权。"到目前为止,经过近30年的改革与发展,我国已基本建立起了中央和地方两级管理、以地方统筹管理为主的高等教育管理体制。具体而言,在办学体制上,中央政府和省级政府是主要办学主体,且以省级政府办学为主,在此基础上,各地市级政府在省级政府统筹下,积极发展高等教育事业。在投资体制上,我国已形成中央和省级政府为主的投资体制,并以省级财政为主。在宏观管理体制上,我国形成了中央和省级政府两级管理、分工负责的管理体制,在国家宏观政策指导下,省级政府和地市级政府充分发挥各自的主动性和积极性。在高校内部管理体制上,扩大高校办学自主权,使之真正成为面向社会需求依法自主办学、根据相关法律实施自我管理和约束的法人实体;适应中国国情和时代要求,建设依法办学、自主管理、民主监督、社会参与的现代大学制度;改革高校招生和就业体制,根据成本分担理论,实施学生缴费上学、政府和社会助学,在政府相关部门指导、帮助下实现毕业生和用人单位双向选择就业。

我国高等教育管理体制改革的逐步推进为我国社区学院的发展提供了政策导向,在客观上有利于我国社区学院的发展。首先,高等教育管理权限

---

① 周远清.高等教育体制的重大改革与创新[J].中国高等教育,2001(1).

的下放有利于地方政府根据当地的实际情况,举办地方性高等教育机构。在传统的计划经济体制下,高等教育管理权主要集中在中央层面,地方政府举办高等教育的积极性在很大程度上受到压抑,因此,不利于地方性、区域性高等教育的发展。而在以省级政府为主的高等教育管理体制下,随着高等教育管理权限的下放,地方举办高等教育的积极性和主动性得到了极大调动。各地方政府可结合本地区的政治、经济、文化发展状况,统筹规划,分类指导,积极发展区域性高等教育。因此,在强调地方管理的高等教育体制下,以立足社区、服务社区为主要任务的地方性高等教育机构——社区学院必将得到有力的推动。其次,在新的管理体制下,高等学校的独立法人地位和办学自主权得到确认和强化。在传统的管理体制下,高等学校实际上成为政府的附庸,或者成为政府权力机构的一部分,而作为教学和科研机构的本质却被掩盖。因此,高校不能按照学术的逻辑进行自我管理和运作。在新的管理体制下,高校的独立法人地位和办学自主权得到进一步的认可,高校可以根据社会的需求,独立自主地按照自身的发展逻辑安排内部的各项活动。作为社区性高等教育机构,社区学院必须围绕社区,充分重视当地的实际需求,并以此作为自身开展各项教育活动的根据。毫不夸张地说,社区的需要是社区学院赖以生存和发展的基础,失之则丧失了生存之本。我国高等教育管理体制改革使地方性高等学校有可能较以往更加关注当地的现实需求,同时也为社区学院的发展提供了体制上的保障。

第三节　我国新型社区学院的形成路径

作为我国高等教育的新兴机构,社区学院的形成路径不外乎两种,一是创立全新的社区学院,二是对某些已有机构进行改革,使之转型为社区学院。从我国高等教育发展的现实状况来看,第一种途径并非最佳的选择。截至 2010 年底,我国共有普通高等学校 2358 所,其中本科院校 1112 所(含独立学院 323 所),高职高专 1246 所(含高职院校 1113 所);本、专科学校校均规模分别为 11381 人和 7754 人。[①] 如果将规模大大小于普通本、专科学校的独立设置的成人高校、民办高校以及民办的其他高等教育机构计算在内,则校均规模将大大缩小。因此,从总体上看,我国高等教育供给量已基本能满足高等教育的需求。加之由于我国计划生育政策初见成效,近年来高中毕业生总量有逐年减少的趋势,"据中新网报道,教育部日前公布的数据显示,2012 年全国普通高校招生报名总数为 915 万,比去年减少 2%。自2008 年高考报名人数达到最高峰时的 1040 万之后,这已是连续第四年出现下滑趋势"。"据预测,随着计划生育政策效果的逐步显现,我国适龄入学人口数量仍将不断下降,今后几年内,高考考生人数持续下滑将是一个必然趋势。"[②] 如果大量设立新的社区学院,将打破目前我国高等教育供需基本平衡的状态。况且,大量设立新的社区学院将耗费大量的社会资源,势必大大增加各级政府的财政压力。因此,发展社区学院较为理想的路径是对符合一定条件的高等教育机构进行改革,使之向社区学院转型。从主要职能上看,我国目前独立设置的成人高等学校和高等职业院校与社区学院较为接近,因此,可以对这两类机构进行适当调整和改革,然后在此基础上建立社区学院。

一、成人高校向社区学院转型

(一)成人高校的发展历史及现状简述

我国独立设置的成人高等学校(简称成人高校)产生于 20 世纪七八十年代,它是我国社会进步与高等教育发展的产物。"文化大革命"的十年浩劫期间,我国高等教育停滞不前,甚至有所下滑,人才培养的数量和质量都受到严重的影响。党的十一届三中全会之后,社会各项事业逐步走上正轨,政治、经济、文化、教育等各个领域日益兴旺发达。蓬勃发展的社会事业需要大批高级专门人才,但是,遭受十年"文革"影响的我国高等教育在短期内无法满足如此庞大的人才需求。为此,我国政府决定,各部门、各行业可根据自身人才需求的实际状况,开设成人高校,以培养所需人才,并对系统内

---

① 　教育部发展规划司.中国教育统计年鉴(2010 年)[Z].北京:人民教育出版社,2011.

② 　证券时报网.2012 年高考今日开始,高考人数连续四年下滑[EB/OL]. http://finance.jrj.com.cn/2012/06/07084513403023.shtml.

部职工进行岗位培训,使之能更好地适应本职工作。此后,我国成人高校在社会需求的强烈刺激下,迅速发展起来。我国成人高校的主要形式有广播电视大学、教育学院、职工大学、管理干部学院以及少量的农民高等学校和独立设置的函授学院。在当时的历史条件下,我国成人高校的主要任务是学历补偿和岗位培训,并一直延续至今。在成立至今的30多年时间里,成人高校为我国高等教育事业乃至整个社会作出了重大贡献,为社会各行业培养和培训了大批专业技术人员,有力地促进了社会的发展。然而,随着我国高等教育的发展,特别是世纪之交的高等教育大扩招政策的实施,我国国民受教育程度有了较大幅度的提高,与此相应的是国民提高学历的需求在一定程度上有所下降,因此,以学历补偿为主要任务的成人高等学校面临着新的挑战。

目前,我国成人高校发展的基本状况是总体规模日渐萎缩。自20世纪七八十年代创立后,受人们提高自身学历和在职培训需求的强烈刺激,我国成人高校在短期内得到非常迅速的发展,并在20世纪末达到了发展的顶峰。然而,成人高校良好的发展态势并没有维持多久,到了世纪之交,在高等教育大扩招政策影响下,普通本、专科招生人数大幅上升,因而大大影响了成人高校的生源,成人高校由此走向逐年萎缩的窘境。成人高校逐年萎缩的状况主要表现在两个方面。一方面,我国成人高校招生数逐年减少,见表2-3。

表2-3　2001—2010年我国成人高校招生人数

年份	2001	2002	2003	2004	2005
招生数(人)	523811	505700	0	428840	295336
年份	2006	2007	2008	2009	2010
招生数(人)	246454	233880	222080	210784	183532

注:2003年我国成人高等教育本、专科招生改为次年春季实施,故该年度招生数为0。

资料来源:教育部发展规划司.中国教育统计年鉴(2001—2010年)[Z].北京:人民教育出版社,2002—2011.

另一方面,由于成人高校生源日渐萎缩,部分成人高校难以为继,陷入困境,或者通过合并、转型等方式退出成人高等教育领域,导致我国成人高校的机构数量逐年减少,见表 2-4。

表 2-4 2001—2010 年我国普通高校与成人高校数量

类别 ＼ 年份	2001	2002	2003	2004	2005	2006	2007	2008	2009	2010
普通高校(所)	1225	1396	1552	1731	1792	1867	1908	2263	2305	2358
成人高校(所)	686	607	558	505	481	444	413	400	384	365

资料来源:教育部发展规划司.中国教育统计年鉴(2001—2010 年)[Z].北京:人民教育出版社,2002—2011.

从表 2-4 可以看出,自 2001 年至 2010 年,普通高等学校数量呈现逐年上升的趋势,从 2001 年的 1225 所上升到 2010 年的 2358 所,10 年间增加了 93%。与此形成鲜明对比的是,我国成人高校却是江河日下,逐年萎缩,机构数量从 2001 年的 686 所下降为 2010 年的 365 所,10 年间减少了 47%。

我国成人高校逐年萎缩并非偶然的现象,其背后蕴藏了深刻的历史和现实原因。

首先,高等教育大众化是我国成人高等教育萎缩的根本原因。前文提到,我国成人高等学校成立于 20 世纪七八十年代,初衷是缓解当时社会对高等教育的强烈需求与十分紧张的高等教育容量之间的矛盾。换言之,在当时高等教育资源全面紧张的历史条件下,人们接受高等教育、提高自身学历水平的需求成为成人高校迅速发展的强大动力。然而,随着世纪之交我国高等教育大众化进程的骤然加快,高等教育规模在短时期内得到极大的扩充,人们接受高等教育的需求也得到前所未有的满足。因此,成人高校赖以生存和发展的外部动力大大削弱,规模日渐萎缩已成必然。

其次,成人高等教育生源的争夺是成人高校萎缩的直接原因。目前,我国成人高等教育主要由普通高等学校内设的成人教育机构和独立设置的成人高校两大机构实施。在 20 世纪末以前,普通高校招收的成人本、专科学生数与独立设置的成人高校招收的学生数大体相当。近年来,在各种因素,特别是经济利益的驱动下,普通高校逐渐加大了成人高等教育的力度,大量招收成教学生,直接导致了成人高校因生源减少而逐渐萎缩的状况,详见表 2-5。

表 2-5　我国普通高校与成人高校招收成教学生数量比较

类别 年份	普通高等学校招收的成人本、 专科学生数及比例		成人高等学校招收的成人本、 专科学生数及比例	
1998	543954 人	54.3%	457422 人	45.7%
1999	667330 人	55.3%	538654 人	44.7%
2000	1048779 人	67.2%	512701 人	32.8%
2001	1435527 人	73.3%	523811 人	26.7%
2002	1717511 人	77.3%	505700 人	22.7%
2003	0 人	0	0 人	0
2004	1782740 人	80.6%	428840 人	19.4%
2005	1634914 人	84.7%	295336 人	15.3%
2006	1597977 人	86.7%	246454 人	13.3%
2007	1677252 人	87.8%	233880 人	12.2%
2008	1803472 人	89.0%	222080 人	11.0%
2009	1803992 人	89.5%	210784 人	10.5%
2010	1900727 人	91.2%	183532 人	8.8%

注:2003 年成人高等教育本、专科实际没有招生,故招生数为 0。

资料来源:教育部发展规划司.中国教育统计年鉴(1998—2010 年)[Z].北京:人民教育出版社,1999—2011.

表 2-5 显示,1998 年普通高等学校招收成人本、专科学生人数为543954 人,而成人高校招生 457422 人,二者相差不到 10 万人。然而,随着时间的推移,成人高校与普通高校在成人本、专科招生人数上的差距越来越大,2010 年普通高校招收成人本、专科学生达 1900727 人,而成人高校仅招收 183532 人,招生人数相差近 171 万余人,差距达 9 倍之多。普通高等学校大量招收成人教育学生大大减少了成人高校的生源,这是成人高等教育规模萎缩的重要原因之一。

最后,成人高校自身存在的教育、教学、管理等方面的问题是其规模萎缩的内在原因。具体论述详见下文"(二)成人高校发展面临的突出问题",此处不再赘述。

(二)成人高校发展面临的突出问题

导致我国独立设置成人高校发展面临困境的原因,除了前文所阐述的外部原因外,其内部存在的诸多问题和矛盾也是重要原因。

首先,我国成人高校分属各部门或行业,过于封闭。产生于 20 世纪七八十年代的成人高校是计划经济体制的产物。在社会各部门对高学历人才的强烈需求的刺激下,中央各部委、国家各企事业单位为提高本行业、系统或单位干部职工的工作能力和整体素质,纷纷举办各类成人高校,由此形成了隶属不同行业、部委或系统的成人高校体系。不同的成人高校由于隶属于不同的主管部门,相互之间很少有交流和协作,以致出现相邻的成人高校间"鸡犬之声相闻,老死不相往来"的隔绝状况。成人高校的自我封闭状态使各学校仅仅考虑本行业或系统的教育需求,而对更为庞大的社会需求视而不见,由此导致了成人高校办学的狭隘性,其在学校定位、办学目标、教育模式、教学方式方法等方面逐渐陷于僵化、保守状态,不利于自身的健康发展。

其次,成人高校办学普教化现象较为严重,成人特色不明显。从历史上看,我国成人高校大多是行业或部门所属的高等教育机构,也就是说,成人高校大多从创立之初就决定了它们带有很强的行业特征或职业性。这一特点从很多成人高校的名称上就能体现出来,如北京市房地产职工大学、公安部管理干部学院、延边黎明农民大学,等等。然而,近年来,由于国家相关政策的导向,成人高校在财政拨款、学生就业、教师待遇等方面与普通高校存在巨大的差别,加上传统重学轻术思想的消极影响,许多成人高校在办学目标、专业结构、课程设置、教学模式等方面竭力向普通高校靠拢。这样造成的后果是,成人高校丧失了自身行业或职业特色,形成了既无法在学术上与普通高校相竞争,又无法在实践技能上与高等职业院校相抗衡的尴尬局面。

再次,成人高校校均规模偏小,办学效益低下。由于我国成人高校大多由各部委举办,办学目标仅面向本部门和系统,因此校均规模普遍偏小,见表 2-6。作为独立设置的成人高等学校,学校规模偏小将带来一系列问题,如效率低下、重复设置、资源浪费,等等。

表 2-6　我国成人高校校均规模(校均学生数)

年份	2001	2002	2003	2004	2005
校均规模(人)	1787	2079	—	1468	1446
年份	2006	2007	2008	2009	2010
校均规模(人)	1581	—	1485	1411	1277

资料来源:教育部发展规划司.中国教育统计年鉴(2001—2010 年)[Z].北京:人民教育出版社,2002—2011.

复次,成人高校投入少,办学经费紧张。较为充足的办学经费是教育事业发展的最基本的条件,成人高校的健康发展也离不开相应的经费投入。在计划经济时代,各部委根据所属成人高校的发展状况,结合本部门的经济水平,拨付相应的办学经费。因此,中央各部委所属的成人高校往往能得到较为充足的办学经费,而其他成人高校则由于所归属部门的经济状况而面临办学经费或丰盈或匮乏的不同命运。我国改革开放以来的体制改革,首先进行的是经济领域和社会管理部门的体制改革。随着国有企业经济体制改革和社会管理部门体制改革的不断推进,独立设置的成人高校纷纷与原管理单位脱钩,因而在教育经费方面出现断奶现象,师资和教学条件配备方面出现困难。[①] 生均预算内教育经费是反映学校办学经费充足与否的重要指标之一,同时也反映出政府对该教育的重视程度。表 2-7 反映了我国成人高校在生均预算内教育经费上与普通高校存在的巨大差异。

表 2-7　我国普通高校与成人高校生均预算内教育经费比较

类别 年份	普通高校生均预算内教育经费 (单位:元)	成人高校生均预算内教育经费 (单位:元)
1999	8915	1553
2000	8626	1528
2001	7793	1503
2002	7021	1543
2003	6523	1493
2004	6221	1527
2005	5941	1594
2006	6395	2227
2007	6963	2800
2008	7578	
2009	8542	

资料来源:教育部财务司.中国教育经费统计年鉴(1999—2007 年)[Z].北京:中国统计出版社,2001—2009.

　　从上表可以看出,我国成人高校生均预算内教育经费与普通高校存在

---

　　① 何红玲.新中国成人高等教育发展研究[M].北京:中国社会科学出版社,2004:243.

着相当大的差别,在多数年份都不到普通高校的 1/4,在 1999 年仅为普通高校的 17%,即便在二者差距最小的 2006 年,也仅为普通高校的 35%。尽管由于普通高校与成人高校在办学特点上有很大的区别,但是,二者的巨大差距还是能在一定程度上反映出我国成人高校办学经费的缺乏程度。生均预算内教育经费的严重不足致使成人高校的办学条件长期处于不良状态,这是导致成人高校办学质量低下的重要原因。

最后,成人高校师资水平总体偏低。一个学校的师资数量及结构是反映该校教育教学水平的重要指标,尤其是高学历、高职称教师的数量及结构,更能体现学校教育教学质量的优劣。由于各种现实原因,与普通高等学校相比较,我国成人高校专任教师中,具有正高职称的教师比例偏低,见表 2-8。

表 2-8 我国普通高校与成人高校正高职称教师数及比例

项目 年份	普通高等学校专任教师中 具正高职称教师数及比例		成人高等学校专任教师中 具正高职称教师数及比例	
2001	50678 人	9.5%	1699 人	1.9%
2002	60210 人	9.7%	1999 人	2.3%
2003	70063 人	9.7%	2050 人	2.4%
2004	83231 人	9.7%	2005 人	2.3%
2005	96552 人	10.0%	2158 人	2.6%
2006	108856 人	10.1%	2292 人	2.9%
2007	119651 人	10.2%	2229 人	2.8%
2008	128966 人	10.4%	1971 人	3.7%
2009	138161 人	10.7%	1969 人	3.9%
2010	148552 人	11.1%	1734 人	3.8%

资料来源:教育部发展规划司.中国教育统计年鉴(2001—2010 年)[Z].北京:人民教育出版社,2002—2011.

从表 2-8 可以看出,尽管我国成人高校专任教师中具有正高职称教师的比例在逐年上升,但与普通高校相比较,这个比例仍明显偏低。众所周知,具有正高职称的教师是高校教学和科研活动的领军力量,他们的数量及结构在很大程度上反映了高校师资力量的状况。我国成人高校专任教师中具有正高职称教师的比例偏低反映了其师资相当薄弱,这种状况对于成人高校的发展是极其不利的。

综上所述,在高等教育大众化的背景下,由于内外部多种因素的综合影响,我国独立设置的成人高校正面临着生源萎缩、机构数量减少、教学质量下降、社会声誉受损的危险境地。从目前的形势看,仅靠细枝末节的修修补补已不能拯救身处险境的成人高校,只有整体转型,打破自身封闭状态,面向当地社会需求,大力拓展办学职能,才可能是成人高校走出困境、继续发展的可行之路。

(三)我国成人高校应向社区学院转型

在上一部分,本书论述了我国成人高校在目前所面临的诸多问题,这些问题成了成人高校无法克服的顽疾,因此,整体转型已成为我国成人高校的现实选择。那么,成人高校应该朝哪个方向转型呢?根据我国高等教育发展的趋势,结合我国经济社会发展的现实状况,我们认为,社区学院将是成人高校转型的理想选择。以下将从正、反两个方面进行论述。

首先,我国成人高校不宜转型成为普通高等学校或高等职业院校。从办学目标上看,成人高校与普通本、专科学校和高等职业院校存在较大的差别。1998年颁发的《中华人民共和国高等教育法》(书中有时亦简称为《高等教育法》)明确规定,普通本、专科教育的目标分别是"专科教育应当使学生掌握本专业必备的基础理论、专门知识,具有从事本专业实际工作的基本技能和初步能力"、"本科教育应当使学生比较系统地掌握本学科、专业必需的基础理论、基本知识,掌握本专业必要的基本技能、方法和相关知识,具有从事本专业实际工作和研究工作的初步能力"。从上述条款可以看出,我国本、专科教育的核心内容是基础知识、基本理论和基本技能的学习和掌握,并为以后进一步学习和工作打下良好的基础。对于高等职业教育而言,其办学的基本目标则是帮助学生掌握一技之长,使之毕业后能找到合适的工作岗位,并能迅速地适应新的工作,"主要培养高中后接受2~3年学校教育的应用型、技能型人才,优先满足基层第一线和农村地区对高等职业教育人才的需要"[①]。与前两者不同,我国成人高校的办学目标主要是为国民经济各部门在岗职工提供岗位培训,以使他们更好地胜任所从事的工作,同时也满足人们不断提高自身学历水平的现实要求。也就是说,普通本、专科学校和高等职业教育机构的主要目标任务是职前培养,而成人高校的主要任务则是职后培训和在职提高。受此影响,成人高校的课程设置、教学理念和方法等与普通高校和高职院校也存在较大的差异。因此,我国成人高校转

---

① 李海宗.高等职业教育概论[M].北京:科学出版社,2009:3.

型为普通高校或高职院校并非明智之举。

此外，值得注意的是，目前，我国成人高校改革的一个动向是，将成人高校整体并入某一普通高校，成为该校的成人教育、继续教育部门，或根据专业将成人高校分拆，分别并入普通高校的相关院系。实践证明，成人高校的这种转型模式并未取得良好的效果。这是因为，如果将成人高校整体并入普通高校，让其成为其中的成人教育或继续教育机构，则会出现该机构臃肿不堪、尾大不掉的状况，人浮于事、因人设岗的弊端将不可避免，因而大大影响普通高校的工作效率乃至正常运行。如果将成人高校根据专业并入高校相关院系，则极可能出现原成人高校教师不适应普通高校教育教学的状况，或由于教学思想和理念不同而产生教师间的人际冲突。

其次，社区学院将成为成人高校的转型目标。社区学院是立足地方、服务社区的新型地方性高等教育机构，与我国成人高校在诸多方面有着较大的相似或相通之处。从学校与社会关系上看，我国成人高校是由各行业、各部委系统创建的高等教育机构，其服务对象是明确而具体的，即为本行业、本部委系统提供人才和技术上的支持。由于在计划经济时代，一个部门或系统的单位往往比较集中，为方便起见，它们所设立的成人高校也大多在本单位附近。因此，许多成人高校不仅是本单位职工在职进修的高等学校，同时也在实际上成为本单位职工和家属休闲娱乐的场所。而这与社区学院开门办学、充分融入社会或社区的办学理念是一致的。从功能上看，成人高校自创立之初就被赋予了学历补偿和岗位培训的职责，成人教育是其主要功能，服务对象主要是在岗、在职的成年人。另外，由于大多成人高校是行业所属或部委所属，行业性或职业性特征较为明显，因此，成人高校的另一个实际功能是职业教育，尽管在教育教学过程中，由于各种原因，这一功能没能有效地体现出来。我国社区学院是一种多功能的高等教育机构，它以职业教育为核心，以社区教育为特色，以成人教育为补充，以转学教育为突破。从教育功能上看，二者存在很大的相似性。因此，鉴于成人高校与社区学院在功能性质等方面存在着较多的相通之处，我们认为，社区学院将成为成人高校转型的现实选择。

那么，成人高校应该如何向社区学院转型？

首先，理顺管理体制，为成人高校转型为社区学院奠定体制基础。我国社区学院是区域性高等教育机构，主要受区县教育委员会管辖，办学经费主要来自区县级政府财政。我国已有成人高校的管理体制在过去的 30 多年时间里发生了大幅度的变化。20世纪七八十年代,为满足社会的需求,特别是本部委、本行业对高级专门人才的需求,中央各部委及其下属单位积极举办成人高等学校,并运用本系统财政作为成人高等学校的办学经费。这个时期的我国成人高校实行的是"条状"的管理体制,即由中央各部委或各行业实行从上至下的管理。到了20世纪90年代,随着我国社会管理体制改革的推进,成人高校逐步与原举办单位、管理单位脱钩,划归地方,主要由省级教育行政部门管理。成人高校管理体制的变化为其向社区学院转型奠定了体制基础。在目前状况下,政府可将成人高校的管理权限下放给区县教育委员会,使之能以成人高校为核心,有效整合本区县教育资源,形成真正立足社区、服务社区的新型高等教育机构。

其次,拓展教育职能,积极发展职业教育和社区教育。职业教育和社区教育是我国社区学院基本特征的重要体现,前者是社区学院的核心职能,后者是社区学院的特色职能。以学历补偿和岗位培训为主要功能的成人高校必须加强职业教育的力度,同时根据实际情况,举办非学历教育,开设所在社区需要的实用课程,使社区教育成为自身的特色,这样才能实现真正意义上的转型。在职业教育方面,早在1995年,原国家教委就发布了《关于成人高等学校试办高等职业教育的意见》,鼓励一部分有条件的成人高校积极试办高等职业教育。特别是随着社会的发展,我国技术人才紧缺的状况日益明显,成人高校实施高等职业教育显得更为必要。为此,成人高校应结合自身特点和职业教育的要求,在招生范围、专业设置、教学方式方法等方面作出适当调整,以满足职业教育发展的要求。在招生方面,可面向具有职业意向和一定职业能力基础的中等专业学校、技工学校和职业高中毕业生,通过国家统一组织实施的成人高等教育招生考试和各省市按照国家有关规定自行组织的专业课考试,择优录取。在专业设置上,要改变原来仅根据本系统人才需求状况设置专业的做法,应详细掌握本地区经济结构和职业人才需求状况,根据本校的优势和特点,积极调整专业结构,以适应当地经济社会发展的形势。在教学模式上,适当增加脱产和半脱产的教学形式,以保障教育教学质量。在课程设置及教学方式上,改变以往重理论轻实践的弊病,大力增加操作性、实践类课程,采用案例教学,积极拓展实训基地,增加实训时间,以培养学生的实际操作能力。

在社区教育方面,由于管理体制的变化,成人高校由面向行业、系统办学转变为面向所在地区办学,这一变化促使成人高校更加关注所在区域的实际需求。这种需求既包括社会对各种专业技术人才的需求,又包括当地居民对更加充实、美好的高品质生活的向往和追求。后者正是社区教育的主要内容和最终目的。成人高校应全面了解所在社区企业、居民等不同群体的实际需求,结合自身的特点,开展相应的教育和培训活动,以满足当地社会的多方面需求。在教育内容上,成人高校应充分考虑社区需求的多样性和社区教育的丰富性,做到学历教育与非学历教育相统一,社会文化教育与终身教育相结合,社区教育与社区发展相联系。在教育形式上,成人高校应充分考虑社区主体的多元性,运用各种形式,实现学校教育和校外教育相结合,教育、培训与社区居民生活相融合,增强社会教育的参与性与实效性。

二、高职院校社区化

(一)我国高等职业教育的发展历史及现状

尽管我国高等教育和职业教育都有较悠久的历史,但二者的结合体——高等职业教育却是只有几十年历史的新生事物。1980 年,原国家教委批准成立了南京金陵职业大学、无锡职业大学等首批 13 所职业大学。这批职业大学的创立标志着我国职业教育达到了一个新的高度。1985 年颁发的《中共中央关于教育体制改革的决定》明确提出:"要积极发展高等职业技术院校,优先对口招收中等职业技术学校毕业生以及有本专业实践经验、成绩合格的在职人员入学,逐步建立起一个从初级到高级、行业配套、结构合理又能与普通教育相互沟通的职业教育体系。"次年,李鹏同志在首次全国职业教育工作会议上指出,高等职业学校和部分广播电视大学、高等专科学校,应该划归高等职业教育。这是官方首次在正式场合明确使用"高等职业教育"这一概念。这一时期,受改革开放逐渐深入的影响,我国经济发展迅速,技术人才需求急剧增强,再加上政府的大力推动,我国高等职业教育从无到有,发展迅猛,高等职业院校也相应地迅速发展。1989 年,全国共有职业大学 117 所,在校生 7.5 万人,专任教师近万人。[①]

1991 年,国务院召开第二次全国职业教育工作会议,提出要在集中办好一批起示范和骨干作用学校的同时,普遍提高职业教育的质量和办学水

---

① 顾明远,梁忠义.世界教育大系:中国教育[M].长春:吉林教育出版社,2000:526.

平,把职业教育纳入当地经济和社会发展的总体规划,使经济建设真正转到依靠科技进步和提高劳动者素质的轨道上来。在这一精神的推动下,我国高等职业教育有了更大的发展,高职院校数量进一步增加。然而,由于这一时期我国经济持续、快速发展,产业结构调整进一步深化,高素质技术人才匮乏,高等职业教育的大发展还是不能有效满足社会需求。因此,1994年召开的全国教育工作会议明确指出:"通过现有职业大学、部分高等专科学校和独立设置的成人高校改革办学模式,调整培养目标来发展高等职业教育;仍不能满足时,经批准可利用少数具备条件的重点中等专科学校改制或者举办高等职业班等方式作为补充,发展高等职业教育。"这就是对我国高等职业教育产生重大影响的"三改一补"政策。1996年颁布实施的《中华人民共和国职业教育法》明确规定:"职业学校教育分为初等、中等、高等职业学校教育。"这是我国首次把高等职业学校以法律的形式确定下来,这就意味着我国高等职业教育和高等职业学校有了明确的法律地位。1998年颁布的《中华人民共和国高等教育法》则进一步明确规定高等职业教育和高等职业院校为高等教育的一部分。

进入21世纪,我国政府继续贯彻大力发展职业教育的既定方针,同时加强了对高等职业教育发展的规范与整治。2001年教育部印发了《全国教育事业第十个五年计划》,指出要继续加快发展高等职业教育,并办出特色。为了进一步规范高等职业教育发展,2004年,教育部下发的《2003—2007年教育振兴行动计划》明确指出:以就业为导向,大力推动职业教育,转变办学模式;把教育教学与生产实践、社会服务、技术推广结合起来,加强实践教学和就业能力的培养;加强与行业、企业、科研和技术推广单位的合作,推广"订单式"、"模块式"培养模式;加强职业道德教育;大力加强"双师型"教师队伍建设,鼓励企事业单位专业技术人员、管理人员和有特殊技能的人员担任专兼职教师。[①]

在社会需求的强烈刺激下,在历届政府的大力推动下,我国高等职业院校在短短的30年时间内从无到有,获得了突飞猛进的发展。表2-9直观地反映了近年来我国高等职业院校发展的状况:

---

① 匡瑛.比较高等职业教育:发展与变革[M].上海:上海教育出版社,2006:130.

表 2-9　2003—2008 年我国高职院校发展状况表

项目 年份	高职院校数 （所）	高职院校数 占普通本专科 院校数比例	高职院校招生数 （万人）	高职院校招生数 占普通本专科 招生数比例
2003	711	45.8％	118.2*	30.9％
2004	872	50.4％	118.4	27.7％
2005	921	51.4％	144.4	29.9％
2006	981	52.5％	177.1	33.4％
2007	1015	53.2％	182.6	32.9％
2008	1036	45.8％	203.9	34.1％
2009	1071	46.5％	213.4	33.8％
2010	1113	47.2％	218.1	33.3％

注：* 此数据包括高等专科学校的招生数。

资料来源：教育部发展规划司.中国教育统计年鉴（2003—2010 年）[Z].北京：人民教育出版社,2004—2011.

从表 2-9 可以看出,从 2003 年到 2010 年间,总体上看,我国高等职业院校无论在机构数量上还是在招生数上,都呈逐年上升的趋势,在高等教育总规模中的比例除个别年份外也呈逐年增大的趋势。从 1980 年开始建立的 13 所职业大学发展到 2010 年的 1113 所高职院校,30 年间增长了 80 余倍。我国高等职业教育之所以能在短时间内取得如此大的发展,主要有如下原因。

首先,高等职业教育适应了我国经济社会发展的客观形势。新中国成立之后的很长时期内,我国经济结构较为单一,以农业和传统工业为主,这种单一的经济结构对劳动者的要求不高,从业者只需要跟从师傅观摩一段时间便能逐步适应工作岗位的需要。改革开放之后,我国经济得到迅猛发展,产业结构也随之发生了巨大的变化,新技术、新工艺不断涌现。这对已有的职业结构产生了深刻的影响,它一方面要求有更多的技术工人,一方面要求从业者具备更扎实的基础理论和实际操作能力,而这种要求是无法通过师傅带徒弟的方式加以实现的。因此,能在较短时间内培养大批既具有一定理论基础,又具备较强实际操作能力的高等职业教育便有了大显身手的舞台。

其次,高等职业教育适应了我国高等教育结构调整的形势。长期以来,我国高等教育的培养目标是高层次的理论型、学术型人才,培养模式较为单一。随着改革开放的逐步深化和社会主义市场经济体制的确立、完善,单一的教育模式和培养体制已很难适应新形势的发展。"要改变这种状况,就要有相应的高等教育,其培养的过程和培养的条件要与学术型人才有明显的区别,应有不同的质量控制方法和评价标准。"①因此,我们有必要在高等教育系统内增加相应的子系统,即高等职业教育,以满足社会对中、高层次技术人才的需求。

最后,高等职业教育的产生和发展对高等教育自身也有着重大的现实意义。从国外高等教育发展历史上看,高等职业教育的形成和发展都在很大程度上促成了高等教育的大繁荣。例如,美国在 19 世纪 60 年代施行《赠地法案》,大力发展本国的高等职业教育,由此带动了美国高等教育的整体提升,也为后来美国高等教育取得世界领先地位奠定了坚实的基础。正是因为高等职业教育对于社会发展以及高等教育系统本身有着不可替代的作用,因此,我国高等职业教育一经产生,便获得了全社会的普遍认可和支持,从而取得了令人瞩目的发展成就。

(二)我国高职院校存在的主要问题

我国高等职业院校存在的问题可以分为两大类:一是体制性问题,一是操作性问题。

1.体制性问题

体制性问题是指我国高等职业院校在发展过程中所面临的由于教育体制不顺而导致的问题,主要有高职体系的结构问题、招考问题以及投入问题等。

高等职业教育是我国高等教育的重要组成部分,它与强调理论性、学术性的普通高等教育的区别在于类型的不同,二者不应有层次上的高低之分。正如有学者指出:"高等职业教育是高等教育的一种类型,是与以学术目的为主的学科性普通高等教育并列,而且贯穿在专科、本科、硕士研究生三级教育之中,并非低层次、低水平的高等教育,更非专科的一种变形。"②然而,由于我国高等职业教育形成较晚,发展相对滞后,加之重学轻术、鄙视职业教育的传统观念的影响,人们普遍把高等职业教育看成是高等教育的"末流",不予重视,把高等职业教育看作相当于专科层次的高等教育。实际情况也是如此,在我国 1000 余所高等职业院校中,绝大部分属专科层次,仅有

---

① 周光勇等.高等职业教育导论[M].济南:山东教育出版社,2003:15.

② 王浒.学习全教会精神提高对高等职业教育的认识[J].教育科学研究,1999(5).

少量学校试行本科高职教育。这显然不利于高职院校的健康发展。完整的高等职业教育应包括专科、本科和研究生三个层次,培养相应层次的技术人才,以满足社会对不同层次人才的需求。具体而言,政府应解放思想,允许符合条件的高等职业院校升格为高职本科院校,培养本科层次技术人才,使高等职业院校体系趋于完整;鼓励不同层次高职院校之间的沟通与衔接。

在招生考试方面,我国高等职业教育同样存在一些不可忽视的问题和矛盾。目前,我国高等职业院校招生与普通高等院校招生合二为一,这意味着高等职业院校的学生大部分来自于普通高中,他们中的大多数人并没有相应的职业教育准备。而且作为高考填报志愿的最后一个批次院校,高等职业院校招收的学生大多考分较低,没能考入前几个批次的普通高等院校,这又意味着生源质量不甚理想。另外,职业高中和中等职业技术学校的毕业生由于名额的限制,不能升入理想的高等职业院校深造。由此出现了"适合的考不上,考上的又不适合"的奇怪现象。

投入不足是我国高职院校发展所面临的一大难题。高等职业教育因其人才培养的特殊性,需要大批的实训设备和材料,因而决定了它的高投入性。有学者根据办学成本比较,认为高等职业教育与普通高等教育的教育成本之比应为 2.46：1[①],尽管其结论的科学性尚有待检验,但与普通高校相比,高职院校的办学成本偏高应是不争的事实。与普通高校相似,高职院校办学经费主要来自政府财政拨款和学费收入两个方面。但由于各种原因,政府对高职院校的投入基本还是比照同一层次普通高等学校的标准,并没有根据高等职业教育的特点采用不同的投入标准,致使许多高职院校不能按实际需要安排教学活动和实训环节。在学费方面,高职院校也可能会陷入两难境地:如果实行与同一层次普通高校相同的收费标准,则会由于自身办学成本高而出现经费不足的状况;如果实行高于普通高校的收费标准,则会在很大程度上降低自身的吸引力,使原本就不甚理想的招生状况受到更大的冲击。因此,如何扩大筹资渠道,争取科学合理的教育成本分担政策,大力增加办学经费,已成为我国高等职业院校不可回避的重大课题。

2.操作性问题

我国高职院校存在的操作性问题主要体现为在教育教学过程中出现的

---

① 匡瑛.比较高等职业教育:发展与变革[M].上海:上海教育出版社,2006:143.

问题和矛盾,涉及课程设置、教学方法等方面。

2010 年 9—11 月间,本书作者针对高职院校教育教学方面存在的问题,对福建、河南两省 4 所高等职业院校的学生进行了问卷调查。在这 4 所高职院校中,3 所为公办高职,1 所为民办高职;被试学生覆盖了一、二、三年级的文、理科多个专业,其中一、二、三年级学生比例分别是 11.1%、31.8% 和 57.1%。此次调查共发放问卷 800 份,回收 720 份,回收率为 90%。本研究采用 SPSS17.0 统计软件对调查数据进行描述性分析。下面分别对高职院校课程、教学等各方面的数据分析作一简述。

(1)课程设置方面。与普通高等院校不同,高等职业院校的目的是为生产、服务、管理一线培养技术人才,因而在教育过程中,与实际操作能力相联系的课程应占有相当大的比例。但在调查中发现,情况并不理想。在回答"贵校开设的实践技能课多吗"这一调查题时,共有 717 份有效答案,其中选择"很多"的仅有 17 人,占总数的 2.4%;选择"比较多"的占总数的 20.6%;选择"比较少"和"很少"的分别占总数的 48.3%和 21.9%;而选择"没有"的占总数的 6.8%。在"您所在学校给学生安排的实习、实训机会多吗"这一调查题的答案中,三年级学生选择"很多"、"比较多"的占总数的 26.2%,而选择"比较少"、"很少"、"没有"的比例为 73.8%。这两组数据反映出我国高职院校在学生实践技能的培养上还存在着较大的问题,即实践性、操作性不足。

(2)教学方面。在"教师采用的课堂教学方法通常是_____"的调查题中,选择"都是教师讲授"的占 44.4%,选择"以学生讨论为主"的仅占 2.5%。在"在您所接受的考核形式中,动手操作考核所占比例如何"的调查中,选"很大"和"比较大"的占 22.8%,而选"比较小"、"很小"和"没有"的占 77.2%。这两个调查题结果在一定程度上反映出高职院校的教学和与之相关的学生评价仍以传统的理论性教学标准为主,职业教育的特色体现得不明显。此外,在"贵校教师在授课时结合当地实际情况进行教学的情况多吗"的调查题中,选择"比较少"、"很少"和"没有"的学生占 63.6%,说明我国高职院校在教学过程中未能很好地结合当地经济和社会发展的实际情况,这与学校自身的定位及使命不相符合。

(3)师资方面。高职院校的师资构成及其水平对高职教育质量起着至关重要的作用。在"您所在学校的教师教学水平如何"的调查题中,选择"很好"和"比较好"的占 46.6%,选择"一般"的占 46.9%,而选择"较差"和"很差"的仅占6.5%,这反映出经过学校和教师的努力,学生对教师的总体满意度维持在一个较好的水平,但仍有较大的改善空间。

（4）学费水平方面。在这4所学校的学生中,有80.1%的学生学费在4000元以上,且有57.2%的学生认为学费"比较高"或"太高"。

（5）对学校的总体印象。在"您对该学校总体状况满意吗"的调查题中,选择"很满意"、"比较满意"、"一般"、"不太满意"、"很不满意"的学生比例分别为2.6%、23.1%、54.2%、14.2%和5.9%,反映出高职院校学生对学校的总体状况不甚满意。

以上对调查结果的分析表明,当前我国高等职业院校在发展理念上还存在一定程度的与当地社会发展相脱节的问题,在课程与教学上还存在重理论、轻实践的不良倾向,教育效果还未能得到多数学生的认可,等等。为此,高职院校应尽快认清形势,锐意改革,从教育理念、课程设置、教学方法、学生服务等方面入手,大力加强与当地社会的联系。唯其如此,高等职业院校才能走出属于自己的、无可替代的发展之路。

（三）高职院校应向社区学院转型

根据我国高职院校目前存在的体制性问题和操作性问题,结合当前我国经济社会发展的需求,高职院校应积极向社区学院转型。我们认为,从发展路径上看,我国高职院校可分为两大部分:一部分办学历史较长、实力较强、教育教学效果优良的高职院校可以积极向国家申请,升格为高等职业本科院校,扩大生源范围,面向全国招生;另一部分与当地经济社会结合得更为紧密的可充分利用所在地区资源,密切联系所在社区或区域,进一步社区化,发展成为扎根社区、服务社区的社区学院。从发展条件上看,高职院校能否发展成为社区学院取决于其内、外部的相关条件。一方面,高职院校是否将自身发展愿景设定为为地方服务、为所在社区服务,并积极为此作出努力。另一方面,学校所处环境是否有利于社区学院的形成和发展,如是否有较好的经济基础,周边社区居民是否具有良好的民主精神与参与意识,政府对社区学院的态度是否积极,等等。下面就我国高职院校如何向社区学院转型作一探讨。

首先,应紧密结合当地经济社会发展实际,调整学校专业结构和教学安排。目前,尽管我国大部分高职院校在进行专业设置时都会考虑到社会的需求,但这种考虑往往是粗略的,不够细致,并且在很大程度上有盲目跟风的通病,社会上流行什么专业,就立即开设这个专业,并没有仔细调查所在地区人才的供需状况,从而造成了部分专业毕业生就业困难的状况。为有效避免这种现象,高职院校应作充分的市场调研,根据当地经济和社会发展的程度和特点,分析当地经济结构和人才市场的供需状况,结合自身的学科优势和特色,及时调整专业结构。在教学安排上,传统高职院校存在难以解决的"职教不职"的通病,即由于既有理论,又有实践经验的"双师型"教师和校外实训基地严重缺乏,因而高职院校的教学仍以理论传授为主,体现职业性的实践教学和实训时间过少,导致学生不能形成基本的职业技能,日后不能很好地适应工作岗位的技能要求。教育部于 2006 年发布的第 16 号文件《关于全面提高高等职业教育教学质量的若干意见》指出:"要积极推行与生产劳动和社会实践相结合的学习模式,把工学结合作为高等职业教育人才培养模式改革的重要切入点,带动专业调整与建设,引导课程设置、教学内容和教学方法改革。"[①]因此,高职院校应通过各种途径和渠道,主动与所在地区的企事业单位、各民间团体等机构联系,建立广泛的社会联系。这样,一方面可以增强高职院校的知名度,另一方面也可以获取更广泛的社会支持,以促进自身教育教学的发展。如,通过与附近公司企业联系,更方便、有效地建立校企合作关系,聘请公司企业的工程师等有丰富实践经验的技术人员到学校任兼职教师,以弥补高职院校"双师型"教师数量不足的缺陷;与公司企业达成协议,利用企业的相关设施建立学校的实训基地,培养企业所需的后备人才;也可以将学生派至企业实习,企业可根据需求留用具备条件的毕业生,这样,也可在一定程度上解决毕业生的就业问题。

其次,应结合自身特点,积极提供各种社区服务。服务社会是高等学校的重要职能之一,高校通过社会服务,一方面增强了自身理论联系实际的能力,可促进学科更好地发展,另一方面也可因此彰显自身的价值和意义,获得更多的社会认可和支持。如前所述,社区学院的特征之一便是立足社区、服务社区,我国高职院校社区化可以通过提供社区所需的各种服务,在学校与所在社区之间建立起相互依存、相互促进的共生关系。美国前总统克林顿在《建设"21 世纪社区学习中心"》一文中谈道:"我们的学校是团结和融合我们社会的关键。我们因此希望学校不仅在开学上课时服务社区,而且

---

① 教育部.关于全面提高高等职业教育教学质量的若干意见[EB/OL]. http://www. tech. net. cn/info/edu/poli/12647. shtml. 2006-11-16.

在放学之后继续为社区服务；成为社区的中心、娱乐和学习的场所，儿童不在家时的好去处，青年和成年人汇聚的场所。把学校带入 21 世纪，是我们国家面对的挑战和使命。"①高职院校应结合自身的特点，充分发挥知识、技术和人才优势，开展形式多样、内容丰富的活动，大力为社区提供服务，满足人们的各种需求，解决社区内机构和人们的实际问题。除了正规的学历教育，学校可结合自身的专业优势开展各种非正规的技能培训，为区域内老百姓提高其就业能力助一臂之力。如北京市朝阳社区学院 2008 年为朝阳区相关部门和社区居民开展了大量的非学历培训，如，苏宁员工培训，朝阳区军队转业干部培训，赴俄、赴日、赴美培训，社工师及助理培训，文化部职称考试考前辅导，化工集团入司培训，统计人员培训，成考培训，朝阳区科协信息员培训，百顿音乐班，公务员初任培训，农村地区办事处社区工作者培训，人文奥运志愿者培训，流动人口培训，等等，取得了良好的社会效果。②

另外，高职院校应充分发挥自身优势，在农民工培训方面作出应有的贡献。前文提到，目前我国大约有近 2 亿农民进城务工，在这个被称为农民工的庞大群体中，大部分人没有接受过高等教育，也没有正规、系统的职业培训的经历。因此，他们中的很多人没有一技之长，只能干简单的体力活，从而影响他们的社会地位和劳动报酬。高职院校可以在政府相关部门的支持和配合下，利用节假日或晚上的时间，开展农民工继续教育或技能培训，开设专门为农民工服务的培训班或进修班。这样可一方面为具备相应条件的农民工进行再教育，提高他们的学历文凭，另一方面开展农民工需要的实用技术培训，以提高他们的技术含量。

再次，依靠社区，获取经费支持。办学经费是高等学校正常运行的基本物质条件。目前，我国高职院校办学经费来源主要有两个渠道：一个是地方政府的财政拨款，另一个是学费收入。如前所述，由于各种现实原因，我国高职院校既不能从政府那里获得充足的财政拨款，又不能通过高收费来增加学费收入，因此，高职院校普遍存在办学经费不足的问题。为此，高职院校应解放思想，开拓进取，采用多种方式，积极拓展办学经费来源渠道。在美国，"社区学院是所在地区的有机组成部分，很多社区学院，特别是乡村社

---

① 孙桂华.社区学院实践探究[M].北京：北京航空航天大学出版社，2009：69.
② 由北京市朝阳社区学院教务处提供的资料整理而成。

区学院,在当地已成为文化中心、高等教育机构和培训机构。在社区里,社区学院已成为为用人单位提供有知识、有技能的劳动者的媒介"[1]。对于试图社区化的我国高职院校而言,社区内的各企事业单位、团体是可资利用的重要资源。特别是周边企业,学校应积极主动和它们建立联系,通过提供技术、人才等服务获取相应的收入。我国学者刘尧教授提出了具体的操作方法,认为各省应认真落实职工教育经费提取、使用的有关规定,企业应按职工工资总额的 1.5%~2.5% 足额提取教育培训经费,用于职工培训,企业职工教育经费必须用于企业职工特别是一线工人的教育与培训。对于社区内的各类企业,也可以仿照"教育事业费附加"的方式,由社区从企业提取部分职工培训经费,企业职工通过社区教育进行培训。[2] 另外,与其他类型高校相比,社区化的高职院校与社区结合得更为紧密,其对社区的现实意义和价值也更容易得到区域内各组织的认同。因此,学校可通过各种方式,发动各社会组织,特别是实力较雄厚的公司企业对学校进行捐赠,以获取更充裕的办学经费。

最后,与周边高校合作,共同培养社区所需人才。由于成立时间普遍较短,目前,我国高职院校还存在办学层次单一、教育质量不高、社会服务能力较弱等问题。为有效改变这种状况,高职院校在苦练内功的同时,应大力加强同周边高校的合作,优势互补,以全面提升自身的质量。在与其他高校合作的各种形式中,转学教育是最有潜力的合作形式,将成为二者合作的重点。顾名思义,转学教育就是不同类型或层次的学校通过签订合作协议,双方在一定的条件和基础上接受对方学校一定数量的学生,使学生有机会根据自身的要求在不同学校学习。在美国社区学院的各种职能中,转学教育是其最初的职能,或者说,美国社区学院形成时的主要使命就与转学教育密切相关,即社区学院提供大学低年级教育,并使其中符合条件的学生转到相应的四年制大学。也即是说,社区学院与转学教育有着内在的、天然的联系。对我国社区学院而言,转学教育同样有着现实的需求和意义。这是因为,在历来非常重视学历文凭的中国,那些没能进入四年制大学的大专学

---

① American Association of Community Colleges. Community Colleges in Their Communities[EB/OL]. http://www. aacc. nche. edu/AboutCC/Trends/Pages/communitycollegesintheircommunities. aspx,2010-9-13.

② 刘尧.县级社区学院的办学经费来源及启示[J].世界教育信息,2007(11).

生,大多希望能够通过某种形式进入四年制本科院校继续学习。为此,高职院校在社区化的过程中应加强同其他高校合作,积极开展转学教育。此外,高职院校通过与其他高校的合作,既大大提高了自身的教学、科研和社会服务的能力和水平,也有利于提升自身在所在区域的知名度与美誉度,为日后更好地发展奠定基础。

本章小结

本章第一节在介绍社区和社区教育两个基本概念的基础上对我国已有社区学院的发展现状作了分析和阐述。从社区学院发展的内外部环境上看,情况并不乐观,主要表现在定位不准确、法制不健全、办学经费无保障、分布不均衡、社会不认可等方面。本研究认为新型社区学院应具备如下特征:首先,将立足社区、服务社区作为学校的办学目标定位;其次,在教育职能上,以高等职业教育为核心、以社区教育为特色、以成人高等教育为补充、以转学教育为突破口,形成有别于普通高等教育机构的特色职能体系;再次,在系统功能定位上,社区学院是教育系统内部各子系统之间、教育系统与其他社会系统之间相互联系的功能结合部;最后,社区学院的学生类型更加多元化,更加符合终身教育及学习型社会的发展趋势。

本章第二节重点分析了我国社区学院发展的必要性和可行性。我国社区学院发展的必要性主要体现在以下几个方面:首先,现阶段发展社区学院有利于缓解长期存在的扩大高等教育入学机会和提高高等教育质量之间的矛盾;其次,发展社区学院有利于完善我国高等教育体系;最后,发展社区学院有利于推动我国终身教育的实施和学习型社会的建立。我国发展社区学院的可行性在于:其一,我国区域经济发展战略增强了地方经济实力,为社区学院的建立与发展提供了坚实的经济基础;其二,各项社会制度改革的快速推进凸显了城市社区的作用和意义,为社区学院的形成与发展提供了良好的社会基础与平台;其三,我国生产力的发展、经济结构的转变、城镇化政策的实施以及人们观念的变化为社区学院的发展提供了强大的动力;其四,我国高等教育管理体制改革为社区学院的发展提供了政策依据和体制保障。

本章第三节主要阐述了我国社区学院的形成路径。本研究认为,已有的成人高校和高职院校经过一定的改造可发展成为社区学院。

第三章

我国社区学院的职能分析

　　"职能"是日常生活和科学研究中常用的一个词,如职能部门、社会职能、管理职能、高等学校职能,等等,但对于职能究竟是什么,却是仁者见仁、智者见智。各种权威辞书对"职能"一词的解释也不尽相同。《汉语大词典》的解释是:"职能,人和事物以及机构所能发挥的作用与功能。"[①]《现代汉语词典》则解释为:"人、事物、机构应有的作用、功能。"[②]《新华词典》的解释是:"人、事物或机构本身具有的功能或应有的作用。"[③]国内众多学者也对"职能"作了不同的阐释。胡建华教授认为,"职能是一个组织、团体或社会系统应有的作用。职能的客观依据则是组织、团体或社会系统中人们的活动……职能是就一组织、团体或社会系统与其所处环境的关系而言的,表明它们在更大的系统乃至整个社会中的作用,指向外"[④]。李文长则认为,"所谓职能,是一个内涵十分明了和确定的概念,其实质是指某一事物应有的社会作用。既然是一种应有的作用,则这种作用主要是根据外在的要求而确定的。各个社会部门或机构可能发挥的社会作用是多样的,具有较大的自由度。但是,各个社会部门或机构应该发挥的作用都是比较单一的,必须

---

　　① 罗竹风.汉语大词典[Z].上海:上海汉语大词典出版社,1991:711.
　　② 中国社会科学院语言研究所词典编辑室.现代汉语词典(修订版)[Z].北京:商务印书馆,1996:1616.
　　③ 新华词典编撰组.新华词典(修订版)[Z].北京:商务印书馆,1996:1149.
　　④ 胡建华.科技革命与高等学校职能的变化发展[D].厦门大学硕士学位论文,1985:4.

受到社会的限制。也就是说,各个社会部门或机构根据社会的要求承担着各自不同的社会职能"①。从以上的释义中可以看出,尽管不同权威词典或学者对"职能"一词的解释不尽相同,但都包含了"作用"或"功能"之意。这意味着,我们在研究事物或机构的职能时,应重点关注它所起的作用或发挥的功能。

　　我们在探讨高等学校的作用与功能时,就必然会涉及"高等学校职能"一词。与职能一词相似,关于高等学校职能这个概念,学界同样存在各种不同的认识。潘懋元教授在区分职能与功能词义的同时,提出了高等教育功能与高等学校职能之间的区别。他认为,"功能是指作用;而职能,有职务、职权、职守、职责之意。高等学校是一个具有一定职责的实体……高等教育是一种社会活动,无'职'可言。所以,高等学校才有职能,高等教育只有功能"②。徐辉教授认为,"现代高等学校的基本职能指的是现代高等学校通过它所从事的各项活动所发挥的基本作用",确定高等学校职能的依据应是"高等学校的活动对象"③。邬大光教授等人认为,"高等学校的职能实际上就是指它对社会的职责与能力"④。由于理论界在何谓职能、何谓高等学校职能这两个基本问题上未能达成广泛的认识,因此,国内外学者在高等学校应该具有什么样的职能这个问题上也意见不一。布鲁贝克认为:"高等学校有三项主要职能:传播高深学问、扩大学问领域、运用其成果为公众服务。"⑤克拉克·科尔则把高等学校的职能分为三类:与生产相关的职能(the functions related to production)、与消费相关的职能(the consumption functions)和公民性职能(the citizenship functions)。⑥ 陈昌贵教授认为国际合作应成为现代大学继教学、科研和社会服务之后的第四大职能。⑦ 王洪才教授认为,在大学与社会发展的相互作用下,大学将产生三个新的基本

----

① 李文长.高等教育社会职能新论[J].高等教育研究,1989(1).

② 朱国仁.高等学校职能论[M].哈尔滨:黑龙江教育出版社,1999:34-35.

③ 朱国仁.高等学校职能论[M].哈尔滨:黑龙江教育出版社,1999:35.

④ 朱国仁.高等学校职能轮[M].哈尔滨:黑龙江教育出版社,1999:37.

⑤ [美]约翰·布鲁贝克.高等教育哲学[M].王承绪等译.杭州:浙江教育出版社,2002:101.

⑥ C. Kerr. The Great Transformation in Higher Education[M]. State University of New York Press,1991:58-59.

⑦ 陈昌贵.国际合作:现代大学的第四职能[J].高等教育研究,1998(5).

职能,即知识转换功能、促进就业功能和终身教育功能。① 由此看出,不同学者对高等学校应具备什么职能存在较大的分歧。这一方面反映了各位学者研究的视角和学科立场各有不同,另一方面也说明了作为高等教育研究的基本理论问题,高等学校职能研究具有相当大的复杂性,以致不同的研究者得出的结论大相径庭。

我们认为,职能是指社会赋予某种机构的职责。这是因为,任何机构都是在一定社会背景下产出的,换言之,它们都是为完成特定的任务或使命而形成的。随着社会的发展,机构的职能也会发生相应的变化,以便更好地满足社会的需求。作为一个整体的高等院校(大学),其基本职能可以用培养人才、发展科学及服务社会来加以概括。但随着社会的发展,高等教育及高等院校的形态和属性都发生了很大的变化,各类型、各层次高等院校由于自身的目标定位、愿景规划及现实条件等方面都存在相当大的差异,仅从单一的维度已经很难概括所有高等院校的职能,也不能很好地反映不同院校的特色。因此,我们应根据不同类型和层次高校的特点及其使命,分析和概括高等院校的职能。

作为高等院校的一种特殊形式,社区学院一方面具有其他高校普遍具有的基本职能,即培养人才、发展科学和服务社会;另一方面,由于自身的独特定位和愿景,社区学院具有与其他类型和层次高校不同的职能定位,即以高等职业教育为核心,以社区教育为特色,以成人高等教育为补充,以转学教育为突破口。本章的主要内容即是根据我国社区学院的独特定位和目标,结合其目前的实际情况及发展趋势,从应然的角度介绍社区学院的四个主要职能,即高等职业教育、社区教育、成人高等教育以及转学教育。

---

① 王洪才.大学"新三大职能"说的缘起与意蕴[J].厦门大学学报(哲学社会科学版),2010(4).

第一节 高等职业教育职能

职业教育①是为从事一定职业而实施的技能教育或培训。由于职业教育与人才、技术直接挂钩,因而在各类教育中,它与经济发展的关系最为直接,对于社会经济发展有着非常重大的影响。特别是在现代社会,职业教育水平更是成为一个国家综合国力和经济发展程度的重要指标。从第二次世界大战后世界各主要发达国家经济发展过程中可以看出,职业教育在社会进步、经济发展中扮演了极为重要的角色。二战后,作为战败国的德国在经济上遭受了历史上最严重的打击,为了尽快促进国民经济的恢复和发展,德国政府果断地决定以发展职业教育为突破口。1969 年,德国政府颁布了《联邦职业技术教育法》,对职业培训合同的签订、职业技术教育的权限分配及实施等方面内容作了详细的规定,最终确立了"双元制"职业教育体制的正式法律地位。德国职业教育因此迅速发展起来,由此带动了经济的快速复苏,为德国经济的重新崛起奠定了坚实的基础。与德国相似,日本也是通过制定《职业训练法》,大力推动企业职业教育,为经济发展提供了大批训练有素的技术人员,实现了战后经济的腾飞。

正是因为职业教育之于一个国家经济社会发展的重要意义,我国教育部颁发的《国家中长期教育改革和发展规划纲要(2010—2020 年)》把发展职业教育摆在了新的战略位置:"发展职业教育是推动经济发展、促进就业、改善民生、解决'三农'问题的重要途径,是缓解劳动力供求结构矛盾的关键环节,必须摆在更加突出的位置。"

目前,我国职业教育体系分为正规的学校教育体系和职业培训两大部分,前者主要包括初等职业教育、中等职业教育和高等职业教育三个阶段,而高等职业教育又可分为大专、本科及研究生三个层次。正规的学校教育通过既定的课程体系系统地向学生传授知识和技能,最后颁发学历证书和

---

① 与职业教育(VE)相似的提法很多,如,职业技术教育(VTE),而联合国教科文组织在 20 世纪 70 年代开始用"技术和职业教育"(TVE),国际劳工组织用"职业教育与培训"(VET),而世界银行在 20 世纪 80 年代则开始用"技术和职业技术教育与培训"(TVET)。为了避免陷入概念之争,本研究统一使用"职业教育"一词。

技能证书。职业培训则主要是指各级职业学校和企业对人们进行的短期的技能训练，一般不颁发学历证书。作为服务地方经济建设的高等院校，社区学院应在职业教育方面有所作为。实用性是社区学院的重要特点之一，该特点决定了社区学院在目标定位上与理论型高等教育机构存在明显的区别，即对学生进行以就职为主要目的的职业教育，为社会生产、管理、技术和服务第一线培养留得住、用得上的实用型人才。从办学层次上看，社区学院属于高等职业教育中的大专层次，因此，社区学院行使职业教育职能的主要形式是专科层次的高等职业教育。下面从招生、教学两方面对我国社区学院如何开展高等职业教育做进一步分析。

一、改革招生考试制度

我国高等职业教育自 20 世纪 80 年代正式启动以来，招生政策一直处于不断调整变化之中。1985 年颁发的《中共中央关于教育体制改革的决定》提出，要优先对口招收中等职业技术学校的毕业生及有本专业实践经验、成绩合格的在职人员入学。从 1997 年起，在普通学校招生计划中将高等职业学校和高等专科学校的招生合并统计，在成人高校招生计划中将高等职业教育招生计划单列；部分省市举办的高等职业教育机构对口招收中等职校应届毕业生。[①] 随着我国高等职业教育的发展，其招生方式或制度也呈现多元化的特点。目前，我国高等职业教育招生方式主要有以下几种：一是统招方式。高中（应、历届）毕业生或其他同等学力人员通过参加全国统一的高等学校入学考试，进入高等职业院校，这是目前我国高等职业教育最主要的招考方式。二是单独招考、自主招生。高职院校拿出部分招生名额，单独对学生进行测试。招生对象主要是有中等职业教育基础的毕业生，如职高毕业生、中专毕业生等。与统一考试不同，这种方式测试的内容侧重于相关专业知识与技能的考查。三是"五年一贯制"招生。初中毕业生参加中等职业教育和高等职业教育连读的考试，录取后经过 5 年的时间，先后学习中等职业教育和高等职业教育的课程，成绩合格即可获取这两个层次的毕业文凭。

目前我国高等职业教育招生考试方面存在的问题主要体现于高职院校

---

① 李海宗.高等职业教育概论[M].北京：科学出版社，2009：4.

招考的形式和内容不尽合理。前文有论述，目前我国高职招考的形式主要有统一考试、单独招生和五年一贯制的招生形式，其中以统一考试为最主要形式。由于各种条件所限，目前我国统一高考考查的内容仍旧以知识为主，这就意味着，评判学生能否进入高职院校学习的标准主要是其知识掌握的多少，而不是他的实际操作技能。显然，这种录取标准与高等职业教育培养应用型人才的目标是相悖的。尽管目前高职招考的模式有多元化的趋势，如出现了对口单招、自主招生等方式，在招生过程中增大了实践技能考查的比重，但所招收的学生比例较小，没能改变统一高考一家独大的局面。此外，通过统一考试招收高职学生的方式毕竟是有选择性的，因此，部分有一定职业教育基础或基本技能、对高职教育有兴趣的考生，由于没能通过强调知识的统一高考，不能如愿进入高职院校深造，由此出现"适合的考不进，考进的不适合"的尴尬局面。因此，我国高等职业教育的招生考试方式有必要作重大调整。

针对我国高等职业教育存在的上述问题，作为以高等职业教育为核心的新型高等教育机构，社区学院应结合自身优势，运用新的机制和模式，有效防范和化解高等职业教育招生过程中长期存在的顽疾。

作为注重教育普及、实践终身教育、强调实际应用的社区学院，在招生录取的选择性上无须向其他类型高等教育机构，特别是研究型大学看齐。尽量放低入学标准和门槛，使更多愿意学习的人能够有机会接受合适的教育，应该是社区学院追求的目标。在这一点上，美国社区学院无疑是值得借鉴的典范。尽管美国各州社区学院具体的入学政策各有不同，但在开放性入学这一点上却基本一致。以加利福尼亚州为例，该州规定，初级学院及社区学院招录高中毕业生，同时也招收未毕业学生。该州《教育法令》第5706节要求初级学院在居住地民众入学要求得到满足的情况下，接受"任何高中毕业生以及其他任何18岁以上……有能力从所开设的课程中受益的人员"[①]。从这一政策可以看出，但凡具备最基本学习能力的公民都有权利、有机会接受高等教育，毫无疑问，这与美国社区学院开放式的入学政策密切相关。与美国社区学院相似，加拿大社区学院也实行开放入学，无须入学考

---

① 教育部国家教育发展研究中心.美国加利福尼亚州高等教育总体规划[M].北京：人民教育出版社,2005:86.

试。当然,这并非意味着社区学院完全没有入学要求。加拿大社区学院的入学要求根据专业的不同而各自有所侧重,如,两年制文凭的"房地产管理"专业,入学要求英语及数学均应达到12年级水平,此外还提出"虽然不作为入学要求,希望对键盘操作、计算机科学和会计学科有学分"①。因此,我国社区学院应在招生入学政策和选拔方式上有所创新和突破,促使我国职业教育更好地发展。

首先,社区学院在招收职业教育学生时,应实行较现在更为灵活、宽松的入学政策。应采取统一考试和职业素养测试相结合的方法,选拔适合职业教育的学生。从我国目前的教育现状看,教育资源相对紧张,还不能满足所有人接受高等教育的需求,因此,仿效美国实施完全开放式的、来者不拒的入学政策并不现实。较为可行的办法是,统一文化考试与职业素质面试相结合,通过全国统一考试的方式,对报考者进行初步筛选,将具备进一步学习能力和基础的人作为面试的对象。为了在现有条件下尽量扩大招生面积,使更多的学生能进入社区学院,社区学院应将统一考试的分数线适当下调(在将来条件具备的情况下,可考虑取消高等职业教育招生的统一考试),在此基础上加大职业素质面试的权重。职业素质面试的主要目的是评估考生是否具备职业教育的潜质。社区学院可从两个方面进行考查:一是考生的接受职业教育的兴趣和志向。这是考查过程中非常关键的一个环节,这是因为,在整个社会重视普通教育、轻视职业教育的氛围中,是否有接受职业教育的兴趣和从事相关职业的志向,对于考生个人而言是非常重要的。学校可以通过各类心理学量表(如霍氏职业兴趣测评量表等)对学生的职业兴趣做初步的评价。二是考生的职业教育基础和基本技能。由于我国高等职业教育的基本年限是2~3年,在这一学习期限内,要使学生形成较好的职业素养并掌握较完整的职业技能并不容易,因此,高职教育生源的职业素养和技能基础对于日后的职业教育有着很大的影响。正因为如此,国内许多有识之士呼吁应扩大高职与中职对口招生的口径。因此,社区学院在招收高职学生时可侧重考查学生原有的职业教育基础,扩大对"三校生"(中等专科学校毕业生、技工学校毕业生以及职业高中毕业生)的招生名额,尽可能使有基础、有兴趣的考生都能进入社区学院接受高等职业教育。

---

① 曾子达.加拿大社区学院[M].北京:北京大学出版社,1994:105.

其次,拓宽招生口径,扩大高职教育生源。受各种条件影响,目前我国高等职业教育生源以高中毕业生为主,生源结构较为单一,在很大程度上影响了高职教育的发展。为此,相关部门应解放思想,积极拓宽高职生源渠道。一方面,社区学院通过扩大对口单招名额的方式,大量吸收具有与高中毕业同等学力的学生,如"三校生"等,这样既可增加高职生源的数量,又可提高生源的质量。另一方面,社区学院应转变思想,扩大高职教育的覆盖面,面向社区,使大量具备一定文化素质的进城务工人员有机会接受高等教育,这将是社区学院大显身手的广阔舞台。2006年我国农村外出务工劳动力中,文盲占1.2％;小学文化程度的占18.7％;初中文化程度的占70.1％;高中文化程度的占8.7％;大专及以上文化程度的占1.3％。[①] 初中以上文化程度的农民工占农民工总数的80％。农民工通过自己的努力,为城市建设作出了不可磨灭的贡献,也逐渐融入到了城市社区生活之中,成为城市社区的组成部分。但由于农民工总体文化素质不高,缺乏有技术含量的核心技能,因此在工资待遇、社会地位等方面受到影响甚至被歧视,由此带来了一系列问题和矛盾,引起了党和政府的高度重视。因此,改变农民工的境况已经不是一个单纯的经济问题,而是一个涉及社会公平、正义的政治问题。尽管政府已经采取了一些措施,在一定程度上保障了农民工的权利,但由于各种原因,这个庞大的群体仍被排除在高等教育大门之外,基本丧失了继续接受教育的机会。显然,这种状况不符合我国大力倡导的终身教育理念,也与政府积极解决"三农"问题的政策背道而驰。因此,社区学院应结合自身扎根社区、服务社区的特点,深入开展对区域内进城务工农民基本情况的调查,了解农民工的教育需求,然后在此基础上开展有针对性的教育活动,采用灵活开放的入学政策,积极接纳符合一定条件的农民工,对他们实施有针对性的、行之有效的职业教育。

最后,采取灵活的办学模式,扩大社区学院的招生范围。由于办学经费的原因,当前及今后较长的时期内,我国社区学院都将以城市社区为主要载体,但可以预见,广阔的农村地区将成为社区学院展现自身价值的大舞台。这既是由社区学院服务地方经济建设的特点所决定的,同时又是因农村经

---

① 国家统计局.第二次全国农业普查主要数据公报(第五号)[EB/OL]. http://www.sannong.gov.cn/qwfb/ncjj/200802270020.htm.

济和社会发展的需求所推动而形成的。截至 2009 年底，我国共有农村人口 71288 万人，占全国人口总数的 53.4%[①]，其中有数量庞大的青壮年农民群体。随着我国教育不断发展，青壮年农民中有相当一部分接受过中等教育，基本具备了接受高等职业教育的基础。随着我国新农村建设的逐步推进，越来越多的乡村正在改变传统的生产和生活方式，新技术、新产品、新产业等也越来越多地出现在农村。在这种情况下，传统的小农经济、小农意识已不能适应新时代的发展要求，新农村建设需要具有新思想、新技术、新素质的新一代农民。为了适应这种变化，传统的教育，特别是高等教育和职业教育，应解放思想，转变观念，主动深入农村，满足农村和农民的需要。在这一方面，浙江省作出了有益的尝试。为了实现教育强省的战略目标，浙江省委、省政府积极推进教育改革与创新，大力支持建设面向农村地区的县级社区学院，通过以县级电大为依托建立社区学院、独立建校等方式，在全国率先实现了县级社区学院的大发展。截至 2009 年 3 月，浙江省 90 个县（区、市）中有 58 个成立了社区学院，占 64%；正在筹建的有 7 个，占 8%；待建的有 25 个，占 28%。[②] 尽管从严格意义上看，浙江省县级社区学院总体上还属于中等教育层次，不能称为高等教育机构，但这种发展模式为我国社区学院的走向指出了一个方向。就目前的实际状况而言，在农村开办新的高等教育层次的社区学院还存在诸多困难，但通过有实力的城市社区学院在农村地区开办社区学院分校或办学点，却是较为可行的思路和办法。社区学院可以与设于县城或乡镇的中等职业学校合作，利用此类学校闲置的教育设施及其他相关资源，以社区学院的名义在当地招生，由社区学院派遣或选聘教师授课，学生毕业后获得社区学院颁发的学历文凭。这样既可以充分利用当地各种资源，有效缓解办学资源不足的困难，又可将社区学院的教育职能从城市社区扩展至农村地区，大大拓宽了社区学院的生源，同时也可有效地将社区学院所具备的技术优势通过为当地农村提供技术服务充分地发挥出来。

---

① 国家统计局.2009 年国民经济和社会发展统计公报［EB/OL］. http://www.stats.gov.cn/tjgb/ndtjgb/qgndtjgb/t20100225_402622945.htm.

② 刘尧.中国县级社区学院发展研究［M］.镇江：江苏大学出版社,2009:198.

二、创新教学模式,提高教育质量

教学模式是实现高等职业教育机构最终目的的必要途径和方式,只有采用科学、合理的教学模式才能有效地实现社区学院的高等职业教育职能。对于社区学院教学模式而言,课堂教学过程中教学方法、手段以及学业成绩的测评等方面都是其中的重要环节。但对于开展职业教育的机构而言,目前存在的最主要的问题是如何把相关的理论与生产实践结合起来,如何提高学生的实际操作能力。鉴于此,本部分内容主要围绕社区学院如何组织学生实训作一论述。

社区学院应充分发挥密切联系社区的优势,充分利用社区内企业的各种资源,校企合作共同提供卓有成效的职业教育。目前,世界范围内职业教育较为普遍存在的问题是,学校形态的职业教育与劳动力市场需求存在不同程度的脱节,即职业院校培养的学生在规格、技能等方面不能很好地满足企业的需求。这一点正是学校职业教育饱受诟病之处,甚至有人质疑:"既然学校形态的职业技术教育不能达到既定目标,成本又高,且找不到任何可以证实的好处,那么我们还有什么必要继续支持这样的办学形式呢?"[①]尽管这种质疑有失偏颇,但也在一定程度上反映了学校职业教育的现状。但世界上没有任何一个国家因此而取消学校形态的职业教育,因为它毕竟有自身独特的优势,即能以集约的方式培养技术人才。因此,职业院校只能通过与企业合作的方式弥补学校职业教育的缺陷。日本学者田野郁夫在谈到日本校企合作时认为:"如果日本(职业)教育有什么秘密武器的话,那就是企业内再教育这个法宝。"[②]因此,比较可行的办法是促使实施职业教育的学校与企业通力合作,共同培养能满足实际需要的技术人才。自现代职业教育产生以来,校企合作就一直是职业教育研究的重点内容,但始终未有大的突破,仅停留在浅层次的合作上,如学校向企业派遣实习学生,企业向学校派遣兼职教师等。究其原因,既有政府的因素,如未能制定切实可行的政策,鼓励、敦促校企合作,也有体制机制的问题,如校企双方未能形成明确的责权利耦合机制,因而使双方特别是企业方不能看到合作带来的成效。针

---

① 傅志明.福斯特与巴洛夫论战对当代中国职业技术教育改革的意义[J].职业技术教育,2003(22).

② 陈晖.教育·社会·人[M].北京:东方出版社,1989:136.

对业已存在的问题和矛盾,相关方面应发挥各自优势,统筹规划,建立科学、合理、高效的校企合作机制,以切实提高职业教育的质量。

首先,社区学院应充分运用自身的优势和特点,密切联系区域内各企事业单位,通过细致入微的市场调研,了解它们的生产状况和现实的人才需求。根据掌握的市场需求信息,社区学院应及时对学校的专业结构、课程设置及人才培养模式作相应的调整,以使学校的"产品"在数量、规格及质量上都能满足市场的需求。社区学院在进行专业结构调整、课程设置、教学改革时,应聘请企事业单位的相关人员担任顾问,这样既可以广开言路,充分吸纳校外人士,特别是企业界人士的意见和建议,更能提高改革的成效,同时也可通过这种方式有效加强学校与企事业单位的联系。当然,在处理与市场关系的过程中,政府是不可回避的角色。因此,在学校面向市场、适应市场过程中,社区学院应正确处理政府、学校与市场三者间的关系。毫无疑问,政府在职业教育过程中扮演着极为重要的角色,但应注意其中的"度"。政府在加强统筹的同时,应避免直接管理,而是要加强宏观调控,通过创设环境、搭建平台、制定政策、提供信息服务等措施,引导职业教育机构面向市场、自主办学。社区学院应该密切关注区域产业结构的发展,分析就业市场的变化,按订单培养的要求,及时调整专业结构和课程设置,邀请行业、企业人员参与人才培养规格、教学计划的制定以及教学质量的评估,增强根据市场变化、社会需求不断加强自我调节的能力,做到宏观调控与市场调节相结合,扩大学校办学自主权。[①] 如果学校培养的人才在数量和质量上都能满足市场的需求,那么,与企事业单位建立校企合作的长效机制并非不可能。另外,从管理体制上看,我国社区学院与企事业单位建立产学研合作关系也有一定的优势。由于我国社区学院实行董事会领导下的院长负责制,在董事会中,应充分吸收地方党政领导人以及社区内主要企事业单位的负责人担任董事会成员。这样,社区学院在进行产学研结合的过程中,更容易得到地方政府和周边企事业单位的支持和响应。

其次,创新产学研结合模式,提高校企合作的层次和水平。产学研结合是高等职业教育教学模式的重要组成部分,它对学生系统职业技能的形成

---

① 中国高教学会.改革开放30年中国高等教育发展经验专题研究[M].北京:教育科学出版社,2008:579.

和完善有着至关重要的作用,因此受到广泛的关注。在世界职业教育不断发展的过程中,产学研结合的模式也呈现多种形态。其中,德国的"双元制"职业教育模式成为产学研结合的典范。"双元制"职教模式是指,职教学生的职业教育由学校和企业联合承担,即学生在职业学校里接受相关专业理论知识和普通文化知识的教育,同时又在企业接受职业技能训练,二者所用时间大体相当。"双元制"职业教育模式已成为德国职业教育模式的主体,有学者曾对德国大型化工企业作过有关技术人才构成的调查,结果表明,在德国的企业中,经过"双元制"培训的技术工人在企业人员中所占的比例达40%左右。[①] 由于该模式中企业在职业教育中的影响较为突出,承担了大量的教学和训练工作,教育效果很好,因此该模式成为世界职业教育争相效仿的典范。另外,新加坡的"教学工厂"模式也是一种较成功的职业教育教学模式。"教学工厂"模式是一种把学校的理论教学和企业的实际训练紧密结合的职教模式,其基本做法是:高职院校学生在一、二年级主要学习专业基础知识和进行基础性技能训练,第三年进入由学校和企业联合组建的"工业项目组",开始以进行实际训练为主要目的的车间操作阶段。"工业项目组"是由学校与相关企业签订协议,学校承揽生产项目,企业在学校装备一个生产车间,供学生实际生产操作之用。该模式在新加坡取得了极大的成功。从以上两种高职教学模式可以看出,但凡要取得高职教育的成功,长时间(至少一年)的实际训练是必不可少的重要环节。反观我国各层次职业教育的教学模式,尽管都包括了时间长短不一的实习或实训的环节,但总体而言,实训环节还是极度不足,因此大大影响了职业教育质量。而实训环节的不足,根源在于学校未能与企业建立双赢的合作关系。因此,如何与企业达成合作协议,建立有利于双方长远发展的战略合作伙伴关系,对于以高等职业教育为核心职能的社区学院而言,是必须解决的重点课题。

再次,充分发挥政府的协调功能。我们认为,要解决校企合作存在的诸如层次低、时间短、成效差等问题,必须改变仅由职业院校和企业两方洽谈协商的惯常做法。实践证明,职业院校与企业两方的合作往往容易流于形式。这是因为,二者对于校企合作的目的与期望各不相同。对于职业院校

---

① 翟海魂.发达国家职业技术教育历史演进[M].上海:上海教育出版社,2008:151.

而言,校企合作最大的好处在于能利用企业的硬件设施,如生产车间及相应的设备,以此训练学生的实际操作能力,提高学生适应市场的能力。而对于企业而言,在参与培训学生的过程中,有可能发现自身所需要的技术人才,以便在其毕业后招为己用,除此之外,并不能从校企合作中获得更大的利益。即便是这仅有的期望,也极有可能因为学生出于未来的发展状况的考虑以及工作的选择而落空。因此,企业在校企合作中表现出消极的态度也就不足为奇了。为走出这种困境,需要第三方力量——政府的协调。政府之所以可能积极参与校企合作的事务,这是因为,政府承担着发展本地区教育,包括职业教育的责任和义务,以及为本地区企业发展提供支持的责任。除此之外,通过促进校企合作,实现职业院校和企业的良性发展,从根本上上说,符合地方政府的长远利益。例如,浙江省宁波市在构建服务型区域教育体系战略决策的指导下,根据本地经济和教育发展状况,在资金、政策等方面对职业教育予以大力支持,积极促进职业院校与相关企业的合作和交流,取得了良好的经济效益和社会效益,现在宁波市已成为全国著名的经济强市和重要的高等职业教育基地。

在促进社区学院与企业合作的过程中,政府应主要通过政策和法规等宏观调控手段为二者的合作搭建良好的平台。在政策上,政府主要要解决的是学校与企业之间合作的动力问题,尤其是企业参与合作的动力问题。政府应针对目前校企合作存在的关键问题,即企业积极性不足,采取相应措施。如,出台一系列政策法规,运用税收杠杆、项目资金、土地出让等方式,鼓励企业与职业院校建立长期的、实质性的合作关系;对于校企合作中产生的科研成果予以奖励,并在成果推广及应用方面给予政策扶持。此外,政府应利用自身优势,为校企合作提供良好的实践平台,如,建立校企合作科技园区,以特殊的政策吸引有发展潜力的校企合作项目进驻园区。这样,既可以促进校企之间的合作,又能有效地转化二者合作所产生的科研成果,使之转变成现实的生产力,促进地方经济的发展。

最后,社区学院尝试实施与周边企业联合培养学生的模式。传统的职业教育模式中,实践教学课程较少,学生参与实训的时间非常有限,企业在教育过程中的责任极小,因此对于学生实际技能的形成并没有实质性的帮助。与此不同,校企联合培养学生是以学校和企业双方的名义招生的,学生入学后具有双重身份,即社区学院学生和企业的学徒工或准员工。作为企业的学徒工或准员工,在学期间可享受一定的工资待遇,毕业后可根据合同成为该企业的正式员工。在这种教育模式下,学校负责文化课程、专业基础理论的教育,企业则负责安排学生全部的实训环节,因此,企业在学生的培养过程中承担了前所未有的重大责任,因而大大增强了其所发挥的实际作用。例如,浙江医药高等专科学校为提高职业教育的实效性,与宁波市食品企业联合召开校企合作研讨会,与浙江海正药业股份有限公司合作开办"海正班",与浙江华海药业股份有限公司合作开办"华海班",与浙江医药股份有限公司新昌制药厂开展准员工培养的合作。[①] 教育模式的改革与创新,大大提高了企业参与职业教育的积极性,也极大地提高了职业教育的质量。

除了实施正规的高等职业技术教育外,开办非正规的职业培训也是社区学院应当履行的重要职责。这是因为,在各种对正规职业教育的需求之外,众多在职人员由于各种原因,希望在职业技能上有所发展,因此对非正规的职业培训有着较强烈的需求。特别是在知识经济社会日益发展的今天,随着新技术、新工艺、新产品的不断涌现,职业岗位也处于不断发展变化之中,为了更好地适应工作岗位的需要,从业者必须不断地更新调整自己的知识和技能结构,否则就有可能因抱残守缺,适应不了工作岗位的需要而下岗失业。因此,在日新月异的社会里,参加非正规的职业培训将是人们适应社会发展的必要途径。例如,北京丰台社区学院受北京市丰台区民政局、丰台区复退军人安置办以及丰台区劳动和社会保障局的委托,于2009年开设了"丰台区退役士兵职业技能培训班",专门为丰台区的105名退役士兵提供职业技术培训。社区学院将此次培训分成综合素质类必修课和职业技能类选修课两部分,其中综合素质培训涉及就业指导及应聘技巧、心理调适、文明礼仪、法律法规、公文写作和英语口语共6门课程,职业技能培训涉及电工、汽修、计算机共3门课程。培训结束后,学员统一进行考试、考核,培训合格者可获得丰台职工大学颁发的结业证书,同时参加区劳动局职业技能资格考试,合格者可获得相应的职业技能从业资格证书。[②] 另外,在终身教育观念日益深入人心的社会,教育不再是某个特定阶段的事情,而贯穿于人的一生;教育,包括职业教育,对于个人而言不再完全是功利性的,闲逸与好奇同样可以成为接受教育的正当理由。在这种背景下,灵活、开放的社区

---

① 宁波市教育局.2009宁波市高等教育发展报告[R].2009:136.

② 佚名."丰台区退役士兵职业技能培训开学典礼"在社区学院举行[EB/OL].http://www.ftzd.com/? thread-229-1.html,2009-03-14.

学院开设的非正规的职业教育正日益成为人们完善自我的重要途径。此外,大量涌入城市各区域的农民工将成为社区学院职业培训的潜在对象。近年来,随着进城农民工的生存境遇日益受到社会各界的关注,加之他们对城市所作出的巨大贡献越来越被人们所认同,农民工的受教育问题也逐渐被提上政府部门的议事日程。受各种条件的影响,一般而言,对农民工的教育应以与其从事的职业相关的技能教育为主,并且以不脱产的职业培训方式为宜。社区学院以其教学安排的灵活性、收费的低廉及实用性等特色,将成为职业培训的重要实施者。

第二节　社区教育职能

"社区教育"是近年来颇为流行的一个词语,经常被人们提及,如,居民小区内开展的各种教育活动,往往被称为社区教育;各种社区活动也大多被冠以"社区教育"的名目。这一方面说明了人们对社区教育这个词语及其所包含的基本语义的认同,另一方面也反映了人们对社区教育理解的差异。我们认为,社区教育并非"社区"与"教育"的简单相加,把社区教育仅理解为由社区实施的教育是不科学的。换言之,我们不能仅从地域空间的角度去看待社区教育,而应该从更深的层次去理解它。我们在推动教育改革、实施社区教育时,所要强调的是:教育需要摆脱传统孤立的和封闭的状态,需要增强、沟通和协调教育与社会的联系,发挥教育的社会功能,增强其对社会的作用;教育既要主动争取社会的支持和参与,又应自觉地接受社会的监督和评价;学校应向社会开放,社会要根据其成员的教育需求向一切社会成员提供多种多样可供选择的学习机会;不仅教育部门,社会的所有部门在行使自己的专业职能的同时,也要行使教育职能,积极参与教育活动,使多种多样的教育形成一个整合的体系。[①] 社区教育反映了教育活动与所在区域之间相互交融的关系,而它之所以能成为社区学院的特色职能,是由社区学院与社区天然存在的紧密关系决定的。"社区学院"从名称上即可反映该机构与所在区域的密切关系,这种密切关系主要体现为社区学院与所在区域之

---

①　厉以贤.社区教育原理[M].成都:四川教育出版社,2003:31.

间相互作用、相互支持的共生关系。社区学院应与所在区域融为一体,区域空间及各种资源是社区学院赖以生存和发展的前提和基础,也是社区学院的主要服务对象;社区学院是所在区域的文化、教育中心。作为一个小型的社会,社区的发展同样包括政治、经济、文化、教育等方面内容,由此,社区学院服务社区也大体涉及这些方面。社区学院服务社区的经济功能主要通过职业教育加以实现,由于在上一部分已介绍了社区学院的"高等职业教育"职能,此处不再赘述,而仅从民主化建设和文化建设两个方面对社区学院的社区教育职能加以介绍。

一、促进社区民主化建设

(一)社区民主化与社区教育的作用

民主化建设是指在国家政治生活中,通过制定一系列制度,保障人民享有参与管理国家事务的平等权利。民主化建设并非一个空泛的概念,而是在人们日常生活中时时处处得以体现的行为。美国教育思想家杜威对此有深刻的认识:"民主主义不仅是一种政府的形式,它首先是一种联合生活的方式,是一种共同交流经验的方式。"[①]在杜威看来,民主最核心的含义在于,人们在处理有共同利益的事务时能通过各种有效的方式表达自己的观点,以此对事情的决策产生影响。杜威认为,民主社会具有两个基本特征:一是在一定范围内人们有数量更大和种类更多的共同利益,并且更加依赖对作为社会控制的因素的共同利益的认识;二是社会群体之间更加自由地相互影响,改变社会习惯,通过应付由于多方面的交往所产生的新情况,使社会习惯得以不断地重新调整。[②] 我们认为,既可将杜威所论述的民主社会理解为整个社会,又可理解为某个特定区域。对于特定区域而言(如我国的区、县级行政区域),人们无疑在政治、经济及文化等方面具有较多的共同利益。那么,如何加强区域内各群体之间的沟通与联系,形成对公共事务的民主管理与决策程序,以维护社会的共同利益,自然就是地方政治民主化建设的重要内容。

---

① [美]约翰·杜威.民主主义与教育[M].王承绪译.北京:人民教育出版社,2001:97.

② [美]约翰·杜威.民主主义与教育[M].王承绪译.北京:人民教育出版社,2001:96-97.

显然,教育应在这方面有所作为,而作为密切联系地方的社区学院,自身所具有的独特优势更能得到充分的体现。在社区政治建设方面,社区学院通过激发人们参与学院或社区各项事务管理的积极性和主动性,培育人们的民主精神和参与意识;通过对特殊群体的补偿教育,使之具备改善自身生存状况的能力。也就是说,社区学院开展的社区教育在唤醒民智、促进社会公平、增进公民福利等方面应发挥积极的作用。正如美国学者布克(Martin J. Burke)所言:"社区教育提供教育机会给每一个人,以便达成更充实、更有益的生活;社区教育修正现存的教育体系,以利于一些不利者或被剥削者;社区教育是社会上一些弱势者的聚凝行为,使他们能分析其环境,并且达成政治的改变。"[①]美国学者哈格雷维斯(John D. Hargreaves)也认为,社区教育功能是:①发展社会和教育再分配策略,以创造更公正和公平的社会;②促进地方的政府机构和志愿机构之间更密切的协同和合作;③支持地方主动推进社会发展,使人们更有能力控制自己的生活;④鼓励人们更开放更民主地获得教育系统的人力和物力资源;⑤重新界定课程和学习过程的观念,教育是产生个人自主和促进社会合作的方法。[②] 从以上西方学者对社区教育概念的理解来看,社区教育不仅是一个教育概念,而且与社会学、政治学有着密切的联系。这意味着,社区教育对特定区域的政治生活能产生广泛的影响。因此,在我们研究社区学院的社区教育职能的过程中,社区政治形态以及与其密切相关的社区政治民主化建设将成为不可回避的研究内容。

　　社区民主化建设是我国政治民主化建设的重要组成部分,主要涉及社区内公民对各项公共事务民主参与的意愿与权利。在我国社区建设的现实情况下,社区政治民主化建设主要是指社区居民参加社区发展计划、项目等各类公共事务与公益活动的行为及过程,体现了居民对社区发展责任的分担和对社区发展成果的分享,是社区居民对社区政治事务的关注和参与过程,同时也是非政府组织介入社区发展的过程、方式和手段。社区民主政治

---

　　①　Martin J. Burke. Community Education: Towards a Theoretical Analysis[A]. Allen G et al. Community Education Milton Keynes: Open University Press, 1987:19.

　　②　John D. Hargreaves. Learning Takes Place in Many and Varied Contexts Throughout the Individual's Life [A]. Ransans, Tomlinson J. The Government of Education[C]. Geore Allone Unwin,1985.

参与的主要特征是：社区普通居民是社区民主参与的主体；社区民主建设的范围是社区内的各种公共事务；社区居民的公民权利意识直接影响民主政治参与的深度。[①] 社区民主化建设的推进既是政府的责任，同时，作为社区活动中心的社区学院在这一过程中也责无旁贷，应发挥自身的积极作用。

（二）社区民主化建设的困境

改革开放以来，我国政府一直在努力推动社区民主化建设，也取得了一些进展，但总体而言，效果并不理想，究其原因，既有历史的沉疴，也有现实的羁绊。

首先，社区民主化建设缺乏深厚的民主传统，公民民主思想较为欠缺。社区民主化建设不仅需要外部制度的构建，更要求公民个人具有较高的民主思想和觉悟，离开了这一点，社区民主化是不可能实现的。但由于我国长期处于封建、半封建社会制度的控制之下，民主的社会基础非常薄弱，中国社会长期积累而成的"臣民"心理并未完全消除，人们的民主思想观念较为淡薄。长期形成的"被管理、被领导、被安排"的被动思想使人们对于社区内公共事务不甚关心，普遍认为那是政府的事情，与己无关，没有认识到自己作为社区公民的一员，有责任、有权利主动参与公共事务的管理。因此，从公民民主思想状态和水平上看，社区民主化建设将是一个长期、复杂的过程。

其次，社区民主化建设缺乏现实的行政基础。较长时期以来，我国实行的是以政府为主导的社会发展模式，在这种模式影响下，国家采用高度集中的计划体制对社会生活进行管理。这种体制的特点就是"大政府，小社会"，即政府全面控制和管理社会各项事务。"政府职能的无限扩张，表现为政府越来越多地承担本来完全可以由社会或市场自己去履行和完成的事情，或是把政府权力深入到纯粹属于个人生活的私人领域。这样使民间渐渐失去了管理自身生活的能力。"[②]政府职能的无限延伸导致许多问题，如，管得过多，使政府自身陷入各种事务的泥潭而不能自拔；职能的扩展衍生出庞杂的行政机构，并聘用大批的政府行政人员，由此使得政府机关机构臃肿，经费开支也水涨船高。更为严重的是，"无限政府"对社会事务大包大揽，将社会

---

① 娄成武等.社区管理[M].北京：高等教育出版社，2003：85.

② 张俊芳.中国城市社区的组织与管理[M].南京：东南大学出版社，2004：156.

机构和公民排斥在管理社会事务的权力之外,使我国政府权力管辖范围之外的社会活动空间过于狭小,社会机构和公民进行自我管理的机会日益减少,大大消解了公民自我管理的意识与能力。

再次,社区民主化建设缺乏适宜的法制环境。民主是建立在一定的法律制度基础之上的,若没有相应的制度保障,民主就会成为空中楼阁。由于缺乏坚实的法制基础,我国民主化建设过程困难重重,这主要体现在两方面:一是无法可依。在我国由于社会主义民主化、法制化的进程开展较晚,某些方面的法制还不健全,甚至还处于空白状态,因此在处理相关事务时就无法可依。再加上受历史传统的影响,"人治"代替法治的现象时有发生,政府部门在处理各种关系时经常以个人意志作为决策的依据。在涉及社区事务的决策过程中,政府相关部门也很少广泛听取社区群众的意见,即便政府作出一些倾听民意的姿态,也往往流于形式,没有取得实质性的效果。例如,许多地方政府在提高居民用水价格之前,都召开了价格听证会,邀请居民代表参加,但结果往往是水价在居民代表的反对声中提高了。这种形式上的价格听证会被人们戏称为"逢涨必听,逢听必涨"。二是有法不依。由于中国的特殊国情,人情关系被认为是处理事情的必要手段,甚至有时成为最有效的手段。因此,社区内的很多事情都是靠人情关系来解决的,法律和制度反而发挥不了作用。在这种情况下,社区政治民主化建设将会遇到很大的阻碍。

最后,社区民主化建设缺乏合格的人员队伍。由于我国现代社区建设的历史较短,社区管理工作还未能引起足够的重视,因而在人员配备上还存在较大的问题。这主要体现在社区工作人员素质较低,还远未达到专业化的程度。目前,我国社区工作人员大多未经过专门训练,缺乏必要的社区理论素养,很多人仍沿用传统的政府行政管理思维和手段进行社区管理,工作方法简单粗暴,不利于社区民主化建设的顺利推进。

(三)社区学院推动社区民主化建设的策略

首先,社区学院应充分了解所在社区的各种信息,为具体开展相应行动做好准备。社区民主化建设是个极为复杂的过程,这种复杂性主要表现在以下两个方面:一是参与社区民主化建设的主体——人的复杂性。民主的表现之一就是参与主体的广泛性,因此社区民主化建设的重点内容就是使区域内最广泛的公民参与其中。由于不同公民的实际情况各不相同,他们对社区及社区民主化建设的期望和要求也存在差别。二是社区民主化建设内容的复杂性。社区民主化建设涉及社区发展的方方面面,区域内政治、经济、文化、教育、日常生活等都是其不可或缺的组成部分,内容极为广泛,无疑增加了社区民主化建设的复杂性。鉴于社区民主化建设的复杂性,社区学院在开展相关活动之前有必要对社区内各方面情况作全面的调研。美国社会关系学者唐·倍根(Don Bagin)和唐纳德·R.格莱叶(Donald R. Gallagher)在论及如何了解社区时提出,应从以下多个方面入手[①]:①本社区的权力机构的性质以及作出决策的方式;②社区内媒体的状况以及来自媒体的值得注意的长期质疑;③公众对教育的期望;④由于历来存在的社会矛盾而需要避免的情况;⑤哪些个人及团体对教育持友好或不友好的态度;⑥可以和公众建立更好合作关系的机会和方式;⑦哪些隔阂需要消除以便获得公众对教育政策的更多理解;⑧公众舆论是通过何种方式形成的;⑨谁是社区的领导者以及哪些人影响着这些领导者;⑩各种社区组织和机构的类型。此外,社区居民的基本情况,包括构成、来源、学历状况、职业、生活状况及主要需求等方面,也是社区学院应了解的基本内容。总之,全面了解社区的基本情况是社区学院服务社区的先决条件。

其次,应完善各项制度,鼓励社区学院师生积极参与社区各项活动,组织和带动社区群众积极参与社区民主化建设。在全面了解社区情况的基础上,社区学院即可针对所掌握的基本信息,分析社区存在的主要问题和矛盾。此外,社区学院要建立、健全学校内部制度,以调动师生参加社区各项活动的积极性,并结合自身的优势有组织、有目的、有选择地开展相关活动,有效地发挥社区教育功能。鼓励学生参加各项社区活动是社区学院促进社区民主化建设的有效方法。大学生朝气蓬勃,思想活跃,以丰富多彩的形式参与社区各类活动,更易于深入社区基层,对社区群众产生更大的影响和示范作用,从而有利于提高他们参与社区建设的主动性和积极性。另外,学校也可组织师生为社区内居民开设相关讲座,增强人们的民主观念,提高人们参与社区建设和管理的意识和能力。为保障各项活动的常规性和稳定性,社区学院应制定或完善相应的制度,使其常态化、制度化。一方面,社区学院应理顺与所在社区的关系,健全外部联系制度,使社区学院参与社区活动

---

① [美]唐·倍根,唐纳德·R.格莱叶.学校与社区关系[M].周海涛译.重庆:重庆大学出版社,2003:20.

更加合理、高效。具体做法是,社区学院密切联系文教部门、工会、宣传部门等政府相关部门,签署相关文件,明确双方在开展社区活动时的责、权关系,形成社区教育活动的合力,使社区教育活动更富积极性和主动性。另一方面,应建立校内相关制度,包括校内民主协商制度、参与制度以及奖励制度。社区学院对于师生参与社区活动的形式、内容、人员安排、时间管理等方面要按照民主的原则,充分听取师生员工的意见和建议,并适当运用奖励机制,对积极参与社区活动并取得优异成绩的人员实施奖励。只有在学校内实施充分的民主,才有可能带动社区群众积极参与社区各项建设,从而推动社区民主化建设。

再次,社区学院可以通过课程设置,有意识地提高人们对社区公共事务的关注度和参与度。近年来,在政府的积极推动下,我国社区建设在硬件上较以往有了很大的发展,然而,社区内民众参与本地区事务管理的积极性却一直没有得到有效激发。社区管理仍旧采用传统的"命令—执行"模式,即由上级政府下达行政指令,后由社区管理部门遵照执行。在社区管理过程中没有真正体现"社区"这一新型社会结构模式的优势和特点,即没有充分调动社区内各机构、群体及个人的主动性和积极性,没能有效发挥社区自我管理的应有之义。究其原因,政府相关管理部门的思维定式或路径依赖当然是导致社区内人们民主参与管理程度不高的重要原因,但是,客观地说,这与社区内居民公共意识淡薄、自我管理能力欠缺的现实状况也不无关系。因此,如何增强公民的公共意识,提高他们管理公共事务的能力,已成为社区学院在服务社区过程中的重要内容。

从教育功能的角度看,教育能够以自己独特的方式对社会成员施加影响,促使个体的社会化,而政治社会化是其中的重要内容。政治社会化是指人们通过教育等方式接受一定社会的政治意识形态,逐步形成适应一定社会政治制度的政治态度、认同感、政治生活方式的过程。政治社会化,可以使人形成符合主流意识形态的政治观念,提高其参与社会管理的意识和能力。在社区这个特定的社会空间范围内,个体社会化的表现之一便是对社区内公共事务的积极参与。正是基于这种认识,台湾许多社区大学开设了紧扣现实的公共议题课程,通过此课程的开发,将公民行动视为教学的目标,为落实公民社会的理念、创造实践行动的场所作出努力。为实现这个目标,他们采用了多种活动形式,如论坛、讲座、课程、实践调查以及对话反思等。[1] 为此,社区学院可以通过开设一些正式、非正式的课程或举办一些活动,一方面强化社区内的利益、资源共享等观念,增强社区内的凝聚力和向心力;另一方面加强对公民的参政议政能力的培养。在开设相关课程时,应该采用全球、国家大视野与社区小环境相结合的原则,即课程设置不仅要考虑国际、国内政治经济大格局,更要紧密结合周边的现实情况。这样才能既保证课程教学的广阔视野,又不失现实意义。社区学院开设民主化课程时可充分利用社区内各种教育资源,如图书馆、博物馆、文化宫等,另外,区域内各种人力资源,如各行业专业技术人员、离退休老干部等,也都是社区学院可资利用的资源。社区学院应统筹规划各类有效资源,采用合理的方式,对社区居民实施正式或非正式的教育,以此推动社区民主化建设。实际上,社区学院充分利用社区各类资源的过程,也是密切联系社区各单位、整合各种教育力量参与社区建设的过程,这本身就体现了社区民主化建设的原则。

最后,在教学设计过程中应充分体现民主教学的思想,以此培养学生的民主观念和意识,这同样也有利于社区民主化建设的开展。民主教学思想是指,在教学过程中充分尊重学生的主体地位,尊重学生的人格;根据学生的现实需求组织教学,创设民主、平等的教学氛围;采用科学合理的教学方法,激发学生学习的主动性和创造性;采用多元化的标准评价学生。在社区教育过程中,由于学员大多为在职的成人,心智发展较为成熟,在学习过程中有更多的要求。在这种情况下,社区教育的教学更应贯彻民主化教学的思想,充分考虑学员的个性特征,采用差异化的教学方法,使社区教育适合更多的社区成员。如此,社区教育既可提高教学效果,吸引更多的市民前来学习,使社区学院真正成为社区居民身边的大学,又可在教学过程中向学员渗透民主思想和观念,增强学员的民主意识,使其逐渐养成民主作风和习惯,从而有利于促进社区民主化建设。

二、社区文化建设

(一)文化与社区文化

"文化"一词恐怕是社会学界研究最多、争议最大的一个基本概念,中外

---

① 台湾第十二届社区大学研讨会大会手册《社区大学的教学发展与制度创新》,第90~91页。

学者从不同的角度对其进行了广泛、深入的思考,也由此形成了各种不同的关于文化的概念。其中,《辞海》关于文化的概念比较具有代表性和权威性:"广义的文化指人类在社会历史实践过程中所创造的物质财富和精神财富的总和。狭义指社会的意识形态,以及与之相适应的制度和组织机构。"①作为文化概念的子概念,社区文化也应从广义和狭义两个方面去理解,只有将二者结合起来考虑,我们才能正确理解社区文化的真实内涵。广义的"社区文化"是指在特定区域内人们所创造的物质和精神产品、活动的总和。它包括社区内的自然生态、人文环境、生产设备以及生活设施等,是人们赖以生存的物质空间。而狭义的"社区文化"则是指在特定区域内人们精神产品和活动的总和,主要包括人们的价值观念、精神追求、道德情操、社会风俗、生活习俗、审美情趣等方面内容,它是维系区域内人们相互作用的精神纽带。任何社区都是物质文化和精神文化的统一,过度强调任何一方都可能导致社区文化的畸形,不利于社区的健康发展。

广义上的社区文化包括了物质和精神两个层面,涉及区域内人们生活的方方面面,因而对人的影响是全方位的。首先,社区文化,特别是精神层面的文化,对社区内公民的价值观、人生观和世界观有着直接的影响。社区文化的影响是弥散的、持续的,往往能使其范围之内的人们在不知不觉中受其影响。积极健康的社区文化能陶冶人的性情,培养其良好的道德情操。其次,社区文化能改变人的行为方式。从某种意义上说,社区是人们在一定空间内的聚集体。由于道德修养、人生经历、性格特征等的差异,不同的人在行为方式上也各不相同。但在一定的社区内,特定的社区文化对人们的行为方式起着引导和修正的作用,使人们的行为方式与主流的社区文化相符合。此外,社区文化对于人们的生活质量和品位、人际关系等方面也都将产生重大的影响。

(二)社区文化建设存在的问题

目前,在政府大力推动社区建设的政策引导下,我国社区文化建设也取得了不少成就。然而,就整体而言,我国社区文化建设还存在一些问题和不足,主要体现在以下几个方面。

首先,社区文化建设重物质轻精神。近年来,随着我国社会改革的逐步

---

① 辞海编辑委员会.辞海[Z].上海:上海辞书出版社,1989:4022.

深入,社区的作用和意义日益为社会各界特别是各级政府所认同,社区在政策、资金等方面获得了很大的支持,因而社区物质文化硬件设施较以往有了很大的改善。目前,各城市一般都有博物馆、文化宫、图书馆、体育馆等大型文体机构,城市内的基层单位——街道和小区也大多设有阅览室、文娱室、健身器材等设施,为城市社区开展相关的文化活动提供了较好的条件。然而,在社区物质文化日益丰富的同时,社区内精神文明建设却没有及时跟进。社区文化管理和其他相关部门对于老百姓的价值观念、道德情操等重视不够,相关活动较少,采取的形式也较为单一,不能收到应有的效果。

其次,社区文化的总体供给不能满足人们对社区文化的需求。随着社会的发展,人们物质生活水平逐步提高,对社区文化的需求也相应地有了较大幅度的增长。上海市南京东路街道对居民双休日文化生活现状和需求作了一次问卷调查。调查结果表明,该社区居民文化生活现状是活动范围狭小,88.4%的居民文化活动局限于室内;项目单一,48%的居民文化活动以影视娱乐为主。调查结果还表明,73.1%的居民希望社区有非营利性的文化活动场所,提供运动器材,但不希望自己办文化活动,同时,57.7%的居民希望社区能提供专业辅导,如家教、音乐欣赏等,64.7%的居民希望社区有服务性的咨询项目。[①] 从这份调查可以看出,人们对于社区文化的需求较为强烈,但受地方政府的财力限制,社区文化建设的投入未能跟上需求的步伐,致使供给总量存在较大的缺口。

最后,人们参与社区文化活动的积极性不高。从目前情况看,参与社区文化活动的大多为离退休的老年人和中小学学生,青壮年成人参与率非常低,这在一定程度上影响了社区文化活动的质量。造成这种现象的原因主要有:目前城市的基层管理单位——居民小区内的居民大多隶属不同单位,加上交流沟通的机会较少,人际关系较冷漠,因此,降低了人们参与社区文化活动的积极性;随着生活节奏的加快,房价猛涨,各种生活成本剧增,城市生活压力越来越大,使一部分人特别是年轻人无暇顾及社区文化活动;此外,社区文化活动的内容与形式较为单一,或与人们的实际需求有一定的距离,这也在一定程度上降低了人们参与社区文化活动的积极性。

---

① 佚名.当前城市社区文化管理存在的问题与对策[EB/OL]. http://www.ccmedu.com/bbs10_7481.html.

(三)社区学院推动社区文化发展的策略

正如前文所述,文化建设是社区建设的重要组成部分。这是因为,作为一个区域历史发展成果的总和,社区文化对区域内人们的行为方式、理想追求、价值观念、生活习俗等诸多方面均有着不可估量的影响。社区文化品位的高下对社区发展至关重要,作为社区内的文化、教育机构,社区学院有责任和义务为社区文化发展作出自己的努力。

首先,要密切联系所在社区,联合开展各项文化体育活动。与其他类型的高等教育机构一样,社区学院也经常开展各种文化体育活动,如大学生校园文化节、运动会、各种球赛等。社区学院应牢记服务社区的宗旨,将原本局限于校园的各类活动向所在社区开放,甚至与社区内相关单位,如街道办事处、文化局、体育局或其他企事业单位联合开展这些活动。联合开展文体活动对于社区学院及社区内其他合作单位而言都有积极意义。一方面,对于社区学院而言,经常与其他单位合作开展活动,能有效地推动学院师生走出书斋,走向社会,在与社会接触的过程中发现并解决问题,以提高理论联系实际的意识和能力,增强服务社会的意识及责任感。另一方面,对于合作单位而言,与社区学院合作,充分利用学院的各种资源,特别是人力资源,能更方便地开展自身难以单独开展的活动,丰富本单位职工的生活。对于整个社区而言,域内各单位的合作能带动人与人之间的交流,增进人们之间的相互了解和感情,增强人们对社区的认同感,由此提高人们参与社区活动的主动性和积极性,大大增强社区的活力,从而有利于社区的文化建设。为此,社区学院应通过学院的学生会或其他社团组织,紧密联系社区文化部门或其他相关部门,团结协作,将学校丰富多彩的文化活动扩散到周边社区,这样既可拓展学生的社会活动空间,增强学生社会活动的意识和能力,也能有效地帮助社区形成积极向上、健康有益的文化氛围。

其次,应向社区开放各种资源,实现与社区的资源共享。相对其他单位而言,作为高校的社区学院具有更丰富的资源,如图书馆、教室、运动场馆、网络,等等,学院可充分利用闲置的资源,向社区开放。例如,学院可以根据图书馆的实际利用情况,允许社区市民申请办理借书证,共享图书资源。另外,根据互利互惠的原则,社区学院可以利用社区其他单位的相关资源,如企业的生产车间和其他社会实践场所等供学生实训。学校与社区之间的资源共享将有效地提高资源的利用率,使社区居民能享受更多的资源,能有效地促进人们更好地学习和自我发展,符合终身教育的发展理念,也有助于形成崇尚知识、追求真理的良好社区文化。

最后,社区学院可通过开设相关活动和课程,提高广大社区居民的科学文化素质,从而促进社区文化建设的发展。社区学院可充分发挥密切联系社区的优势,深入社区,利用分布广泛的教学点和其他单位合作,积极开展科普教育、政策宣讲、法律咨询等社区教育活动,以帮助社区形成尊重知识、崇尚科学、遵纪守法、弘扬正义的良好社会氛围。此外,社区学院可利用自身优势,结合社区的实际需要,开展文明礼仪培训和道德讲座,使市民形成积极健康的精神风貌,养成良好的家庭美德、职业道德和社会公德。

第三节　成人高等教育职能

成人高等教育是指在全日制普通高等教育体系之外的、对各类在职人员实施的高等教育。它是终身教育的重要组成部分,对于人们提高科学文化素质、增强职业适应能力以及促进自身可持续发展具有十分重要的意义。正是基于这种认识,各国政府历来都非常重视发展本国的成人高等教育,借以提高整体国民素质。

一、成人高等教育的发展历程

(一)国外成人高等教育发展简述

现代意义的成人高等教育的产生与工业革命有着直接的联系。18世纪肇始于英国而后扩散至其他国家的工业革命,以机器大生产取代了传统的手工作业,大大促进了资本主义经济的发展,同时也对从事工业生产的劳动者提出了比以往更高的要求。更多的产业工人为了更好地适应日益普及的机器化生产的形势,希望接受相关的技术教育和培训,从而为成人高等教育的产生提供了强烈的社会需求动力。1780年,英国人罗伯特·雷克斯创立了一所"星期日学校",成为"世界上公认最早的成人教育活动"[①]。尽管该机构并非严格意义上的大学,实施的教育也仅为成人教育,但毕竟为成人高等教育的产生打下了一定的基础。1820年,苏格兰的格拉斯哥大学成立

---

① 周简叔.世界成人高等教育发展纲要(一)[J].成人高等教育研究,1997(3).

了技工学院,为当地工人和农民提供职业培训和继续教育,成为具有成人高等教育萌芽性质的教育机构。1836年英国伦敦大学成立,并通过境外办学点,对英联邦国家公民开展教育活动,并授予学位。随着教育规模的逐步扩大,境外办学点纷纷发展成为伦敦大学的成员学院,伦敦大学也因此成为"一个自学考试中心,是最早的大学远距离教育,也就是世界上最早的成人高等教育"[①]。1892年,美国芝加哥大学创建了美国乃至世界上第一个大学通信教育(指教师和学生在空间上分离,教师向学生邮寄讲义和其他教育资料,学生则寄回作业交由教师批改——作者注)部,仅4年时间,参加学习者即达3500名。到1910年,全美已有12所州立大学开办通信教育。[②] 在其影响和带动下,世界其他国家的通信教育也逐渐开展起来,如加拿大的皇后大学,澳大利亚的昆士兰大学、澳西大学等,都纷纷开办通信教育,进一步丰富了成人高等教育的办学形式。

美国自1901年第一所公立社区学院——伊利诺斯社区学院建立以来,社区学院取得了极大的发展。社区学院灵活的办学形式、开放的入学要求、低廉的学习费用以及明确的职业意识对于成人而言具有强大的吸引力,因而很快成为实施成人高等教育的重要机构。1965年,在国际成人教育促进会上,联合国教科文组织成人教育计划处处长保罗·郎格朗作了关于终身教育的报告,引起了大家的强烈反响。其后,以埃德加·富尔为首的国际教育发展委员会完成了《学会生存——教育世界的今天和明天》研究报告,论述了成人教育在终身教育中的重要地位。进入20世纪中后期,随着电子技术、通信技术的发展及其广泛使用,远程教育逐渐兴起并发展成为实施成人高等教育的重要形式。远程教育是指利用现代通信技术手段使师生不受时空的限制,采用学生自学为主、教师指导为辅的教学模式,通过面授、函授和自学等方式进行的教育。远程教育的出现和发展带来了教育技术和方式的大革命,深刻地影响了教育思想、教育内容、教育模式和教育结构,也为成人高等教育的大发展搭建了无限广阔的大平台。在现代远程教育的影响下,出现了许多新的教育组织形式,如虚拟大学、空中大学等,为实施成人高等教育提供了更加便利的条件。在世纪之交,联合国教科文组织发表了《学习

---

① 周简叔.世界成人高等教育发展纲要(一)[J].成人高等教育研究,1997(3).
② 周简叔.世界成人高等教育发展纲要(一)[J].成人高等教育研究,1997(3).

是人类内在的宝库》,明确提出未来社会的基本形态是学习化社会,并强调了成人高等教育在构建学习化社会过程中的重要作用。

(二)我国成人高等教育发展简述

与其他国家相同,我国成人高等教育也脱胎于成人教育。尽管成人教育可追溯至对成年公民传授生产、生活技艺的原始教育形态,但我国真正意义上的成人教育却始于近代,距今仅百余年历史。鸦片战争后,受尽西方列强欺压凌辱的晚清政府为维护自身的利益,开始对教育制度进行革新。1903 年,清政府参照日本的学制,颁发了《奏定学堂章程》,其中的《实业补习普通学堂章程》与成人教育有密切关系,该章程规定:"设实业补习普通学堂,令已经从事各种实业及欲从事各种实业之儿童入焉;以简易教法授实业所必需之知识技能,并补习小学普通教育为宗旨。"[①]从该章程内容可看出,招生对象和教育内容带有明显的成人教育的特征,因此它可看作是近代中国第一部关于成人教育的法规。民国时期,许多有识之士敏锐地注意到,要提高国力,实现国强民富,应向西方各国学习,不仅要建立完善的普通教育制度,而且要非常重视对成人的教育。如蔡元培认为,"眼见各国社会教育事业之发达,深信教育行政之责任,不仅在教育青年,须兼顾多数年长失学之成人。故草拟官制时,坚持主张于普通、专门二司外特设社会教育司"[②]。1921 年 8 月,毛泽东在长沙船山学社旧址上创办了湖南自修大学,该校在《入学须知》中规定:"凡中等以上学校毕业生,不分男女老少,具有自修能力、志愿用自修方法以研究高深学术者,经本大学认可,得报名入学。非中等以上学校毕业,而具有相等学科根底者,要本大学认可,亦得入学。"[③]新民主主义革命时期,共产党创建了一大批军政大学,如苏维埃大学、马克思共产主义大学、中国人民抗日军事政治大学等,为提高干部素质作出了积极贡献。新中国成立后,党和政府工作的重心开始逐步转向经济建设,成人高等教育的目的也从以培养政治、军事人才为主转变为以培养经济建设各条战线人才为主。1955 年,《人民日报》发表题为"举办业余高等教育"的社论,社论指出,为了提高在职干部的文化水平,我国应当学习苏联的先进经

---

① 舒新城.中国近代教育史资料(中)[M].北京:人民教育出版社,1961:775.

② 陈元晖.中国近代教育史资料汇编(教育行政机构及教育团体)[M].上海:上海教育出版社,2007:189.

③ 张允侯.五四时期的社团(一)[M].上海:三联书店,1979:81.

验,积极创办和发展高等学校的函授部、夜大学和大型产矿附设的夜大学。从此,我国真正意义上的成人高等教育终于蓬勃发展起来,到 1957 年,全国共有成人高校 186 所,1958 年为 383 所,1965 年为 964 所。[①]

然而,这种良好的发展局面并未持续下去,十年"文革"使刚转入正轨的成人高等教育遭受重创。改革开放之后,我国成人高等教育迎来了发展的春天。在政府的各项政策支持下,在社会强烈的接受高等教育需求的刺激下,我国成人高等教育先后出现了自学考试、教育学院、独立的函授学院以及民办高等教育(以实施成人高等教育为主,如 1983 年创办的中华社会大学)等形式和机构,大大丰富了成人高等教育的组织形式和办学模式,总规模也得到了极大扩张。至 1985 年,成人高教在校生已达 170 余万人,总规模已超过普通高校的在校生数。[②] 到了 20 世纪 90 年代,我国成人高等教育继续发展,实施成人高等教育的机构也更为多元化,主要有这样几种类型:普通高校的成人教育学院、继续教育学院或网络学院等;独立设置的成人高校,主要包括广播电视大学、职工高等学校、农民高等学校、函授学院、管理干部学院以及教育学院等;民办高等教育机构等。这些机构由于招生对象、教学模式、办学体制各有其特殊性,因而进入新世纪后,各自的发展趋势也不尽相同。普通高校内的成人教育机构由于可充分借助校内的各种资源,特别是优秀的师资、丰富的硬件设施以及深入人心的品牌效应,因而获得了长足的发展。广播电视大学则由于其统一部署、分散办学的体制以及运用现代传媒技术实施远距离教学的教育模式,适应了信息社会的要求而维持了继续发展的态势。职工高等学校、教育学院、管理干部学院和农民高等学校因其所依赖的计划体制不能很好地适应市场经济的需求,因而呈现逐年萎缩的局面。

进入 21 世纪,根据信息社会背景下人们生活更加多元化、个性化的特点,我国成人高等教育适时调整了教育模式,增加了网络教育这一远程教育新模式。网络教育是一种基于计算机技术、网络技术和通信技术进行知识传输和知识学习的新型教育模式,它具有教育对象多元化、学习行为个性化、教学管理自动化、学籍管理灵活化等特点和优势。网络教育采用免试入

---

①　王蓉等.成人高等教育学[M].北京:中国农业大学出版社,2001:79-81.
②　王蓉等.成人高等教育学[M].北京:中国农业大学出版社,2001:85.

学和基本测试两种入学形式,大大降低了入学门槛,使更广大的公民能有机会享受优质教育资源。连接互联网的计算机终端是网络教育的基本实施途径,从报名入学到学费缴纳,从网上选课到开展教学,从网上答疑到课堂讨论,都通过互联网加以实施。由于网络教育开放的入学形式和灵活的教学模式更好地适应了信息时代人们的多元化需求,因而获得了快速发展。1999 年我国教育部决定由清华大学、北京邮电大学、浙江大学和湖南大学等 4 所高校试办网络教育,截至 2010 年,我国共有 69 所普通高校实施网络教育。目前,网络教育已成为我国成人高等教育的重要实施途径和教育模式。

二、我国成人高等教育存在的主要问题

首先,成人高等教育"普教化"现象较为突出。成人高等教育是以提高在职人员工作适应能力为主要目的的教育。在职成人与刚进入成人期的大学生相比,在心理特征、学习期望、学习特性、社会责任等方面都有明显不同。因此,从理论上看,成人高等教育与普通高等教育在教育对象、培养目标、课程设置、教学方法等方面都存在较大差异。然而,现实情况是,成人高等教育正向普通高等教育靠拢。这主要表现在如下几方面:在教育内容上,成人高等教育逐渐减少了反映在职人员职业特征的课程内容,大量开设学术性较强的理论课程,职业性和实践性日益淡化。在教学方法上,受教师职业修养和教学水平的影响,成人高等教育过多地采用普通高等教育普遍使用的讲授法,广泛使用填鸭式的教学方法,鲜有更适合在职人员的讨论法、小组学习法、案例法等。在教学评价上,成人高等教育沿袭普通高等教育广泛采用的评价方式,以理论知识考试的分数作为评价的唯一标准,忽视了在职人员的学习差异性。正如有学者指出的,由于成人高等教育的课程设置、授课方式及师资都是模仿普通高校,并无应用性的特色,因而,无论是独立的成人高校,还是普通高校的成人教育,或是自学考试所进行的教育,仍属于学术性的,而非应用性的。[①]"普教化"使成人高等教育淡化了与普通高等教育的界限和区别,逐渐丧失了自身特色,导致了近年来规模逐年萎缩的

---

① 王洪才. 成人高等教育发展:独立、依附与转型[J]. 教育发展研究,2010(13-14).

局面。

其次,成人高等教育"学历化"倾向较为严重。如前所述,我国真正意义上的成人高等教育始于新中国成立后,其使命是提高在职干部的文化水平,为社会建设提供更多的高级专门人才。也就是说,成人高等教育的主要目的是提高人们的科学文化素质和劳动技能。随着社会的发展,提高学历也逐渐成为人们赋予成人高等教育的又一重要使命,并且在极端重视文凭的社会氛围影响下,这一使命似乎已成为人们对于成人高等教育最重要的,甚至是唯一的期望。成人高等教育被看作是普通高等教育的衍生物、附带品,因此在办学定位上追求的是补偿性学历教育,忽视了能够体现成人教育特色的各种高层次岗位培训、大学后继续教育等更大更广泛的成人教育活动。① 通过成人高等教育获取相应的学历本无可厚非,但当学历文凭被视为接受成人高等教育的唯一目的时,成人高教的宗旨和目的便不可避免地偏离其正确的轨道。成人高等教育"学历化"倾向主要体现为,重视文凭获取,轻视能力培养和提高;强调成人高教促进个人经济和社会地位改善的功效,忽视其对于个体身心素质养成和提高之意义。成人高等教育的"学历化"倾向不仅使学生因片面强调学历文凭的重要性而忽略了能力与素质的提高,不利于学生的长远发展,也因其强烈的功利主义色彩而使自身陷入了发展的死胡同。这是因为,随着我国高等教育的发展,特别是大众化高等教育的深化乃至普及化高等教育的即将来临,单纯地以提高学历文凭为目的的教育将逐步丧失对公众的吸引力。此外,忽视能力素质提升、人格养成的功利主义教育也不符合终身教育的发展理念,必将在发展终身教育、建立学习型社会的过程中逐渐消亡。

再次,成人高等教育缺乏地方特色。服务地方经济和社会发展是社会赋予成人高等教育的历史使命,也是成人高等教育赖以生存和发展的基本功能。从这个意义上说,地方性应成为成人高等教育的基本属性之一。然而,在发展过程中,受多种因素的影响,成人高等教育的地方性逐渐消退,取而代之的是千校一面的大一统模式,即以理论知识为主要教学内容,以学历文凭补偿为唯一目的。而立足地方,密切联系地方经济和社会发展实际并

---

① 陈鹏.我国成人高等教育的发展迟滞及其对策探析[J].福建教育学院学报,2010(1).

为之服务的应有之义,早已被成人高等教育抛诸脑后。这主要表现在,在专业结构和课程设置方面,学校对当地经济和社会发展实际需求关照不够,普遍的做法是以普通高等教育为蓝本;抱残守缺,学校不能根据当地社会的发展变化及时调整自己的办学方向和重点;关门办学,学校不能积极主动地承担促进社会发展的责任,也不能充分有效地利用社会的相关资源以促进自身的发展;等等。地方特色的缺失使成人高等教育丧失了为地方经济和社会发展服务的动力和能力,从而也丧失了来自当地社会的大力支持。在这种情况下,成人高等教育呈现萎缩的趋势也就成为必然。

最后,对成人高等教育的管理有弱化的趋势。成人高等教育是提升国民素质、增强劳动者工作技能的重要途径,是发展终身教育和建设学习型社会的必要手段,理应由专门的机构对其实施管理和规范。然而,在1998年中央部委机构改革中,教育部原成人教育司与职业教育司合并为"职业教育与成人教育司",这样,与成人高等教育有关的职能部门看似有两个,即职成司和高教司,但前者的主要职能范围在职业教育,而后者则将普通高等教育作为实际工作的重心,从而使成人高等教育的管理在很大程度上受到削弱。显然,这种状况不利于成人高等教育的健康发展。

三、社区学院实施成人高等教育的途径和策略

近年来,随着我国高等教育大众化进程的逐步推进,成人高等教育规模在高等教育总规模中的比重呈逐年下降的趋势。究其原因,既有近年来普通高校大扩招的影响,成人高等教育自身的诸多不足也是导致这种现象的重要原因。尽管如此,成人高等教育仍然是我国高等教育不可或缺的重要组成部分,特别是在我国大力推进终身教育、建设学习型社会的背景之下,成人高等教育仍能有较大的作为。因此,作为服务地方经济和社会发展的社区学院,应在履行职业教育、社区教育职能的同时,积极开展成人高等教育,为满足当地人们不断提高自身科学文化素质、更好地适应工作岗位的要求作出自己的贡献。

首先,应调整培养目标,回归成人高等教育的本真。正如前文所述,成人高等教育的真正目的不在于学历文凭的补偿,而在于通过接受这类教育使在职人员在工作技能、科学文化素质以及健康人格等方面有进一步的发展。这意味着,社区学院在开展成人高等教育的过程中,应有意识地纠正传统成人高等教育"学历化"的错误倾向,更加强调成人学生实践能力的培养,

使其更好地胜任所从事的职业;更加强调学生文化素质的提高,为社区精神文明建设提供良好的群众基础;更加关注学生健康人格的养成,不断发掘学生的潜力,形成学生良好的道德观念和价值判断能力,使其成为有利于社会发展的合格公民。北京市朝阳社区学院根据成人学生的身心发展特点,结合区域经济对人才的独特需求,制定了该学院的总体目标,即立足区域,面向经济社会发展,以素质教育为核心,以知识学习为基础,以能力培养为重点,为区域经济和社会发展培养有道德、有新知、有新能、综合素质较高的应用型人才。[①]

其次,应根据成人特点,改革成人高等教育的教育管理和教学方法。与普通高等教育在校大学生不同,成人高等教育的对象大多为在职人员,已婚、承担更多的家庭责任、有较丰富的人生经验、更具有独立思考的能力和习惯等是其主要特征。美国社会心理学家奥波特(G. Allport)认为可以从以下7个方面了解成人的特征[②]:①能否主动参与社会各种活动,和别人主动交往,吸取他人经验、意见;②能否与他人维持亲密关系,时常有慈爱之心;③能否忍受各种挫折打击,稳定自己情绪,接受自我;④能否客观而实事求是;⑤能否努力发展自我能力;⑥能否不断地认识、了解自我;⑦能否拟定长远的生活目标、生活计划。台湾学者邓运林根据这个观点,提出了5项成人高等教育的原则[③]:①安排自由环境下的学习——让学生自由自在地发挥潜能,鼓励自我表现;②鼓励经验与生活结合——杜威"实作中学习"("做中学")理念,可充分发挥成人丰富的人生经验,满足其学习需求;③鼓励合作中学习——通过合作学习,不断自我回馈以求进步;④鼓励自动自发学习——引发成人心理内在学习动机,使学习历程在主动、积极情景下进行;⑤安排创造性的学习。

因此,社区学院可根据在职成人学生的特点,有目的地运用各种方式和手段,充分发挥学生的积极性、主动性和创造性,最大限度地满足学生获取文化知识、增强就职能力、提高人文素养、养成健康人格的要求。在教学方法上,应更加注重教学的实践性和实效性,改革传统的"填鸭式"的教学方法,采用更加适合在职成人的方法,如讨论法、案例法、模拟教学法等;充分

---

① 摘自北京市朝阳社区学院编制的《朝阳社区学院发展规划(2005年)》。

② 邓运林.成人教育专题研究[M].高雄:高雄复文图书出版社,1997:136.

③ 邓运林.成人教育专题研究[M].高雄:高雄复文图书出版社,1997:136-137.

发挥成人学生经验较丰富、思维能力更强的独特优势,引导学生结合自身经历或当地实际进行自我教育。在教学手段上,可通过建立相关网站,充分利用现代网络技术,开辟网上课堂、BBS论坛、班级博客等方式,使学生足不出户就能与学院教师和其他同学进行双向或多向交流。北京朝阳社区学院自2001年建立学校网站以来,逐步在网上开设网络课程,到2003年,网上教学内容已达到20%。[①] 在教学管理上,应充分考虑到在职学生的实际情况,实行弹性学分制,使学生可根据自身的实际情况安排自己的学习。由于在职学生的特殊性,学校很难对教学做统一的安排,唯有实行以学分制为主的弹性学制,才能有效地解决成人学生普遍存在的工学矛盾。此外,社区学院也可充分发挥扎根社区的优势,利用夜间或节假日,对部分离校较近的学生实行面授。在学生考核与评价上,可采用多样化的评价方式和多元化的评价标准,更加科学、合理地对成人学生进行考核与评价。由于培养目标和教育对象的特殊性,社区学院应改变传统以知识为考核重点、以分数为评价尺度的错误做法,改革考核方式和评价制度,将知识考核与能力测评相结合,将终结性评价与发展性评价相结合,以多种方式综合考量学生的知识、能力、态度等方面的发展状况,以全面、客观地了解和评价学生。

最后,紧密联系所在地区,充分彰显社区学院的地方化特色。"地方化"是相对于中央集权管理的一个概念,高等院校地方化是指学校要面向地方,在人才培养、科学研究及社会服务上要充分考虑所在地区的实际需求,以服务地方经济和社会发展为主要办学目的。高校地方化主要应处理好高校与地方政府、同一地区其他高校以及地方经济社会发展现状的关系,尤其是与地方经济社会发展的关系,这样更能体现高等学校地方化的程度和状况。

作为立足社区、服务社区的学校,社区学院应根据所在地区经济社会发展的实际状况,制定与之相适应的发展战略,在专业结构、课程设置及人才培养模式等方面体现出"社区"特色。

在专业结构上,社区学院应充分了解所在区域经济结构、发展水平以及社会发展状况,并在此基础上对本校的专业结构进行调整,以使人才培养的专业结构与当地产业结构及人才需求状况相适应。专业结构是学校各专业的构成状况,包括专业的数量及其相互关系,是学校培养各类人才在结构方

---

① 孙桂华.社区学院实践探究[M].北京:北京航空航天大学出版社,2009:62.

面的依据。一所高校的专业结构主要受两个因素的影响:一是高校自身的学科结构和特点,一是当地经济和社会发展水平对人才的需求状况。高校的专业结构与当地经济和社会发展状况存在着非常密切的联系。准确获知当地经济和社会发展对人才的需求状况是进行专业结构调整的前提条件,否则就无法科学、合理地设置学校的专业结构。因此,社区学院应当成立结构合理、能全面反映各方需求的专业建设委员会,以承担专业设置的重任。厦门城市职业学院的做法是,各教学单位组织人员进行人才需求、办学基本条件的调研,同时对申报专业的可行性进行论证,在此基础上形成初步的专业培养方案,报学校教务处审批。教务处组织专家召开由学校教务、人事、就业等职能部门人员以及校外用人单位代表、行业专家组成的评审会,对各系部上报的专业培养方案作最后的专业性评审。[①] 北京市朝阳社区学院所在的朝阳区有 100 余所幼儿园,有相当一部分教师没有具备大专以上学历,为此,该学院在市教委的指导下开设了幼儿教育(艺术类)专业,成为北京市同类院校中第一个以艺术教育为特色的幼教专业,2000 年招收第一批学生,10 年来已为当地输送了 500 多名合格专业人才。[②]

在课程设置上,社区学院应根据当地人才市场对人才知识、技能结构的需求状况,结合成人教育的特点,有计划地设置各专业课程的结构及其比例。目前,我国成人高等教育在课程设置上存在的问题主要体现为理论性课程过多,实践性课程不足,使以职业教育为导向的成人高等教育名不符实。与普通高校在校生不同,在职成人学生大多具有一定程度的相关专业的理论基础,因此社区学院在设置各专业课程结构时,可酌情减少通识教育课程和基础性课程。社区学院应加大对课程结构的改革力度,减少基础理论性课程的比例,适当增加专业基础课,大力扩展专业实践课,以增强学生的实践能力。为更好地理顺各类课程的比例和相互关系,各校可以根据市场需求和自身的学科特点,对各专业课程进行整合,设立课程模块。一般而言,课程模块体系可包括基本素质培养课程模块、专业能力培养课程模块和实践能力培养课程模块。

在人才培养模式上,社区学院开展的成人高等教育也应体现自身的独

---

① 厦门城市职业学院教务处编.厦门城市职业学院教学教务管理制度(一)[C].2009:110-111.

② 孙桂华.社区学院实践探究[M].北京:北京航空航天大学出版社,2009:64.

特之处。为响应构建学习型社会的号召,社区学院可采用开放式的人才培养模式,按照"宽进严出"和"就近入学"的原则,让任何具备一定条件的学员根据自己的学习意愿进入学院学习;采用学分制,使学员在一个较为宽松的时期选修相应课程,获取相应的学分。这种开放式的教育模式既体现了社区学院的基本特点,也符合成人高等教育的基本属性,同时也是发展终身教育和建立学习型社会的有效途径。社区学院也可与当地政府机关、企事业单位签订协议,为其职工提供继续教育和技能培训,实施"订单式"的培养模式。"订单式"人才培养模式的优势在于,协议单位的目的非常明确而具体,因此,社区学院开设的有针对性的课程体系以及科学合理的教学方式方法更能取得立竿见影的效果,也更能体现自身的价值。同时,这种一一对应的教育服务更能促进社区学院与当地各机构的联系与合作,有利于建立并增强学校与社区之间的良性互动关系。

第四节　转学教育职能

对于美国社区学院而言,转学教育是指学校招收高中毕业生或同等学力学生,对其实施大学一、二年级的自由教育(liberal arts),后根据相关协议,使部分满足条件的学生进入四年制院校继续学习。美国学者科恩和布拉维尔(Arthur M. Cohen & Florence B. Brawer)认为,社区学院转学教育职能包括两个重要的方面:一是学生的流动(student flow),一是自由教育课程(liberal arts curriculum)。科恩和布拉维尔认为,学生流动是指学校为学生提供13~14年级的教育,使之能通过国家教育体系继续学习;自由课程是指为绝大多数大学生开设的,建立在人文科学、自然科学及社会科学基础上的基础性课程,通常又被理解为通识课程。[①] 转学教育是美国社区学院最初始的基本职能,也是社区学院形成的基本理由或前提。这是因为,19世纪末,美国社区学院形成的初衷是接纳数量不断增长的高中毕业生,以此减轻大量希望进入大学深造的高中毕业生对精英高等教育的冲击。如

---

① Arthur M. Cohen, Florence B. Brawer. The American Community College [M]. San Francisco:Jossey-Bass Publishers,2008:345.

果两年制的社区学院不具备转学职能,不能为学生进入四年制院校提供帮助,那么,多数学生就不会选择就读社区学院,社区学院就会丧失为精英高等教育所发挥的防御功能,因而也就失去了存在的理由。而如果社区学院不复存在,大量的高中毕业生将会涌至四年制大学,从而对美国精英高等教育产生毁灭性冲击。也就是说,美国社区学院实施转学教育不仅是社区学院自身内在的要求,同时也是四年制大学与社区学院相互协调的结果。

在我国,由于高等教育大众化的路径及政府的应对方式与美国不同,因而出现了不同的局面。20世纪末,在教育民主化浪潮的影响下,我国精英高等教育同样面临着大量高中毕业生希望进入大学所带来的前所未有的巨大挑战。社会各界也在此问题上达成了广泛的共识,即高等教育应顺应时代发展的要求,扩大招生规模,使更多的人有机会接受高等教育。然而,在用什么方式、由谁来承担由此增加的高等教育任务的问题上,中国选择了一条完全不同于美国的道路。如前所述,美国采用的策略是,建立新的社区学院以消化大量的高等教育需求,并通过赋予社区学院转学教育职能和职业教育职能,使其成为名副其实的"防洪堤"和"冷却器",在一定程度上"冷却"了民众接受精英高等教育的需求,从而有效保障了美国精英高等教育的品质。与美国相比,我国采用的应对方法显得更为简单,即把增加的高等教育需求分摊至每一所高校,无论是研究型的精英高等教育机构还是地方性院校,都或多或少地分担了高等教育大众化带来的压力。

总之,在应对因大量增加的高等教育入学需求所形成的压力时,中美两国采用了不同的策略。美国的策略促成了社区学院与四年制大学之间的转学关系,而我国则不具备这样的历史传统和制度安排。因此,在短期内,我国社区学院很难具备美国社区学院那样的转学教育职能。尽管如此,本研究认为,根据我国高等教育系统的特点,结合我国社区学院在整个教育系统中的地位和作用,在构建终身教育体系和建设学习型社会的推动下,我国社区学院可形成有中国高等教育特色的转学教育职能。

一、我国高等教育系统的现状及特点

在高等教育民主化与大众化思想的推动下,中国政府于1999年启动了高等教育大众化进程。受此影响,在随后的几年内,高等教育招生数量显著增加,学校机构数量大增,毛入学率逐年上升。1998年全国共有普通高等学校1022所,2010年达到2358所,增长了1.31倍;1998年全国普通高等学校本专科招生人数为 108.36 万人,2010 年本专科招生人数达到 661.76 万人,增长了 5.11 倍,本专科招生人数年均增长率为 19.2%;1998 年普通高校本专科在校生人数为 340.87 万人,2010 年本专科在校生人数达到 2231.79 万人,增长了 5.55 倍,本专科在校生人数年均增长率为 19.5%;1998 年的高等教育毛入学率为 9.8%,2010 年达到 26.5%。[①] 高等教育规模的迅速扩大,引发了其内部一系列的变化。正如有学者指出的:"高等教育大众化,其外在特征是高等教育规模扩张,内在特征则是高等教育结构与体系变革。在大众化进程中,中国高等教育结构与体系正经历着深刻的变革。"[②]

受大众化的影响,我国高等教育在结构和体系上呈现出一系列新的特点。

首先,高等教育多元化趋势日益突出。高等教育的多元化体现在:从高等教育机构的性质上看,既有公办高校,也有日益兴起的民办高校,独立学院作为我国高等教育的独特形式也在逐步壮大;从高等教育的实施形式上看,既有全日制高等教育,也有各种形式的成人高等教育,特别是网络学院,作为一种全新的成人教育模式正在影响高等教育的格局;从高等教育机构的办学定位上看,既有以探究高深学问为己任的研究型大学,也有以培养应用型人才为宗旨的地方院校,近年来出现的以服务社区为主要目的的社区学院也以其鲜明的特色引起了广泛的关注。多元化使高等教育的生态系统更加丰富完整,更加充满生机和活力,也因此能更好地发挥自身的系统功能和整体优势,有利于其更好地完成服务社会的使命。

其次,高等教育地方化趋势更加明显。高等教育地方化是指地方政府(主要是省、市、县三级政府)利用本地财政经费,举办主要服务本地社会的高等教育事业。1949 年之后相当长的时期内,高等教育管理权限主要集中在中央政府,各部委管理着数量众多的高等教育机构。另外,受政治、经济、文化等多方面因素的影响,我国高等教育机构主要集中在少数大城市内,尽管 20 世纪 50 年代的院系调整使这种局面在一定程度上发生了变化,但高

① 教育部发展规划司.中国教育统计年鉴(1998—2010 年)[Z].北京:人民教育出版社,1999—2011.

② 潘懋元,肖海涛.中国高等教育大众化结构与体系变革[J].高等教育研究,2008(5).

校在地域上分布不均衡的状况并没有得到根本改观。高等教育分布不均会带来一系列的问题,特别对于中西部欠发达地区而言,这些问题将产生深远的不良影响,如人才匮乏与经济发展滞后及由此引发的恶性循环等。教育资源过于集中所产生的问题已引起了大家的广泛关注。在高等教育大众化的推动下,在迅猛发展的地方经济的强力支持下,各地高等教育开始兴起。特别是各省非中心城市,也根据本地社会发展的实际情况,举办高等教育。经过几十年的发展,我国地方高校在全国高校总数中的比重不断增加,从1990年的67.1%发展成为2010年的93.4%(未计入民办高校的数量)[①],已成为我国高等教育大众化的主力军。

最后,院校合并与升格成为热潮。20世纪50年代开展的院系调整运动在一定程度上改善了当时我国高等学校分布不均衡的状况,具有积极的意义。然而,它也带来了一些负面影响,主要是单科性院校过多,且归属于不同行业或部委管辖,条块分割、重复设置、资源浪费的问题由此产生且饱受诟病。为解决此类问题,我国政府决定从管理体制和高教机构改革入手,通过省部共建等方式,将多数高校管理权限下放至地方。同时,通过院校合并,减少了大量的单科性院校,组成了一批综合性大学。特别是在世纪之交,在创建世界一流大学的目标刺激下,许多大学加入合并的潮流中,如在2000年,就有北京大学、武汉大学、华中科技大学、吉林大学以及复旦大学等著名大学进行了合并。自1990年1月到2005年3月,我国合并新组建的大学有424所,涉及高等院校1069所[②],由此产生了许多巨型大学、多校区大学,使高等教育系统面临许多新问题。在众多大学参与合并的潮流方兴未艾之时,部分地方性专科院校却又掀起了升格的热潮。从1992年到2003年,我国大专升为本科的学校为53所,中专升为大专的学校为175所,中专并入大学的学校为323所。[③] 大批学校升格在一定程度上改变了原有高等教育系统的格局,也产生了一系列新的问题和矛盾,引发了人们对大学的结构、功能、定位等的思考。

---

① 教育部发展规划司.中国教育统计年鉴(1990—2008年)[Z].北京:人民教育出版社,1991—2009.
② 毛亚庆,吴合文.合并高校整合管理的文化因素分析[J].高等教育研究,2005 (12).
③ 赵敏,董海燕.对我国高校合并升格热的若干质疑[J].江苏高教,2004(1).

二、我国高等教育系统存在问题的分析

一个国家的高等教育系统是该国高等教育长期发展的结果,不可避免地打上了各时期的独特烙印,特别是一些重大的教育政策或事件,其影响在当下的教育系统中体现得尤为明显。我国高等教育系统亦是如此。若要谈及影响目前我国高等教育系统的重大事件,就其重要性而言,恐怕以于世纪之交启动的大众化进程为最大。大众化进程的急速推进,产生的直接结果就是高等教育规模在短时间内迅速膨胀。高等教育总规模的扩大,一方面提高了高等教育的规模效益,在很大程度上满足了高速发展的经济社会对高层次人才的需求;另一方面,这种前所未有的超常规发展模式对基础并不厚重的高等教育系统形成了巨大的挑战,使之面临更多、更复杂的矛盾和问题。

首先,部分高等学校定位不清,特色不鲜明。高等学校的定位是指高校对自身在高等教育系统中所处的位置及所发挥的功能的角色认同,它主要包括学校的层次和类型两个方面。从办学层次上看,高校可分为专科、本科和研究生教育三个层次。对于高校的类型,从不同的角度可有不同的划分标准;从教育对象上看,有普通高校与成人高校之分;从培养目标上看,有普通高校与高职院校之分;从学科构成上看,有单科院校、多科院校与综合院校之分。受我国高等教育评价制度和资源分配制度等的影响,许多高校无论在办学层次上还是在学校性质上都不安于自身的现状,都希望能在办学层次上"更上一层楼",在学校性质上尽量向政府和社会重点支持的方向靠拢。"不少专科学校通过'联合办学'、'专本沟通'等途径招收本科生;高等职业技术学院、成人高校大量举办普通专科班;甚至一些专科学校也纷纷追求升为本科,升为本科后,在学术性的路上拼命往上挤。"[①] 在这种"升格热"、"综合化"、"学术化"等风气影响下,许多高校已不能安心于本职工作,纷纷加入其中,逐渐在盲目跟风的过程中迷失了自身的发展方向,丧失了原有的准确定位和特色,使高校办学趋同化现象更加严重。尽管高校层次的提升、功能的扩大符合高等教育发展的规律,但这种变化应该是高校在发展

---

① 肖海涛.高等教育学制系统改革研究[D].厦门大学博士后研究工作报告,2009:223.

的过程中逐步地、自然地形成的,而不是短期内人为的结果。特别是众多高校一哄而上,盲目升格,无视高等教育的规律,更是于我国高等教育健康发展毫无裨益。对于一国的高等教育系统而言,其内部构成部分的多样化程度决定了该系统的成熟与否。系统理论认为,事物的结构决定其功能,我们很难想象,内部结构单一的高教系统能充分发挥多样化的功能,满足多样化的社会需求。另外,在大量专科学校目光向上、寻求升格之时,众多已处“高位”的研究型大学却将目光下探,在经济利益的驱动下,大量举办“专升本”教育和各种培训班。

其次,高等教育不同体系之间壁垒重重,难以沟通。根据培养目标的不同,我国高等教育可分为普通高等教育和高等职业教育两大类别。前者以培养理论型、学术型人才为主,后者则以培养实践型、应用型人才为主。普通高等教育包括专科、本科和研究生三个学历层次,学士、硕士和博士三个学位层次,而目前我国高等职业教育还主要停留在专科层次。我国高等职业教育主要形成于 20 世纪 80 年代,是在普通高等教育体系之外设立的职教体系,由于培养目标不同,二者之间的沟通和衔接较少。对于高等职业院校的专科毕业生而言,获得本科以上学历的通道并不顺畅。从目前来看,我国高等职业院校的专科毕业生获得本科学历的途径主要有普通专升本考试、成人高考以及自学考试三种。但无论哪种途径,都是以放弃职业教育为条件而进入普通高等教育体系的,丧失了原有的职业教育特色。另外,能通过这三种途径顺利地获得本科学历的学生的比例并不高。如,2006 年教育部规定高职毕业生“专升本”的人数不能超过该年度毕业生总数的 5%,这意味着,绝大多数的高职毕业生只能进入社会就业,而不能继续深造,因而发展空间受到限制。这种状况在很大程度上影响了人们接受高等职业教育的积极性,无形中降低了高职教育在整个教育体系中的地位和意义,同时也不利于终身教育思想的贯彻实施。因此,如何打通不同层次与类型教育之间的壁垒,加强它们相互之间的沟通和衔接,已成为我国高等教育提升质量、完善职能的关键性问题。

最后,高等教育人才培养模式单一,不能很好地满足社会的多样化需求。在我国现实社会中,由于高等教育评价制度和资源配置制度不够完善,加上传统观念的影响,众多高校纷纷将培养理论型、学术型人才作为自己的办学目标,由此导致了人才培养模式的单一化倾向。然而,随着社会的发展,在我国的经济领域和社会生活领域,多元化已成为显著的特征。单一的人才培养模式显然已不能很好地适应多元化社会的需求。这种不适应主要反映为大学毕业生的结构性过剩,它体现在两个方面:一是理论型人才的过剩,一是应用型、技能型人才的缺乏。另外,高校人才培养与地方经济和社会发展相脱节的状况较为明显。对于高校而言,特别是地方性高校,为本地经济社会发展提供人才和知识、技术的服务是其不可推卸的责任。因此,高校在培养目标、专业结构、课程设置、教学模式等方面应与当地社会对人才的需求相适应。当前我国较为普遍的做法是,政府在了解当地的人才需求状况后,将其转化为本地高等教育人才培养目标,包括人才的数量、规格及其结构等,然后将目标分解,使之成为辖区内各高校的人才培养任务,各高校据此开展各项教育教学工作。受这种管理体制的影响,高校人才培养与社会需求不能直接对接,仅根据上级政府的行政指令开展各项工作。由于受多种因素影响,政府对地方社会人才需求状况和高校人才培养的能力和特点了解得不够全面、深入,往往凭经验作出决策。因此,高校人才培养在数量、规格及结构上不能很好地满足当地社会的需求就成为不可避免的事实。

三、充分发挥社区学院在教育系统中的沟通与联系功能

系统科学理论认为,元素和关系是构成系统的两个基本因素。元素是指构成系统的各个组成部分,关系则是指这些组成部分之间相互影响、相互作用的方式。系统的成熟与发展状况在很大程度上取决于内部各元素之间的关系是否顺畅。教育系统也是如此。纵观世界各发达国家和地区的教育发展历史,不难看出一个基本的共同点,那就是都具有较为灵活的学制转换系统和机制,即各层次、各类型教育之间的衔接都较为通畅。例如,美国通过成立大量社区学院并赋予其转学教育职能,使高等教育系统既能满足大众化甚至普及化阶段大量的高等教育需求,同时又能有效地化解这种需求对精英高等教育的冲击,最大限度地实现了教育公平与卓越的双重目的。德国的职业教育历来为世界所推崇,原因之一在于其畅通的学制衔接机制,学生在接受职业教育并获得一定知识和证书,或者毕业后积累一定职业经验后,均可参加学校组织的相关教育和培训,获得相应的毕业证书,由此取

得大学或专科大学的入学资格。^① 英国也通过将中等职业教育的课程与高等职业教育的课程统一编制成教学单元序列,从而成功地实现了二者的有效衔接。

一个国家高等教育系统的状况不仅受教育自身发展程度的影响,而且受到该国经济和社会发展状况的重大影响。在计划经济时代,受条块分割的管理体制的影响,不同教育类型和机构之间实质性的交流与合作并不多见,它们之间的沟通和衔接更是凤毛麟角。例如,我国高等职业教育与普通高等教育之间的重重壁垒已成为阻碍高职教育发展的绊脚石。尽管通过努力,二者之间有了"专升本"等沟通与衔接的方式,但由于通道过于狭窄,无异于杯水车薪,对于大部分高职学生而言,高职教育已成为求学的"死胡同"。显然,这种现状有悖于终身教育的理念。随着我国综合国力及教育水平的逐步提高,加强学制系统间的沟通与衔接,建立灵活的转换机制是我国高等教育改革的方向。因此,如何在终身教育理念的指导下,通过机构改革和体制创新,打通业已存在的衔接壁垒,实现不同类型教育之间,特别是高等职业教育与普通高等教育之间的衔接,已成为摆在高等教育决策者和理论研究者面前的紧迫问题。

(一)明确社区学院在高等教育系统中的定位

从以上分析可以看出,我国高等教育系统存在的主要问题之一就是不同类型高等教育之间沟通不畅,衔接不顺。为了适应构建终身教育体系、建立学习型社会的需要,应锐意改革,突破高等教育系统内存在的各种体制性障碍,打破不同类型高等教育体系之间的壁垒,加强它们之间的沟通、协调和衔接。特别是高等职业教育与普通高等教育之间的沟通和衔接,更是改革的重中之重。1996 年,李岚清同志在全国职业教育工作会议上指出:"要建立起四通八达的立交桥,为青年一代开辟广阔的成才之路。建立完善的、与其他教育相互沟通、协调发展的职教体系,就是这座立交桥的一项主体工程。"^②我国政府于 2010 年颁布的《国家中长期教育改革与发展规划纲要(2010—2020 年)》中明确提出要实现"职业教育和普通教育相互沟通",搭建终身学习"立交桥",促进各级各类教育纵向衔接,横向沟通,提供多次选

---

① 李海宗.高等职业教育概论[M].北京:科学出版社,2009:35.
② 王式正等.关于高等职业教育可持续发展问题研究[J].高教探索,2002(1).

择机会,满足个体多样化的学习和发展需要。因此,作为以高等职业教育为核心、以转学教育为突破口的高等教育机构,社区学院应当发挥"中转站"的功能,行使转学教育的职能。

(二)协调中等和高等职业教育的关系,促进二者的有效衔接

目前,我国正规的职业教育体系主要包括中等职业教育和高等职业教育两个层次,二者相对独立又相互联系。前者以培养中等实用型人才为目标,后者则以培养国民经济的生产、管理、服务领域第一线的高级技能型人才为宗旨。从理论上看,二者同属职业教育范畴,只存在办学层次上的差异,理应在体制衔接上更为顺畅,但在实际中并非如此,仍存在诸多的问题和困难。第一,二者衔接的规模尚待扩大。2006年,教育部规定,中等职业学校毕业生对口升学率不能超过5%。2007年,中等专业学校、职业高中、技工学校等三类中等职业学校毕业生数为526.96万人,就业学生数为506.35万人,其中升入高一级学校的毕业生为53.51万人,占就业学生数的13%。①中职毕业生的向上通道依然很狭窄。第二,中等职业教育和高等职业教育在学制上难以衔接。目前,我国中等职业教育主要招收初中毕业生,学制从2年到4年不等,而高等职业教育主要招收高中毕业生,学制也是2～4年。不同修业年限的中职教育毕业生在知识水平、技能熟练程度、职业素养等方面存在较大的差异,他们升入高职后,将使高职院校在课程设置、教材选择、教学方式方法等方面陷于茫然状态。第三,二者在课程设置上衔接不顺。由于中职和高职在课程设置方面没有进行充分沟通和交流,各自为政的现象较为普遍,使二者在课程上出现要么重复设置,要么断层的现象。

作为以高等职业教育为核心、以服务地方社会发展为宗旨的社区学院,应当在促进中等职业教育和高等职业教育之间的有效衔接上发挥独特的作用。首先,社区学院要明确自身职业教育的培养目标与规格。确立科学合理的培养目标与规格是高等职业教育的核心环节,也是开展职业教育的先决性条件。同时,只有明确中职和高职的正确定位,才有可能建立和完善二者之间的衔接关系。国际上公认的"职业带"理论,将社会的人才结构简化

---

① 教育部职业教育与成人教育司等.新世纪中国职业教育发展——2004—2007年职业教育发展报告[M].北京:高等教育出版社,2009:39.

为"技术工人—技术员—工程师"三个层次,这是我国职业教育可以借鉴的人才结构及分类理论。一般而言,技术工人是指在生产、建设和服务第一线工作的技能型、操作型劳动者,技术员是指在生产、建设、管理和服务等领域工作的管理人员和技术人才。根据这个理论,我国中等职业教育的培养目标是技术工人和部分技术员,高等职业教育则以培养技术员和部分工程师作为自身的目标。其次,社区学院应密切联系中职学校,理顺二者间专业及课程的衔接关系。目前我国高职院校的管理权限大多归属省级教育行政部门,而中职学校的管理权限则归属地市级甚至县级教育行政部门,主管部门的不同不利于中、高职教育的沟通和衔接,这正是长期以来国家积极推动二者的衔接却未能取得实质性进展的重要原因。在行政隶属关系上,社区学院与中等职业学校相同,主要受地市级教育行政部门管辖;这样就为二者的有效衔接提供了良好的体制环境。在这种情况下,社区学院应密切联系区域内中职学校,共同确定二者的专业结构及课程设置,形成分工合作、相互对接的合作关系。另外,二者还可通过联合办学的方式进行合作,如采用"2+3"模式,即学生在中职学校学习 2 年,后进入高职院校继续学习 3 年,采用双方共同制定的课程体系进行培养。此外,对口招生、五年一贯制等合作办学模式都是在实践中发展而成的中、高职衔接模式。需要强调的是,无论哪种衔接模式,专业和课程的良好对接都是其中的关键环节,只有如此,中、高职的衔接才有可能取得良好的效果。

(三)促进高等职业教育与普通高等教育的衔接

如前所述,目前我国高等教育系统存在的一个主要问题是高等职业教育和普通高等教育之间壁垒重重,少有沟通和衔接。这种计划经济体制环境下形成的缺陷在市场经济日益发展和完善的今天显得尤为突出,特别是在人才需求多元化及终身教育观念日益普及的时代,高等职业教育的终结性早已不合时宜。从世界范围来看,高等职业教育与普通高等教育相互衔接也是世界职业教育发展的趋势。如,澳大利亚联邦政府规定,在各行业中,凡技能要求较高的工作岗位,从业者都必须先获得相关职业证书才能上岗就业,即便是博士生,也必须持有 TAFE(技术和继续教育)学院颁发的证书,才能就业。该证书制度及相应的课程结构,使职业教育与普通教育相通,就业前教育与就业后教育相通,体现了终身教育的思想。[①] 因此,通过机构改革与体制创新,促进不同类型教育之间的沟通与衔接已成为我国高等教育改革的重点内容。

在终身教育思潮影响下,具有不同教育基础和背景的个体有着不同的教育追求和期望,单一的教育通道显然不能满足这种多样化的需求,因此,具有多通道、多功能的"立交桥"式的高等教育培养体系也许值得人们关注。顾名思义,"立交桥"式的高等教育培养体系是指在不同层次、不同类别的高等教育子系统之间建立能顺利地实现由此及彼的广阔通道。社区学院的基本职能特征是以高等职业教育为核心、以社区教育为特色、以成人教育为补充、以转学教育为突破口。根据这一特征,社区学院在整个教育系统中应当成为沟通各级、各类教育的中转站,成为"立交桥"式的高等教育培养体系的中介桥梁,使之成为纵向衔接、横向贯通的有机整体。在这个体系中,不同层次教育之间,如中等职业教育与高等职业教育,不同类型教育之间,如高等职业教育与普通高等教育,能够自由地衔接和沟通,使学生可根据自身的兴趣和学习状况,及时调整学习方向和目标。而传统教育体系之外的在职成人也能通过这种开放式的、多通道的"立交桥",找到适合自己的教育方式,实现接受继续教育的目的。这样,每个社会公民就都能根据自身实际情况自由选择教育方式,而这正是终身教育和学习型社会的本质之所在。

当然,需要指出的是,无论是中等职业教育与高等职业教育的衔接,还是高等职业教育与普通高教的沟通,乃至"立交桥"式的高等教育培养系统的构建,都不只是高等教育的"家务事",而是涉及社会方方面面的系统工程,需要全社会群策群力,各相关部门密切配合。例如,高等职业教育的健康发展离不开积极的财政支持、宽松的政策环境以及正确的舆论导向,对此政府责无旁贷;不同类型教育间的衔接需要合理的招生考试制度以及学分制等相应的配套制度;等等。

本章小结

本章共分四节,分别论述社区学院的四大职能,即高等职业教育职能、

[①] 彭志武.高等职业教育学制研究[D].厦门大学博士学位论文,2007:210.

社区教育职能、成人高等教育职能和转学教育职能。

高等职业教育职能是社区学院的核心职能。社区学院应在招生考试制度上，采用灵活多样的招考方式，选拔合适的学生；拓宽招生口径，扩大招生范围，使更多的学生有机会接受高职教育；采用灵活的办学模式，扩大学院的教育覆盖范围。在教学模式上，社区学院应详细了解当地经济和社会发展对人才的需求状况，以此作为制订人才培养方案的基本依据；积极利用地方政府的中介作用，大力加强学院与企业之间的实质性合作。

具有社区教育职能是社区学院区别于其他高等教育机构最为显著的特征，因而也是其最具特色的职能。在社区民主化建设过程中，社区学院应深入了解当地社会政治状况，结合自身的优势，采取有效措施积极推动社区民主化建设。在社区文化建设方面，社区学院可充分发挥自身优势，主动联系社区各单位，联合开展各种有益的文化体育活动；向社区开放校内各种资源，实现优势互补、资源共享，共同营造良好的文化氛围；面向当地居民开展各种文化讲座，提高社区居民的文化素养。

在成人高等教育方面，社区学院应主动调整培养目标，以提高素质、完善人格为根本，回归成人教育的本真；尊重成人学生的特色和需求，采用灵活多样的教学安排、授课方法及评价方式，使成人高等教育更具实效性；密切关注当地实际需求，使学校办学方向与地方经济和社会发展实际更好地结合起来。

社区学院的转学教育职能涉及我国高等教育系统。首先，社区学院可充分利用同属市级政府管理的体制优势，采用"3＋2"或五年一贯制等形式，与中等学校合作，加强中、高职教育系统的衔接。其次，社区学院应充分发挥其职能多元化的特点，成为沟通不同类型、不同层次教育的"立交桥"和"中转站"，加强普通教育和职业教育之间的沟通和衔接，促进终身教育的发展。

第四章

我国社区学院运行机制的构建

机制原本是机械工程领域的词语,但由于机制的研究既涉及事物的静态机构,又涉及事物的动态过程,因而机制非常适合于对某一整体或系统的研究,因而这一概念被广泛应用于其他领域的研究。"把机制的本义引申到不同的领域,就产生了不同的机制。如引申到生物领域,就产生了生物机制;引申到社会领域,就产生了社会机制。"①由于机制一词本义中就包括了事物的运作过程,即其具有动态的一面,因此,从这个意义上说,机制等同于"运行机制",只不过,我国社会学研究大多采用后者,以强调事物动态的运作过程。在研究运行机制时,我们常常运用系统论的观点或系统分析的方法。美国学者拉兹洛认为:"系统论的观点是把系统作为由从属组成部分结合而成的整体来看待的,从来不把系统当作处在孤立因果关系中的各部分的机械聚集体来看待。"②《学会生存》一书也提及系统科学对教育发展的意义:"系统分析是个理智的工具,可以用来对现有教育体系进行全面的批评性的研究,并且还有可能提出一些用科学计算得出来的新的教育模式。"③因此,在教育学研究领域,"运行机制"一词也被广泛使用,如,我国学者闵维方

---

① 孙绵涛.教育管理学[M].北京:人民教育出版社,2006:284.
② [美]拉兹洛.用系统的观点看世界[M].闵家胤译.北京:中国社会科学出版社,1985:13.
③ 联合国教科文组织.学会生存[M].北京:教育科学出版社,1996:164.

教授在论述不同经济体制环境下高等教育的运行时认为:"高等教育运行机制是指高等教育系统的各个构成要素之间,以及与高等教育系统运行密切相关的其他社会经济因素之间相互联系和相互作用的工作方式。这种相互联系和相互作用的方式影响着高等教育系统各构成要素之间的结构及其功能的发挥。"[①]本研究依据习惯,采用"运行机制"这一提法。在本书的"绪论"中,本研究在前人研究的基础上,将"运行机制"解释为社会系统内部各组成部分的结构、功能及其相互关系以及系统与外部环境之间相互联系、相互作用的运作原理和制度。在这个定义中,事物的运行机制至少包含了以下几层意思。一是事物的基本构成部分。事物的结构是其运行机制的组织前提,失之,运行机制则无法建立。二是事物各构成部分之间的相互关系。仅有构成事物的部分或因素还不足以建立运行机制,因为孤立的、缺乏联系的因素不能构成一个有机的整体或系统,更不能形成运行机制。只有明确各部分之间的相互关系,才能形成稳定、有序的结构体系,事物才有可能形成高效、顺畅的运行机制。三是事物通过内部各部分的功能实现与外部环境之间的交流。任何系统都不是完全封闭的,必然会通过某种方式与其所处的外部环境进行物质、能量和信息的交流。因此,我们在研究事物的运行机制时不仅要了解事物内部的各种关系和运作方式,也要探究事物与其外部环境之间的联系。

作为一种新型的地方性高等教育机构,我国社区学院能否发挥自身独特优势,在促进地方经济和社会发展过程中展现自身不可替代的作用和功能,关键在于能否建立起科学、合理的运行机制。这种运行机制主要包括构建精简高效的组织机构,明确各组织机构的职能以及建立畅通的内、外部联系等内容。本章的主要内容即是探讨我国社区学院如何构建科学、合理的运行机制。

第一节　社区学院的组织结构及管理模式

美国学者罗伯特·伯恩鲍姆在论述大学运行模式时认为:"为了弄清学

---

① 闵维方.高等教育运行机制研究[M].北京:人民教育出版社,2002:1.

院和大学是如何运行的,需要把它们作为组织系统和发明物来认识。"①这是因为,一个系统的组织机构是该系统存在的结构基础,也是该系统正常运作的前提,换言之,组织结构是事物运行机制的前提和重要组成部分。因此,构建完整、精简的组织机构是社区学院建立科学、合理的运行机制的重要前提。

一、大学组织结构的发展历程

英国著名教育家阿什比(Eric Ashby)曾深刻地指出:"任何类型的大学都是遗传和环境的产物。"②这说明,当代大学的现实形态与其在不同历史时期的形态有着必然的联系,因此,要深入了解当代大学的组织结构及其特征,就必须对大学的历史形态作一番梳理。

(一)西方大学组织结构的发展

现代大学起源于欧洲中世纪大学。在组织与管理上,中世纪大学的教师按照从事的学科组成教授会,教授会选出一位"主任"作为代表;学生则按照所来自的地区组成同乡会,由选出的一名"顾问"负责。教授会的主任和学生同乡会的顾问共同推选出大学校长。③ 此时,由于师生数量较少,大学组织结构极为简单。随着大学规模的不断扩大,大学内部结构也逐渐发生变化,学院作为一种师生教学和生活的场所开始出现在大学组织架构中,后来发展成为大学的一级管理单位。学院在大学中是相对独立的教学和生活机构,内设各种相应的管理机构和人员,根据自身的规章制度进行管理。除了学院,大学内部还根据教学等活动的需要设立了若干附属机构,如图书馆、出版社等。这一时期,教授会、同乡会、学院、校长等机构和岗位成为中世纪大学的基本组织和管理单位。16世纪左右,随着大学规模的进一步扩大,管理的复杂性增加了,另外,也由于大学的作用与意义逐渐彰显,社会各界主动要求参与大学的管理,以促使其更好地履行职责。在这种情况下,评议会和由校外人士组成的非学术委员会(nonacademic boards)在部分大学

---

① [美]罗伯特·伯恩鲍姆.大学运行模式[M].别敦荣译.青岛:中国海洋大学出版社,2003.3.

② [英]E.阿什比.科技发达时代的大学教育[M].藤大春,藤大生译.北京:人民教育出版社,1983:7.

③ 李泽彧等.我国巨型大学的管理与组织模式研究[M].厦门:厦门大学出版社,2005:96-97.

成立,如荷兰莱顿大学。美国哈佛大学也成立了领导委员会和校外监事会,前者后来发展成为大学的最高决策机构——董事会,并一直保留至今。这样,大学的组织机构开始变得更为复杂。19世纪初,柏林大学成立后,为开展科学研究,在各学部成立了研讨班或研究所,将科学研究正式带入大学殿堂。这一时期,科学技术迅猛发展,知识总量剧增,因此,根据知识的性质将其分成若干学科体系,并成立相应的研究所或系进行独立的教学或研究,成为当时大学的普遍做法。受此影响,大学的内部结构也相应发生了变化,校、院、系或研究所成为大学教学和研究的基本机构。与此同时,大学其他事务的管理也逐渐专门化,成立了相应的机构,如财务机构、公共关系部门、校产管理部门等,大学管理朝着专门化、精细化方向发展。至此,现代大学组织架构已基本定型,此后,各国大学结构尽管仍在不断发展和完善,但组织架构并无大的变化。

(二)我国大学组织结构的发展

尽管学界对于我国大学的确切起源时间存有争议,但从严格意义上看,将清朝末期建立的新式学堂看作是我国现代大学的起源也许较为恰当。1898年成立的京师大学堂及稍后成立的山西大学堂可看作是最早的一批近代大学。这一时期的近代大学主要移植西方大学的制度,实行分科教学,将其作为大学组织结构设置的主要依据。如,京师大学堂建立时设有仕学馆,后增设医学实业馆、进士馆等;在学科设置上,有政科、经科、医科、工科、商科、文学等。此时,尽管在体系上更多地借鉴甚至是移植了西方大学的制度,但受当时社会形态的影响,大学在管理上仍旧带有浓厚的封建传统色彩。1917年,蔡元培出任北京大学校长一职,开始着手对该校的组织结构体系进行改革。改革的主要内容有:成立大学评议会,由教授决定大学的重大学术问题;成立各科教授会,让教授决定本系科的教学事务,如课程设置、教学方法等;成立教务处和总务处,分别负责全校的教学事务和后勤等事务;此外还设立了许多行政会议和各种委员会,分别对相应事宜进行管理和决断。[①] 新中国成立后,1950年我国政府颁布了《高等学校暂行规程》,对大学内部组织结构作了较详细的规定。如,大学设立校务委员会,实行校长负责制;大学内部设系,或设立学院,并在其下设系;根据需要设立各类研究机

---

② 宣勇.大学组织结构研究[M].北京:高等教育出版社,2005:22.

① 宣勇.大学组织结构研究[M].北京:高等教育出版社,2005:22.

现代终身教育体系建设研究丛书
Construction of the Modern Lifelong Eudcation System

164 中国社区学院运行机制研究

构。1952 年院系调整后,我国大学普遍向苏联高校看齐,内部组织结构发生了很大变化。以当年的中国人民大学为例,该校参照苏联大学经验,设立教务部、研究部、行政事务部、图书馆以及俄语专修班;取消原有的学院建制,直接设立系科,并在系科之下设立教研组或教研室,作为大学教学、科研的基层组织,即改变了原来的校—院—系的结构形式,采用校—系—教研组(室)模式。[①] 改革开放后,以苏联大学模式为蓝本而建立的大学组织结构的弊端日益显现,如系科之间、专业之间壁垒森严,不利于培养学生的综合能力。为此,许多大学对组织结构重新进行了调整,把相关系科合并成学院,加强了系科之间的合作,重新采用校—院—系的结构体系;在学校内部领导和管理体制上,实施党委领导下的大学校长负责制。在党委这个体系内,主要有统战部、组织部、纪委、宣传部等机构,以校长为首的学校行政体系则包括教务处、人事处、财务处、科研处、后勤处等机构。此外,大学还普遍设立了学术委员会,对大学的专业结构、课程设置、教学计划、学术评价等学术事务进行管理和裁决;成立了以教师为主体的教职工代表大会,保障教职工民主参与学校管理的权利,维护其自身利益。以上组织机构及制度都在 1998 年颁布实施的《中华人民共和国高等教育法》中得到体现和保障,因此,为我国大学普遍采用。

从以上对国内外大学组织结构变革的分析中可以看出,一个时期大学组织结构的形式和特点既与大学所处的时代背景存在着千丝万缕的关系,同时又与其自身的目标、使命及职能有着密切的联系。也就是说,大学组织机构既是外部环境发展变化的结果,也是内部逻辑运行的必然,是社会发展与大学自身发展逻辑相结合的产物。明确这一点,对于构建我国社区学院科学、合理的组织结构有着重要的理论和现实意义。

二、社区学院组织建构的理论基础

(一)亨利·明茨伯格的组织机构理论

加拿大著名管理学家亨利·明茨伯格(Henry Mintzberg)是享誉全球的管理学大师、组织结构理论的重要代表人物,其经典作品《卓有成效的组织》(Structure in Fives: Designing Effective Organizations,又译为《五行组

---

① 宣勇.大学组织结构研究[M].北京:高等教育出版社,2005:23.

织》或《五字组织结构》）中提出了一个独具特色的组织机构设计和管理理论。该理论不仅对企业组织产生了积极影响，对于其他类型机构设置与管理也有很强的借鉴意义。

系统论认为，事物的结构决定其功能。我们要使某个组织行使特定的职能，先要进行结构体系的安排，在此基础上规范相应的关系。正如明茨伯格所言："组织结构化的目的是获取并引导各种流程的体系，并定义各组成部分之间的相互关系。"[①]和以往组织结构理论不同，明茨伯格既重视组织自身的特点，又非常关注组织所处外部环境的影响。因此，他认为，在组织结构设计过程中，"应该对各种组织结构设计参数进行有目的的选择，以便实现内部的一致与和谐，并使之与组织所处的情景相符——包括组织的规模、历史、经营环境、使用的技术体系等"[②]。明茨伯格从组织的整体与部分、组织与环境之间的关系出发，认为任何组织都包括5个基本组成部分。

1. 运营核心（operating core）。运营核心是组织的基层部分，由组织的基层工作者或操作者所构成。他们直接从事组织的最重要的活动，如生产产品、客户服务等。在最简单的组织中，如家庭手工作坊，运营核心实际上包括组织的所有成员，也就是说，简单化的组织不需要额外的管理人员，由运营核心的成员通过相互协调实现自我管理。

2. 战略高层（strategic apex）。随着组织规模的逐渐扩大，生产环节日益多样化，人员分工也较之前更为复杂，仅靠运营核心成员之间的协调已不能应付不断增多的新情况和新问题，于是，在运营核心中便分化出专职的管理人员，战略高层由此形成。

3. 中间线或中层管理层（middle line）。在组织进一步扩张的过程中，不断扩充的组织成员和日益复杂的组织活动增加了战略高层管理的难度。根据管理的原则，为了减少管理幅度，提高管理的效率和有效性，战略高层将一部分权力和职责赋予运营核心中的骨干，使之代为行使一部分管理职能，如此便形成了组织的中级管理层。

4. 技术结构（technostructure）。社会的发展要求产品的质量、功能、形

---

① ［加］亨利·明茨伯格.卓有成效的组织［M］.魏青江译.北京：中国人民大学出版社，2007：11.

① ［加］亨利·明茨伯格.卓有成效的组织［M］.魏青江译.北京：中国人民大学出版社，2007：11.

② ［加］亨利·明茨伯格.卓有成效的组织［M］.魏青江译.北京：中国人民大学出版社，2007：4.

式等方面不断优化,而无论是管理层还是运营核心都难以完成这一技术型的任务。这样,组织内的技术专家就应运而生,明茨伯格称之为"职能人员"。

5.支持人员(support staff)。随着组织的进一步发展,与其主体功能相关的附属功能也逐渐增多,出现了附属人员,如食堂员工、职工宿舍管理人员、法律顾问、公共关系部门员工等。在明茨伯格的理论中,这部分人被称为支持人员。

在一个较为复杂的组织结构中,上述 5 个部分都以不同的形式存在。图 4-1 直观地反映了这 5 个部分在整个组织体系中的位置及作用。

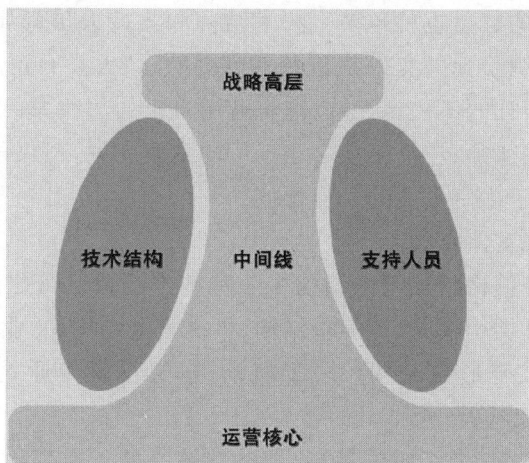

图 4-1　明茨伯格组织结构图

在这个组织结构中,居于最高端的是战略高层,其任务是"负责确保组织高效地实现其使命,并为那些控制着组织或对组织享有权力的人(如所有者、政府机构、工会、压力集团)效劳,提供其所需的服务"①。具体而言,战略高层的主要职责是制定组织发展的长期战略规划、分配组织内部的重要资源以及处理有关的重大外部关系等。战略高层作出决策后,将其分解为明确的目标任务往下传达。一般而言,这种目标任务并非由战略高层直接传达至运营核心,而是经由中间线,即中层管理来传达。中间线在整个组织

---

① ［加］亨利·明茨伯格.卓有成效的组织［M］.魏青江译.北京:中国人民大学出版社,2007:16.

中起着承上启下的作用：一方面，将战略高层下达的决策指令分解为更明确、具体的任务，传达给运营核心；另一方面，收集相应的反馈信息，并将其部分地上传至战略高层。此外，中间线还承担着参与决策过程、直接管理下级、沟通外部联系等任务。在从战略决策经中间线到运营核心这一垂直系统之外，还有一个技术结构，对组织的决策、生产、经营等活动进行研究，并提出相应的指导意见或技术标准，以促进组织的正常运行。在明茨伯格看来，一个完善组织中的每个层级都有技术结构。除了技术结构，支持人员是另一个相对独立于组织垂直管理系统的部分。他们的作用是为组织目标的实现提供相应的职能服务，如提供膳食、收发邮件、出版图书等。组织规模越大，支持人员的数量也就越多。技术结构和支持人员都属于组织的辅助机构，但对于组织目标的实现都是必不可少的。"大学自己出版图书，就可以避免商业出版社的不确定性；制造企业用自己的法律顾问部门来打官司，就可选择中意的律师；让员工在自己工厂的食堂就餐，不仅可以缩短午餐时间，或许还有助于确定食品的营养价值。"①

（二）专业式官僚结构

亨利·明茨伯格根据组织结构中五种基本组成部分之间的不同关系，将组织分成五种结构模式，即简单结构、机械官僚结构、专业式官僚结构、事业部制结构以及变形虫结构。限于篇幅，本文仅就专业式官僚结构作一简述。

明茨伯格认为，当组织的基层，即运营核心的工作变得极为复杂，以至于中间线及战略高层无法直接监督之时，组织就需要一种既支持标准化，又支持专业化的协调机制，这样，专业式官僚结构便产生了。② 从性质及结构特征上看，专业式官僚结构比较适合于大学、综合医院、社会工作部门等，因为这些机构的共同之处在于其核心任务主要靠基层的、具有高度自主性的专业人士来完成。下面主要介绍专业式官僚结构的条件和基本结构两方面的内容。

由于在性质、规模等方面存在差异，不同的组织宜采用不同的结构模

---

① ［加］亨利·明茨伯格.卓有成效的组织［M］.魏青江译.北京：中国人民大学出版社，2007：20-21.

② ［加］亨利·明茨伯格.卓有成效的组织［M］.魏青江译.北京：中国人民大学出版社，2007：220.

式,或者说,不存在普适性的组织结构模式,特定的组织结构模式总是有其适用范围的。专业式官僚模式也是如此。从组织成员特征上看,当一个组织的运营核心主要由专业技术人员构成,且他们的工作自主性较大,受上级管理层的监控程度较小,那么该组织就比较适合采用专业式官僚结构。正如明茨伯格所言:"只要组织的运营核心由技术工人(专业人士)占主导地位,并且其所使用的程序界定清晰却很难学会,组织就会采用这第三种配置方式(指专业式官僚结构——作者注)。"[①]另外,从组织与外部环境的关系上看,专业式官僚结构较适合于开放性大的组织。与封闭的生产车间相比,大学等组织结构与外部环境的联系更为频繁,双方的相互影响程度也更大。比如,专业式官僚结构内的成员大多具有由外部某组织或协会认可的资格证书等证明文件,使他们能较自由地在相同类型的组织之间流动。这也使得组织成员具有更大的流动性。

　　在基本结构上,专业式官僚结构也具有自身的特点。由于专业式官僚结构的重心位于组织的基层,即运营核心,而这一部分成员的工作专业性较强,自主性较大,因而包括中间线和战略高层在内的上级管理部门对他们的管理和控制是较为松散的。这在组织结构上表现为层级不高、底部厚实的形态。但这并不表明在专业式官僚结构中不存在科层式的行政管理模式,相反,该结构中的行政管理模式在各个层级中都存在。"专业式官僚结构一般有两套平行的行政管理层级,一套是民主化的、自下而上的专业人员层级,另一套是官僚机械化的、自上而下的支持人员层级。"[②]前者的权力或影响力来自于专业人员所拥有的专业知识和技能,而后者的权力则与其行政职务相联系。尽管在组织运行过程中,基层的运营核心(专业人员)起着重要的、不可替代的作用,但由于各种原因,专业人员在事务安排、关系处理等方面对行政人员产生了不同程度的依赖,使得"这种结构中的权力必定会流向致力于行政管理的人士"[③]。这样,组织结构中的两大群体,专业人员与

---

　　①　[加]亨利・明茨伯格.卓有成效的组织[M].魏青江译.北京:中国人民大学出版社,2007:235.

　　②　[加]亨利・明茨伯格.卓有成效的组织[M].魏青江译.北京:中国人民大学出版社,2007:229.

　　③　[加]亨利・明茨伯格.卓有成效的组织[M].魏青江译.北京:中国人民大学出版社,2007:232.

行政管理人员之间相互合作、相互制约的关系就形成了。

三、社区学院组织结构及管理模式的构建

(一)影响我国社区学院组织结构的因素

我国学者宣勇在论述大学组织结构设置时指出:"对一个组织进行结构的研究和设计,首要的任务是充分认识和把握该组织的目标、使命、性质、功能以及本质特征,这是保证组织结构有效发挥作用的关键。"[①]也正如前文引述的阿什比所言,任何类型的大学都是遗传和环境的产物,也就是说,我们在进行组织结构设置时,既应充分观照该组织的性质、使命、功能等内在因素,也应对社会环境保持高度的关注。由于组织结构的多样性及环境变化的复杂性,因此,不存在唯一的、具有普适性的组织结构标准。对于我国社区学院而言,正确的做法是,充分关注影响学院发展的各种因素,以便有针对性地采取措施,建立科学、合理的组织结构。

首先,环境因素。任何组织机构都不是孤立存在的,必然处在一定的环境之中,并且将通过某种方式与之发生相互影响、相互作用的联系。因此,社区学院组织机构的设计离不开对周边环境的考量。环境对组织机构产生的影响主要体现在以下几个方面。一是组织机构的目标。从现实的角度看,任何机构的存在都有其"合理性",这种合理性体现在该机构能在某些方面满足社会的需求,换言之,社会需求决定了组织机构的目标。二是组织的内部结构。当一个组织确定了社会服务的方向,并将其转化为自身目标之后,就会设置相应的机构或部门,赋予其相应职能,以实现组织目标。三是组织结构的整体特征。外部环境的特征在很大程度上影响了组织内部结构的特征,"稳定环境中的经营,要求设计出被称为'机械式管理体系统'的稳固结构,管理部门与人员的职责界限分明,工作内容和程序经过仔细地规定,各部门的权责关系固定,等级结构严密;而多变的环境则要求组织结构灵活,各部门的权责关系和工作内容需要经常做适应性的调整,等级关系不甚严密"[②]。

从作用方式上看,环境对组织的影响其实并不是直接的,而是通过组织

---

① 宣勇.大学组织结构研究[M].北京:高等教育出版社,2005:40.
① 宣勇.大学组织结构研究[M].北京:高等教育出版社,2005:40.
② 王关义.现代组织管理[M].北京:经济管理出版社,2007:151.

内部的相关部门对环境作出感受、评估及反应等一系列程序而实现的。组织行为学家亨利·明茨伯格认为:"在组织的结构设计中,环境的重要性在于它对组织的特殊影响。换句话说,重要的不是环境本身,而是组织应对环境的能力——预测它、理解它,应对它的多样性,快速地对它作出反应。"①也就是说,环境对组织结构产生影响的过程是双向的,在环境影响客观存在的基础上,假如组织结构并未发觉或感受到,则不会对组织产生实质性的影响。因此,对于社区学院而言,通过何种方式加强对学院所处环境的了解,快速地作出正确的反应显得非常重要。

其次,目标因素。目标是指人或组织意欲达到的标准或状态,是任何组织所必需制定的发展要求。目标的制定在整个组织的发展过程中发挥着极为重要的作用,它不仅引导着组织的发展方向,而且对组织的内部结构也产生了深刻的影响。美国管理学家钱德勒(Alfred Chandler)对战略目标与组织结构关系进行了系统的研究,他对美国100家大公司进行考察,在追踪了这些组织长达50年的发展历程,广泛收集了它们的历史案例资料后,得出了"公司战略目标的变化先行于并且导致了组织结构的变化"的结论②。作为服务地方的高等教育机构,社区学院的组织目的是通过自身在人才培养、社会服务等方面的功能,推动地方经济和社会发展。在这一目标指引下,社区学院应设立实施机构和相应的辅助、保障机构,以促使组织目标的达成。

最后,组织的规模与组织的发展阶段。组织的规模与其结构之间的关系是显而易见的。当组织处于形成初期,由于规模较小,组织的人事、财务等事务或关系相对简单,仅靠少部分人的经验就足以应付。随着组织规模的不断扩大,其内部各种事务和关系逐渐变得复杂,个人经验已不可靠,因此,各种履行专门职能的机构便应运而生,相关研究和咨询机构也开始出现。这样,组织规模的扩大便直接推动了组织内部结构的复杂化。同样,组织的发展阶段也与其内部结构有密切关系。一般而言,扎根地方的社区学院由于服务面较小,其规模也较其他类型高校小,因此社区学院的内部结构也更为简单,职能更为明确。

---

① [加]亨利·明茨伯格.卓有成效的组织[M].魏青江译.北京:中国人民大学出版社,2007:156.

② 郁阳刚.组织行为学[M].北京:清华大学出版社,2010:353.

(二)社区学院的外部环境

如前所述,任何组织都离不开一定的环境,其组织目标、组织结构和整体特征等方面必然会受到环境诸多因素的影响。特别是对于现代高等教育机构而言,充分考量环境对于自身发展的利弊影响尤为重要。美国高等教育专家德里克·博克认为,现代大学不应把自己封闭起来,不要搞所谓的纯科学研究,不要搞象牙塔学问。① 作为以实用性和职业性为特征、以服务社区为宗旨的社区学院,与外部环境保持一种和谐、积极的关系对于自身的发展至关重要,同时也是其构建科学、合理的内部组织结构的基础和前提。因此,在构建内部组织结构之前,社区学院有必要对与其密切相关的外部环境作一番考量。对于社区学院而言,其外部环境涉及面较广,限于篇幅,本研究选择政府、社区和其他高校这三个关键性因素进行论述。

1.政府

董云川教授认为,不论在哪一个历史阶段,处于何种政治背景之中,大学的发展总是离不开政府的支持,两者之间自始至终有着千丝万缕的关系。② 即便是享有高度自治权的英国大学,也难以避免来自政府的影响或干预,正如英国学者莫里斯·柯根在评论政府对大学施加影响时所说的:"在英国政府决定采取激烈的紧缩高等教育的方针后,大学和其他高校不管是否愿意,都被某种管理主义的最苛刻的限制束缚住了。"③政府之所以能对高校产生如此重大的影响,主要原因在于,政府是各种资源的主要供应者和教育事业的管理者,手中握有各种调控手段。④ 鉴于政府对高校所产生的重大影响,如何正确处理与政府的关系已经成为社区学院无法回避的重大课题。

毋庸置疑,在现有体制下,政府在与高校的关系构建过程中占据着主导地位。换言之,在社区学院与政府之间建立何种关系的问题上,起决定性作用的并非社区学院,而是政府。社区学院所能做的仅仅是将自身的价值和

---

① [美]德里克·博克.走出象牙塔[M].徐小洲等译.杭州:浙江教育出版社,2001:74.

② 董云川.论中国大学与政府和社会的关系[M].昆明:云南大学出版社,2004:9.

③ [美]伯顿·克拉克.高等教育新论——多学科的研究[M].王承绪等译.杭州:浙江教育出版社,2001:59.

④ 冯向东.高等教育结构:博弈中的建构[J].高等教育研究,2005(5).

功能充分地展现出来,然后由政府决定二者的关系状态。本研究认为,政府与社区学院之间应建立一种权责分明的关系,即社区学院享有根据社区的实际需求自主地开展教育教学活动的权利,政府不直接参与学校的日常管理,而是在法制保障和经费支持等方面承担责任。根据权责相统一的原则,享受办学自主权的社区学院也应承担为社区服务、提高社区居民素质、增强劳动者就业能力的责任,而政府则拥有对社区学院实施评价、监督的权力。简言之,社区学院与政府之间应形成一种平等的"契约关系"[①],即政府与学校管理权分离,政府与社区学院的权利与责任范围得到明确划分,从而形成后者在前者的监督之下自主办学的分工合作关系。

2.社区

如果说,大学与社会的关系对于封闭的、象牙塔式的欧洲古典大学而言无足轻重,那么,对于正走向社会中心地位的现代大学而言却是至关重要的。而对于立足社区、以服务社区为使命的社区学院来说,保持与社会的密切联系是其赖以生存和发展的基本前提。限于社区学院影响力的辐射范围,与其直接相关的社会环境主要是指其所在的社区。社区学院应采用各种方式,加强与社区的联系,充分利用自身的优势,满足社区各种需求,以此获得社区各界的广泛认同和大力支持。当然,盲目地、不加辨别地迎合社区的需求也会造成不良影响,因为社区学院毕竟不同于企业,不能完全适用市场原则。因此,如何在社区需求与学院自身发展逻辑二者之间保持适度的平衡,即社区学院与社区保持什么样的关系,是关乎社区学院生存与发展的重大问题。我们认为,社区学院与所在社区之间应建立起相互影响、休戚相关、相互依存的共生关系。

一方面,社区学院应通过自身的教学、社会服务等职能,充分满足社区内不同群体的多样化需求,有效地促进社区的全面发展。社区学院通过开展职业教育,对社区劳动者进行职业技能培训,使他们在获得学历文凭的同时掌握一技之长,从而增强他们的就业和再就业能力。对于社区内企业,社区学院可通过校企合作的方式,利用自身的人力资源和技术优势,解决企业生产、管理过程中的实际困难。此外,社区学院还可以将自身的各种资源,如图书馆、运动场、教室、会议室等,向社区居民开放,也可联系社区内各单

---

① 王洪才.论构建现代教育制度的基本思路[J].清华大学教育研究,2003(6).

位,共同开展各种文化体育活动,加深二者的沟通,共同营造和谐、融洽的生产、生活空间。

另一方面,社区各界也应积极支持社区学院的发展。社区是社区学院的安身立命之所,前者的大力支持是后者健康发展的前提和保障。社区对社区学院的支持主要体现在维护良好的发展环境、提供必要的经费支持(例如捐赠等)、提供实习场所及资源共享等方面。

总之,社区学院的健康发展要求其与社区建立相互依存、相互促进的共生关系。

3.其他高校

社区学院不仅要处理好与政府、社区之间的关系,与其他高校之间的交往与合作同样是必不可少的。高校本质上是一个知识共同体,高校职能的有限性和知识的无限性决定了任何一所高校都无法全面、系统地完成传承知识、创新知识的任务,因此,高校之间的合作是人类社会发展的必然要求。社区学院与其他高校之间的合作关系可表现为三种方式:其一,转学关系,即在社区学院完成两年学业的学生,通过一定选拔方式可进入与该社区学院签有转学协议的四年制高校继续学习;其二,社区学院与其他高校合作,联合培养学生;其三,二者在教学、科研、社会服务等方面开展合作交流,取长补短。当然,社区学院与其他高校的合作,特别是转学关系的实现,有赖于我国高等教育系统结构的进一步完善和体制机制的创新。

(三)社区学院的内部组织结构及管理模式

在明确与外部环境诸多因素的关系之后,社区学院应建立起相应的内部组织机构,以便及时、准确地反映外部环境变化所产生的影响,并在此基础上正确处理各种内部事务。本研究在构建社区学院的组织架构时,主要运用亨利·明茨伯格的组织结构理论,借鉴国内外大学组织结构发展变革的经验,并结合我国社区学院的目标、使命及职能等实际情况,以期为构建社区学院运行机制奠定基础。

本研究运用亨利·明茨伯格的组织结构理论主要是基于如下理由:首先,明茨伯格关于组织的五个部分(运营核心、战略高层、中间线、技术结构和支持人员)及其之间关系的论述深刻地揭示了各类组织的内部运行机制,对于了解各类大学的运行机制有较大的借鉴意义;其次,明茨伯格构建的"专业式官僚结构"较符合大学组织结构特征;最后,明茨伯格在论述各类组织结构运行时,特别重视环境对组织的影响,强调二者之间的沟通和协调。

而这正是我国社区学院运行的重要特征之一。正如明茨伯格所著的《卓有成效的组织》(中文版)一书的编辑手记所言:"这位行走于学院派与实践派之间的管理思想家,其思路清晰、行文严谨,尤其在详述组织结构的发展演化过程时,引经据典、追溯源起,为组织结构设计者提供了一幅完整的组织结构全景图。"①

不同类型的组织在其内部结构上会表现出较大的差异,在中国的现实情况下,从投资主体上看,社区学院的性质对于其内部组织结构的状态有着相当大的影响。以政府为投资主体的社区学院在结构上与普通公办高等学校呈现出高度的一致性,而以社会投资为主体的社区学院则与民办高校类似。由于我国公办高校在实际上承担了部分政府的职能,如养老、社会保障等,而民办高校则很少承担这样的职责,因此,二者在组织结构上存在较大的差别。基于这种客观实际,本研究将采用二分法,从投资办学主体的角度将社区学院分为民办社区学院和公办社区学院两种来探讨其发展模式。下面对这两种发展模式的组织结构逐一进行介绍。

在民办的社区学院中,由于投资主体为个人或其他社会群体,这种投资办学的特点决定了此类型的社区学院在履行其作为公益性机构的社会责任的同时,将通过办学获取合理的回报。这一事实将使这类社区学院的组织结构打上相应的烙印。

1.战略高层——董事会、院长。董事会是由社区学院不同利益相关者的代表组成的团体。在此,利益相关者是广义的概念,从理论上说,它包括社区学院的出资人、政府代表、企事业单位代表、社区民众代表、学院教职工代表以及学生代表等。也即是说,社区学院董事会成员应当涵盖所有与社区学院发展密切相关的群体,既包括校内的,也包括校外的。社区学院董事会成员的广泛性是由该组织的性质特点决定的。如前所述,社区学院是面向社区需求的开放性高等教育机构,这一特点决定了它的办学必须密切联系所在地区经济和社会发展的实际情况,并以此作为调整学院办学方向和重点的主要依据。因此,如何在不断发展变化的环境中及时、有效地获取相关信息,并作出正确的反应,已成为社区学院发展的关键之所在。社区学院

---

① [加]亨利·明茨伯格.卓有成效的组织[M].魏青江译.北京:中国人民大学出版社,2007:1.

充分吸收社会各界人士组成董事会,这样一方面可以切实加强学院与社会各界的联系,另一方面也能通过来自不同行业、部门的董事会成员获取多方面的信息和资源。因此,董事会对于社区学院,特别是民办社区学院的重要意义不言而喻。在民办社区学院中,董事会的职责主要体现在以下几个方面:一是筹措资金,由于民办高校办学所需的经费主要不是来自政府的财政拨款,而需要学校自身筹集,因此,作为学校的战略高层,董事会必须承担筹措办学经费的重要责任;二是对学校的重大战略决策及主要管理人员的人事任免作最终裁决;三是协调社区学院与社会各界的关系,为社区学院的健康发展创设良好的外部环境。

本书第二章第三节论述了我国社区学院的形成路径,其中之一是通过高职院校转型而成。在我国已有的民办高职院校中,大多成立了董事会,然而,从这些董事会的构成可以看出,其成员大多为学校出资人及其亲属,而社会成员代表、教职工代表、企事业单位代表及学生代表所占比例极小,甚至没有。在这种情况下,董事会实际上仅成为出资人控制学校的机构,没有发挥董事会其他的更为重要的作用,如联系社会等。因此,从这个角度看,我国民办社区学院董事会制度的发展和完善将是一个较为漫长的渐进过程。

在民办社区学院中,除了董事会,学院院长也是战略高层的重要组成部分。在实施董事会领导的社区学院管理体制中,学院院长往往由董事会任命,代行董事会管理学校的职责。董事会在做好相关重大事项的决策之后,将执行权委托给院长,使之将决策贯彻落实。因此,在社区学院的具体管理过程中,相对于董事会而言,院长对学校的影响更为直接。

2.中间线——各教育职能分部。在社区学院中,根据管理的内容及方式,中间线大体分为三部分,分别是高等职业教育部、社区教育部和成人高等教育部。由于各职能分部的主要目的、工作内容、教育对象各有不同,因此,三者应成为社区学院内相对独立但又彼此联系的职能教育部门。各部门应依据社区学院的总体目标,结合本部门的性质和目的,在其他相关部门的支持与配合下,组织相应的资源,通过下属的运营核心,开展相应的教育活动,从而实现本部门乃至整个学校的目标和使命。

3.支持人员——行政机关及后勤附属单位。包括社区学院在内的各类型大学,既要有强调自主的专业技术人员及组织,也离不开强调效率的行政组织与人员。这是因为,大学内部的专业技术人员不仅要处理专业性事务,还必须花大量的精力应对与其相关的非专业性事务,如申请课题、筹集资金、职称申报等。在这种情况下,专业人员就面临两种选择:要么减少从事本职工作的时间,自己去做行政管理工作;要么交出一部分的决策权,让行政人员去打理行政事务。[①] 从效率的角度考虑,多数专业人员只好选择后者,事实也证明的确应该如此。一般而言,相对于公办社区学院,民办社区学院在行政机构设置上更为精简,但即便如此,其内部的行政机构及人员仍具有相当的规模。这些机构主要有招生处、教务处、财务处、人事处、学生就业处等,各行政机构都有明确的职责范围,它们对于社区学院的发展是必不可少的。

4. 技术结构——校内各研究单位。就像企业需要专门的研发人员从事研发工作以适应不断变化的市场需求一样,社区学院同样需要相应的研究人员,为学校更好地处理在发展过程中遇到的各种问题提供咨询服务。例如,许多院校设立了高等教育研究所或类似机构,研究院校在发展过程中遇到的具体问题,为院校作出科学决策提供理论支持和对策建议。

5. 运营核心——各教学服务单位。根据明茨伯格的理论,组织的运营核心是指与产品生产与服务直接相关的最基层工作人员。对于社区学院而言,运营核心则是指直接与学生接触与联系的教师及其所属的系或教研室等基层组织。正如工厂里的工人依据所从事工种的不同而分属于不同的作业部门,大学里的教师也根据自己的专业类别而归属于不同的院系。所不同的是,大学里的教师所从事的专业性教学和科研具有较强的不可替代性,因而具有一般产业工人不可比拟的自主性。因此,与其他类型组织相比,大学组织的管理权限重心更低,运营核心的自我管理更加受到尊重。图 4-2 为民办社区学院的组织机构图。

在这种组织框架下,民办社区学院的管理模式呈现出较明显的特色。董事会领导下的院长负责制是这一模式的简明概括。在这种模式下,整个学院的运行大体可分为以下几个相互联系的过程。首先,学院董事会在详细了解本校实际情况的基础上,充分利用董事会成员分别来自不同行业、部门的便利条件,利用各种有效资源,广泛、深入地考察学院所在区域的发展

---

① ［加］亨利·明茨伯格. 卓有成效的组织［M］. 魏青江译. 北京:中国人民大学出版社,2007:232.

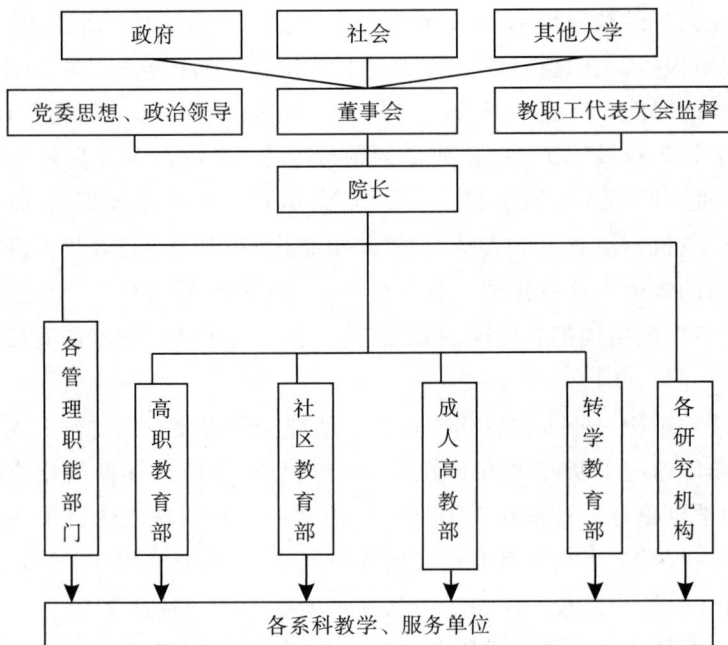

图 4-2　民办社区学院组织机构图示

现状和基本特征,了解社会对学校服务需求的重点以及对人才需求的状况,以此作为制定学院改革与发展战略规划的基本依据。之后,董事会将战略规划下发至院长,作为下一阶段学院发展的方向和目标。作为学院的最高决策层,董事会还承担着筹集和分配办学经费以及决定重大人事任免的重大职责。其次,社区学院院长将董事会下发的学院发展战略规划分解成各部门的目标任务。战略规划是学校的总体目标,需要校内各部门共同努力,使之得以实现。对于社区学院而言,战略目标主要由学校提供的社会服务以及人才培养的数量、质量两个方面综合而成。因此,作为学校的行政首脑,社区学院院长将分解后的目标任务分配至高职教育部、社区教育部和成人高教部。这些部门再根据自身实际情况,组织教学和社会服务活动,从而实现社区学院的整体战略规划。这个过程,需要各管理职能部门为教学活动和社会服务提供必要的支持,同时也需要各研究机构提供理论支撑和技术服务。此外,各种资源,特别是办学经费,是社区学院正常运转必不可少的,这就要求董事会必须筹集到足够的办学经费,并将其合理地分配至各部门。

在公办的社区学院中,由于投资主体、学校功能及管理模式都与民办社区学院存在很大的不同,因而组织结构与民办社区学院相比也呈现出较大的差异性。这种差异性主要表现在战略高层和管理职能部门两个方面。

1.战略高层——党委和校级行政组织。新中国成立之后的很长时期内,计划体制在我国政治、经济、教育等领域中占据着主导地位。计划体制最明显的特征就是政府运用行政命令的方式全面控制社会各领域的资源配置。在这种体制下,大学实际上成为政府的延伸机构,代替政府行使相应的职能。受此影响,大学的组织结构,特别是大学决策层,也与政府部门的结构有相似之处。我国大学普遍实行的党委领导下的校长负责制无疑与这种现实有着密切的联系。1998年第九届全国人大第四次会议通过的《中华人民共和国高等教育法》第39条规定:"国家举办的高等学校实行中国共产党高等学校基层委员会领导下的校长负责制。中国共产党高等学校基层委员会按照中国共产党章程和有关规定,统一领导学校工作,支持校长独立负责地行使职权,其领导职责主要是:执行中国共产党的路线、方针、政策,坚持社会主义办学方向,领导学校的思想政治工作和德育工作,讨论决定学校内部组织机构的设置和内部组织机构负责人的人选,讨论决定学校的改革、发展和基本管理制度等重大事项,保证以培养人才为中心的各项任务的完成。"而校长则全面负责学校的教学、科研、社会服务及其他各项行政管理工作。

党委领导下的校长负责制是我国极具特色的大学领导和管理体制。该制度一方面确保了党对高等教育的领导权,有效地保证了高校办学的社会主义方向;另一方面也充分地调动了以校长为首的行政管理人员的工作积极性,对于提高大学管理效益和工作效率有着重要意义。不过,在高校的日常管理实践过程中,由于党委系统与行政系统的职责范围或权限没有划分清楚,导致二者之间相互推诿或相互排斥的现象时有发生,这对学校的正常发展产生了较大的负面影响。因此,应从法律上进一步明晰二者的权责界限,使之在明确的法律框架内相互协调、精诚合作,共同致力于学校的长远发展。

鉴于社区学院的特殊性,我们认为,社区学院一方面应按照《高等教育法》的有关规定设置内部组织结构,另一方面还应考虑自身立足社区、服务社区的特点,设立相应机构,以更好地联系社区。那么,公办社区学院能否像民办社区学院那样成立董事会,实行董事会领导下的院长负责制呢?本书作者就此问题对部分专家学者和学院管理者进行了访谈,结果显示,多数学者认为公办院校有可能、有必要成立董事会;而学院的管理者则普遍认为,在我国高校目前的管理体制下,成立实质性的董事会几乎是不可能的,因为这与党委领导下的校长负责制不相符合。尽管如此,我们认为,公办社区学院可充分利用灵活的办学机制,设立类似的机构,广泛吸纳社会各界人士参与其中,大力加强学校与社会的联系,充分利用各种资源,以促进学校的发展。例如,公办社区学院可以设立理事会,广泛吸纳所在社区的党政领导、企事业单位负责人和其他热心教育事业的社会知名人士。北京市朝阳社区学院在成立之初就设立了理事会,目前该校理事会由朝阳区人民政府主管教育的副区长任理事长,各委办局和企事业单位领导或专家学者等20余人担任理事。理事会对社区学院的重大决策发挥重要的指导、参谋作用,并充分利用自身优势对学校的发展提供大力支持。

2.支持人员——中层管理职能部门。正如前文所述,受历史和现实的诸多因素的影响,我国公办大学在实际上代行了部分政府的职能。为了有效地和上级政府进行职能上的对接,大学在机构设置上也按照政府的做法成立了相应的部门。特别是在学校党委系统,这种情况更为明显,例如,一般大学都成立了党委组织部、宣传部、统战部、纪律检查委员会、离退休工作部以及党校等机构,与地方政府的党委系统没有大的差别。在这一点上,民办社区学院与公办社区学院存在巨大的差别。这是因为,除了承担与教育相关的职能外,民办社区学院很少被赋予其他职能,无须设置组织部、统战部、离退休工作部等机构,因而在组织结构设置上较公办社区学院更为精简。除了党委系统,大学也在行政系统中成立了相应的机构,以行使相关职能,如人事处、教务处、科研处、财务处、后勤处等。

与其他类型高校一样,种类齐全的组织结构扩展了公办社区学院的职能,使其承担了更多的社会责任。但这种状况也可能造成一些问题,如:机构重复设置,致使资源浪费;某些机构职责不清,造成遇事推诿;等等。因此,在发展公办社区学院时,应根据实际情况,精简机构,并明确各机构的职责及相互关系。例如,由于社区学院的规模普遍比普通高校小,因而学校党委系统和行政系统的机构可以适当精简,或将相应的职能交归地方政府,以此压缩社区学院的支持人员,提高运营核心即教学人员的比例,增强学校服务社会的能力。图4-3为公办社区学院的组织机构图。

在公办社区学院的组织结构下,校党委系统和校行政系统是整个学校

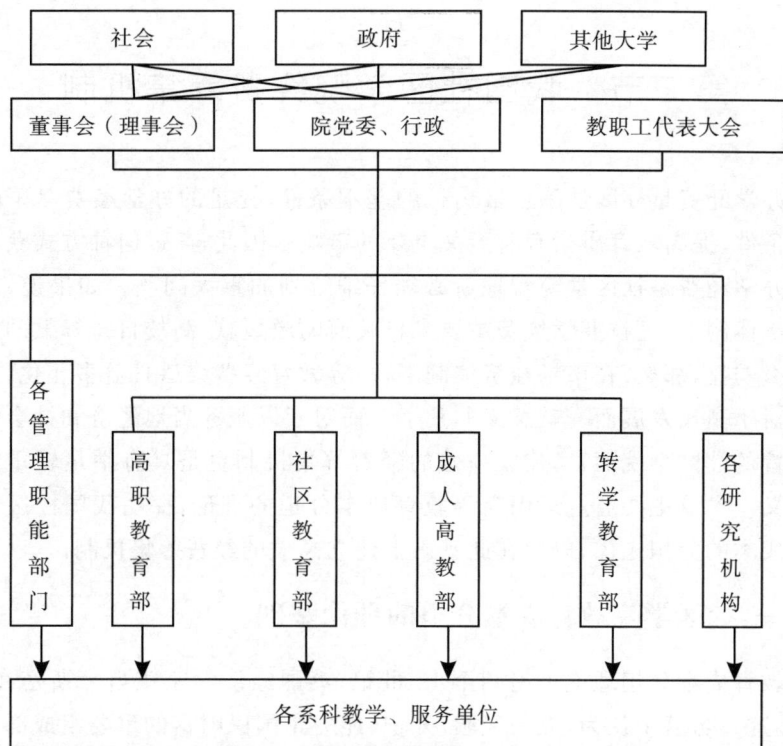

图 4-3　公办社区学院组织机构图示

的领导和管理核心。在《高等教育法》的框架内,学校党委与学校行政两大系统分工合作、相互配合,共同对学校发展的重大事项作出决策。但与其他类型的公办高校有所不同,立足社区、面向市场的社区学院在制定学校发展战略规划时,不仅要考虑上级政府的要求或行政命令,更要主动地关注当地经济和社会发展的实际状况,以使学校的工作更好地满足当地社会的需求。因此,社区学院应成立由政府官员、企事业单位负责人、教职员工代表、学生代表等人员构成的董事会(或理事会),以及时、全面、准确地把握社会需求,同时,学院党政领导班子也应紧密联系社会各界人士,密切关注社会的现实需求,真正把社会需求作为办学的根本出发点。

第二节　我国社区学院经费筹集机制

办学经费是社区学院正常运行的基本条件,充足的办学经费对于改善办学条件、提高教育质量有着至关重要的影响。因此,通过何种方式获取充足的办学经费是社区学院管理者必须仔细筹划的重大问题。如果说,在计划经济体制下,高校办学经费主要来自政府财政拨款,高校自身筹款的意义不那么明显,那么,在市场经济体制下,高等教育经费渠道日益多元化,筹集经费对于高校发展而言就意义非凡了。而对于以服务当地经济和社会发展为宗旨的社区学院而言,建立高效的经费筹集机制更是具有举足轻重的战略意义。本节主要通过运用高等教育成本分担的理论,探明我国社区学院教育成本的分担主体,以期在此基础上建立高效的经费筹集机制。

一、社区学院教育成本分担的理论基础

教育成本分担理论可追溯至 18 世纪,英国经济学家亚当·斯密在《国富论》这一名著中认为,人的经验、知识、能力是国民财富的重要组成部分和发展生产的重要因素,而学习一种知识或能力要花费一笔费用,但这种费用不仅可以得到偿还,还可以取得利润。[①] 1986 年,美国著名的高等教育理论家布鲁斯·约翰斯通(D. Bruce Johnstone)在《高等教育的成本分担:英国、联邦德国、法国、瑞典和美国的学生财政资助》(Sharing the Cost of Higher Education: Student Financial Assistance in the United Kingdom, the Federal Republic of Germany , France, Sweden, and the United States)一书中率先提出了高等教育成本分担理论。他认为,高等教育成本分担是指高等教育成本从完全或几乎完全由政府或纳税人负担转向至少部分地依靠家长和学生负担,以交学费的方式补偿部分教学成本,或以支付使用费方式来补偿由政府或大学提供的住宿和膳食。[②] 具体而言,高等教育成本可因

---

① [英]亚当·斯密.国民财富的性质和原因的研究(节选本)[M].王亚南等译.北京:商务印书馆,2002:52.

② [美]D. B. 约翰斯通.高等教育财政:问题与出路[M].沈红等译.北京:人民教育出版社,2004:171-172.

性质和用途的不同而分成若干部分,不同的部分由不同的主体分别承担,因而政府、学生及其家长、社会团体都应承担一定份额的教育成本。后经约翰斯通本人和其他学者的进一步发展,高等教育成本分担理论逐渐成为世界各国研究和制定高等教育经费政策的基本理论依据。而高等教育成本分担又是建立在准公共产品理论和高等教育产业属性理论的基础之上的。

(一)准公共产品理论

准公共产品是介于公共产品和私人产品之间的经济学概念。美国著名经济学家萨缪尔森(Paul A. Samuelson)认为,公共产品是指不论个人是否愿意购买,都能使社会每一个成员获益的物品;而私人产品则是指那些可以分割以供不同人消费,并且对他人没有外部收益和成本的物品。[①] 相对于私人产品而言,公共产品具有如下三个基本特征。其一,效用的不可分割性,是指公共产品是向整个社会共同提供的,具有社会成员共同受益的特点,不能将其效用分割成若干部分由部分成员享用,如国防、环境保护等。其二,受益的非排他性,是指公共产品无法将部分群体排除在受益范围之外,只能由全体人员共同享有。其三,消费的非竞争性,是指在一定的公共产品供给水平上,消费人数的增加并不排斥、影响其他消费群体的消费数量和质量。符合以上三个特征的产品被称为纯公共产品。与之相对应,私人产品是指仅向支付费用的消费者提供的,并将未付费者排除在受益范围之外的产品,其特征是完全的竞争性和排他性。而纯粹的私人产品除了完全的竞争性和排他性之外,还具有消费的独立性,即没有外部的或溢出的影响,因而其他社会成员不能从中受益。[②] 在现实生活中,严格意义上的纯公共产品极少,在纯公共产品与私人产品的两极之间存在着大量的兼具二者某些特征的混合产品,人们称之为准公共产品。如果说公共产品和私人产品构成了产品属性的两个极端,那么,准公共产品则是处于这两个极端之间的中间物。

准公共产品的特征主要表现在非竞争性和非排他性的体现程度上,往往只符合其中一个特征,而另一个特征则表现得不明显。根据这一原则,准公共产品可分为两类。其一,具备非竞争性特征,而非排他性特征体现得不

---

① [美]P. A. 萨缪尔森. 经济学(第 16 版)[M]. 萧琛等译. 北京:华夏出版社,1999:268.

② 甘国华. 高等教育成本分担研究[M]. 上海:上海财经大学出版社,2007:34.

明显。例如,高速公路,只要具备一定条件的车辆都可进入,并不因汽车的豪华程度等原因而将部分车辆排除在外,因而具有非竞争性的特点。但当车辆逐渐增多并接近最大负荷量时,在高速路上行驶的车辆就在客观上阻止了其他车辆的通行,因而具有一定的排他性。其二,具备非排他性特征,而非竞争性特征体现得不明显。例如,根据我国相关法律,任何公民都享有接受高等教育的权利,从这个意义上说,高等教育就具有较明显的非排他性。然而,在现实生活中,受高等教育有效供给量的限制,并非所有愿意接受高等教育的人都能如愿,只有在各种考试、竞争中具备一定优势的学生才能获得接受高等教育的资格。这就说明,高等教育的非竞争性体现得不明显,不符合纯公共产品的特征,因而它属于准公共产品的范畴。

作为一种特殊的准公共产品,高等教育兼具公共性(公益性)与私人性(商品性)的特点。高等教育的公共性表现为,政府通过发展高等教育事业,一方面提高了整体国民素质,为国民经济和社会发展提供了数量充足、素质精良的劳动者,有利于推动生产力的发展;另一方面,大大促进了国家的科技进步和文化发展,同样为生产力的发展创造了有利条件。此外,高等教育的发展还有利于在全社会形成文明、健康的社会风尚,符合全体社会成员的共同利益。高等教育的私人性或商品性表现为,在高等教育发展水平一定的情况下,某些接受高等教育的群体客观上减少了其他社会成员接受高等教育的机会,这体现了商品的部分属性特征。缴费上学的社会成员通过接受高等教育增进了自身的知识、能力和素质,在就业、经济收入、社会地位等方面受益。

高等教育的公共性和私人性决定了其成本应由与之相关的不同群体分担。高等教育公共性或公益性意味着全体社会成员均能从中受益,因此,代表全社会成员的政府应将通过税收等方式向全体社会成员征集的财政收入的一定比例用于分担高等教育的部分成本。高等教育除了明显的外部效应,即对社会全体成员的效应外,对付费接受高等教育的个人同样具有正向效应。因而,根据"谁受益,谁付费"的原则,个人也应成为高等教育成本的分担主体。

(二)高等教育产业属性理论

"产业"原指国民经济各个生产行业,如农业被称为第一产业,工业被称为第二产业等,随着社会的发展,其含义也有所扩大,现泛指与生产、流通、服务等经济行为相联系的社会组织活动或形式,"它是处于微观经济的细胞

（企业或组织）和宏观经济整体（国民经济）之间的一个中观概念"①。作为一个隶属经济学范畴的概念，产业是与市场行为紧密相连的，这表现为产业的生产、流通、消费等都是在市场规律的作用下进行的。在我国，尽管高等教育产业化的提法遭到很多人的严厉批评，但高等教育具有产业属性还是大家比较一致的认识，这源于以下几个方面。

首先，马克思主义的劳动力再生产理论。再生产理论是马克思主义政治经济学理论的重要组成部分，它包括物质资料的再生产、生产关系的再生产和劳动力的再生产三个部分。"把资本主义生产过程联系起来考察，或作为再生产过程来考察，它不仅生产商品，不仅生产剩余价值，而且还生产和再生产资本关系本身：一方面是资本家，另一方面是雇佣工人。"②马克思在论述劳动力再生产时认为，教育可以再生产劳动能力，"要改变一般人的本性，使他获得一般劳动部门的技能和技巧，成为发达的和专门的劳动力，就要有一定的教育和训练"③。因此，教育是劳动力再生产的基本途径和方法。马克思主义关于劳动力再生产的理论充分肯定了教育之于经济发展的重要意义，也为教育具有一定的产业属性的观点提供了佐证。尽管该理论是在资本主义生产关系的背景下针对资本主义生产方式提出的，但对于我们正确理解当代教育与经济的密切关系乃至高等教育的产业属性仍具有现实的指导意义。

其次，高等教育投资是一种生产性投资。人力资本理论认为，教育投资是一种生产性投资，"是使隐藏在人体内部的能力得以增长的一种生产性投资"④。与其他类型或层次教育相比，高等教育更具产业化特征。这是因为，高等教育的培养目标多数是直接指向国民经济各产业的，其培养的人才也大多服务于各经济行业。通过高等教育投资，扩大高等教育规模，国家能培养更多的高级专门人才，为经济发展提供更多、更优的人力资源，从而有利于促进生产力的发展。此外，处于非义务教育阶段的高等教育在更大程度上体现了消费的排他性和独占性，在其属性上也更加倾向于私人产品的一极而远离公共产品的一极，因而具有较为明显的产业属性。

---

①　郑秋香等.发展高等教育产业的理性思考[J].黑龙江高教研究,2004(1).

②　胡钧,唐路元.对马克思再生产理论的新认识[J].当代经济研究,2000(4).

③　胡钧,唐路元.对马克思再生产理论的新认识[J].当代经济研究,2000(4).

④　靳希斌.教育经济学[M].北京:人民教育出版社,2009:57.

最后,高等教育具有直接推动经济发展的作用。教育具有经济功能,这是无可争议的定论。相对于其他阶段的教育而言,高等教育与经济的关系更为密切,对经济的影响更为直接、深远。其原因有三:其一,从目标任务上看,我国《高等教育法》明确规定高等教育的任务是培养具有创新精神和实践能力的高级专门人才,发展科学技术文化,促进社会主义现代化建设。而在现阶段,经济建设是我国社会发展的核心,因此,目前我国高等教育的主要任务之一就是为经济建设服务。其二,从基本职能上看,高等学校的基本职能是培养人才、科学研究和服务社会。与其他阶段的教育有所不同,在高等教育阶段所培养的人才大多直接面向就业市场,成为促进国民经济发展的主力军。高校为社会输送的人才的数量和质量在很大程度上决定了国家经济和社会发展的现状和趋势。科学研究是高等教育直接服务经济建设的另一种途径。作为知识分子最为集中的场所,高等学校应充分利用自身的智力资源,密切关注社会发展的现实需要,对其中重大而紧迫的问题进行深入、系统的研究,促进科学技术的不断进步,从而为国家经济发展提供智力支持。此外,高等学校还可利用自身的人力资源和科技优势,通过人员培训、科技咨询、专利转让等形式,直接为社会各界开展各项服务。其三,作为传承文明、发展文化的机构,高等学校应通过保存、弘扬优秀的民族传统文化,提高本民族的自尊心和自信心,从而增强人们的爱国热情和凝聚力,为国家经济建设构建一个和谐、稳定的社会环境。

二、高等教育成本分担的国际经验

　　美国纽约州立大学总校前校长约翰斯通(D. B. Johnstone)在论及高等教育财政问题时认为,政府面临许多公共需求,这些需求与高等教育一起令几乎所有国家的可资利用的、稀缺的公共资源捉襟见肘,结果就使大多数国家的高等教育系统经费日益紧缺,也使其更加注重非政府的投入。[①] 由政府公用经费紧张而导致的高等教育成本分担问题是世界各国在高等教育发展过程中普遍面临的现实问题。受各国政治体制、经济水平、高等教育政策等因素的影响,不同国家在处理此类问题时,往往采用不同的成本分担政

---

① ［美]D. B. 约翰斯通.高等教育财政:问题与出路[M].沈红等译.北京:人民教育出版社,2004:171.

策,从而形成了具有各具特色的高等教育经费筹集制度或成本分担制度。对这些国家的高等教育成本分担政策及实施情况进行分析,有助于建立符合我国国情的社区学院经费筹集机制。限于篇幅,下面仅以美国为例,介绍西方国家高等教育经费筹集机制的情况,以期为我国社区学院的建设提供有益的借鉴。

美国是世界上高等教育最发达的国家,其规模也居世界前列。毫无疑问,仅靠政府财政根本无法支撑如此庞大的高等教育系统,因此,建立多元化的高等教育成本分担机制是确保美国高等教育系统正常运转的必然选择。目前,美国高等教育经费来源渠道主要有政府投入、学杂费收入、社会捐赠、学校基金收益、销售及服务收入等,具体数据见表4-1。

表 4-1 美国高等教育经费来源构成表

单位:%

来源 \ 类别	公立高等教育		私立高等教育	
	1994—1995 年	1995—1996 年	1994—1995 年	1995—1996 年
联邦政府投入	11.1		14.4	
州政府投入	35.9	51.0	2.1	16.5
地方政府投入	4.0		0.6	
学杂费收入	18.4	18.8	42.2	43.0
销售及服务收入	23.1	22.2	22.2	21.0
捐赠收入	0.6	4.7	4.7	14.4
其他收入	6.9	3.3	13.6	5.1

数据来源:吕炜.高等教育财政:国际经验与中国道路选择[M].大连:东北财经大学出版社,2004:79.

从表4-1可以看出,美国高等教育经费来源呈现出多元化的特点。在1995—1996年度,包括联邦政府、州政府和地方政府在内的政府拨款占公立高等教育经费总量的51.0%,即便在私立高等教育中,政府拨款也占16.5%;学杂费收入在公立高等教育和私立高等教育总经费中所占的比例分别为18.8%和43.0%;销售及服务收入是美国高等教育经费来源的另一重要组成部分,在公、私立高等教育总经费中均占两成以上;此外,捐赠收入对美国高等教育也产生了重大影响,尤其对于私立高等教育来说,其所占比例达到了 14.4%。由此可见,以政府拨款和学杂费收入为主、多种筹资方式并存的高等教育成本分担机制为美国高等教育的发展提供了充足、稳定的经费支持。

首先,政府资助是高等教育经费的主要来源。在美国,联邦政府、州政府和地方政府都以不同方式对高等教育进行直接或间接拨款。受政治体制的影响,美国高等教育实行地方分权的管理体制,联邦政府一般不直接干预各州高等教育事务,但这并没有影响联邦政府对各州高等教育的资助。相反,联邦政府通过多种方式对高等教育事业进行财政支持。美国联邦政府对各州高等教育的资助大多是间接的,主要有以下几种资助形式:通过科研立项的方式对高等教育进行资助;通过对大学生提供贷款、奖学金和勤工俭学机会等方式间接地对高校进行资助。例如,2010 年 3 月,美国总统奥巴马签署了《卫生保健和教育协调法》(The Health Care and Education Reconciliation Act),该法案规定,从 2011 年至 2014 年,联邦政府将向全国社区学院提供高达 20 亿美元的专项资金,以帮助社区学院发展、改进教育或职业培训项目。[①] 州政府对本地高等教育,特别是公立高等教育负有重要的经费支持义务。即使对于私立高等教育,州政府也通过面向学生的助学金或奖学金对高校给予必要的支持。尽管地方政府一般不向州立高等教育机构进行拨款,但对于两年制的社区学院或城市大学,则承担着非常重大的成本分担责任。

其次,学杂费收入是高等教育经费的重要组成部分。学杂费是指学生为接受高等教育而向高校支付的费用,收取学杂费是高等教育成本分担的方式之一。尽管美国各州高等教育政策和传统不尽相同,但学生缴纳数额不等的学杂费是普遍的做法。学生缴纳学杂费是美国高等教育经费筹措市场化改革的重要表现。一方面,学生分担部分高等教育成本,在一定程度上减轻了政府的财政压力,有利于弥补高等教育经费的不足。另一方面,通过向高校支付学费,学生群体增强了自身在高等教育过程中的影响力,使教育提供方强化了为学生服务的意识。正如伯顿·克拉克在论述美国高等教育体制时指出的:"在美国,人们说学生的选票在脚上,即他们可选择学校和学科,这一点今天仍然未变⋯⋯在美国这种系统中,消费者的需求起着重要作

---

① 魏建国.美国高等教育财政改革的新动向[J].教育发展研究,2010(9).

用。消费者掌握着平衡的杠杆,消费者不仅可以选择进入哪所院校,而且可以随意退出,从一所院校转到另一所院校。"①

再次,销售及服务收入。销售及服务收入是指高等教育机构通过面向社会各界举办的各类教学培训活动、咨询活动、校办产业等形式,获取相应的经济报酬以补充办学经费的不足。高校充分利用自身的知识、信息、人才等方面的优势,主动面向市场需求,提供各种类型和层次的服务活动,是美国高等教育的显著特色。美国高等教育的这一特色一方面促进了高等教育与社会的紧密联系,增强了高等教育的社会服务意识和能力,另一方面也为高等教育的发展提供了可观的经费支持。正如表 4-1 所显示的,无论公立高等教育还是私立高等教育,其销售及服务收入在教育经费总量中所占的比例都超过了 20%,成为美国高等教育经费来源的重要渠道之一。

最后,捐赠收入。美国具有非常浓厚的捐赠文化,这一文化在高等教育领域体现得尤为明显。美国许多著名大学都是浓厚捐赠文化的受益者,如哈佛大学、斯坦福大学、耶鲁大学、康奈尔大学等,其中许多大学还是依靠捐赠资金建立起来的。在政府公共经费日益吃紧的状况影响下,美国众多高校越来越重视来自社会各界的捐赠收入,希望其能弥补办学经费的缺口。在美国,高等教育的捐赠主体是校友、各种基金会、公司以及其他个人或组织。由于美国高等教育的国际化程度相当高,许多高校,特别是著名高校拥有大量的国际校友,因此,众多高校纷纷将募捐的范围扩大至世界各地,甚至在其他国家设立校友会,以方便募捐工作的开展,此举取得了良好的成效。例如,2010 年初,张磊向其母校耶鲁大学捐款 888 万美元,引起了国内热议。美国之所以有如此众多的个人和组织热心于高等教育捐助,一方面是受美国浓厚的捐赠文化的影响,另一方面也得益于美国政府对各种捐赠行为的鼓励和支持。美国拥有完善的捐赠法律体系,对捐赠于教育的资金实行免税政策,而捐赠教育的个人及组织也能因此获得极佳的社会声誉。此外,美国高校在发展学生知识、素养的同时,非常重视培养学生对学校的认同感。这种内心深处的认同感促使学生在事业有成之时不忘母校的培育之恩,进而产生感恩社会、回馈母校的思想和行为。

---

① [美]约翰·范德格拉夫.学术权力——七国高等教育管理体制比较[M].王承绪等译.杭州:浙江教育出版社,1998:118.

三、我国高等教育成本分担的历史考察与现实基础

(一)历史考察

新中国成立之后,我国高等教育成本分担机制的形成与发展过程可根据分担主体的不同分为两个时期:一是单一主体时期;二是多元化主体时期。

1949—1984年为高等教育成本承担的单一主体时期。在计划经济体制的背景下,政府是唯一的教育举办者,因而承担了高等教育的所有费用,是高等教育成本的唯一承担者。这一时期,国家实行免费的高等教育政策,但凡接受高等教育者,不仅无须缴纳学费,还普遍享受由政府统一发放的人民助学金和各类补贴。

1985年,我国颁布了《中共中央关于教育体制改革的决定》,开始对高等教育招生制度和经费制度进行改革。该文件明确指出高等教育招生应分为三种:一是国家计划招生,这部分学生免交学费;二是委托培养招生,即由用人单位委托高校为其培养人才,并根据相关协议支付高校一定数额的学费;三是招收自费生,这部分学生须自行缴纳学费。这一规定在实际上形成了高等教育收费的"双轨制",即公费与自费并存。1989年,国家教委、财政部等单位联合发出《普通高等学校收取学杂费和住宿费的规定》,要求从该年度开始,对除特殊专业外的大学新生收取学杂费和住宿费,但对于不同类型的学生,如计划内的学生、委培生和自费生,按照不同的标准收费。自此,我国免费的高等教育时代宣告结束,开始尝试由不同群体分担教育成本的经费制度。

由于双轨制收费政策在实施过程中出现了许多问题,如钱学交易等,给高校的招生、收费和学生管理等工作带来了很大的负面影响。为此,国家决定在东南大学和上海外国语学院试行收费并轨改革,即取消国家计划内招生和计划外招生的差别,实行统一的录取标准和收费政策,取得了良好的效果。此后,招生并轨改革试点逐步推广,进而在全国范围内实行,到1997年,我国已基本完成招生并轨改革,所有高校均已实现招生并轨,这个措施一直沿用至今。这意味着我国高等教育经费来源已实现从单一的政府财政拨款向包括学生缴费和用人单位出资在内的多元化筹资模式的转变。

(二)现实基础

高等教育成本分担政策或实践不仅具有丰厚的理论依据和历史渊源,

同时也有其充分的现实基础,其中,因高等教育规模的持续扩大而导致政府公共财政的压力逐渐增大是导致高等教育成本分担机制转变最为重要的现实原因。

世纪之交,我国高等教育吹响了向大众化阶段冲刺的号角,从 1999 年开始到其后的若干年中,我国高等教育规模急速增长,1999—2010 年,我国普通本专科招生数增长率分别为 42.9%、42.5%、21.6%、19.5%、19.2%、17.1%、12.8%、8.3%、3.6%、6.9%、5.2%和 3.5%。受此影响,我国高等教育毛入学率也逐年上升,从 1998 年的 9.8%提高至 2010 年的 26.5%,高等教育总规模已达 3105 万人,位居世界第一。[①] 高等教育规模的急剧膨胀要求高等教育总经费相应地快速提高,这对政府的财政支付能力来说是一个大的挑战。

总体而言,政府对于高等教育财政支付能力的大小取决于其财政收入状况。而财政收入状况体现在绝对数量和相对数量两个方面,前者是指财政收入总额,后者是指财政收入占国内生产总值(GDP)的比重。改革开放以来,我国经济总体保持持续、快速发展的良好势头,国内生产总值不断攀高,居民收入水平也有了大幅提高。在经济持续发展的推动下,政府财政收入也逐年提高,但其占 GDP 的比重却呈现不稳定的态势,见表 4-2。

表 4-2　国家财政收入占 GDP 的比重

年份	财政收入(亿元)	占 GDP 比重	年份	财政收入(亿元)	占 GDP 比重
1978	1132.3	31.2%	1998	9876.0	12.6%
1980	1159.9	25.7%	1999	11444.1	13.9%
1985	2004.8	22.4%	2000	13395.2	15.0%
1990	2937.1	15.8%	2001	16386.0	16.8%
1991	3149.5	14.6%	2002	18903.6	18.0%
1992	3483.4	13.1%	2003	21715.3	18.5%
1993	4349.0	12.6%	2004	26396.5	19.3%
1994	5218.1	11.2%	2005	31649.3	17.2%
1995	6242.2	10.7%	2006	38760.2	18.4%
1996	7408.0	10.9%	2007	51321.8	20.0%
1997	8651.1	11.6%	2008	61330.4	20.4%

数据来源:国家统计局.中国统计年鉴(2009)[Z].北京:中国统计出版社,2010.

[①]　教育部发展规划司.中国教育统计年鉴(1999—2008 年)[Z].北京:人民教育出版社,2000—2009.

表 4-2 显示,改革开放以来,我国财政收入绝对数量呈直线上升的态势,从 1978 年的 1132.3 亿元升至 2008 年的 61330.4 亿元,30 年间上升了近 60 倍,这表明,在宏观经济持续增长的带动下,我国政府财政实力有了显著增强。但从相对数量即财政收入占 GDP 的比重上看,情况并不那么乐观。1978 年,政府财政收入占 GDP 的比重高达 31.2%,此后则逐年下降,到 1995 年,其所占比重仅为 10.7%,减少了近 20 个百分点;从 1996 年开始,财政收入占 GDP 比重则开始回升,到 2008 年,达到 20.4%,尽管如此,距 1978 年的历史最高水平仍有不小差距。加之近年来我国卫生、交通等公共事业的快速发展,需要大量的国家投资,因而政府的财政压力空前增大。这意味着,在我国社会主义现代化建设逐步推进的情况下,人们的生活水平相应提高,对高等教育的需求也因此更加旺盛,而受财政状况的影响,政府可用于高等教育的相对财力却并未随之提高,因而导致了人们日益增长的高等教育需求与政府所能支撑的高等教育规模之间的矛盾日益突出。

基于我国高等教育需求逐步增强的趋势和政府对高等教育投资能力相对下降的趋势,我国应建立多元化的成本分担机制,以弥补由于政府相对财力不足而造成的高等教育经费缺口。从 1999—2008 年我国高等院校经费构成情况看,多元化的格局已初见端倪,见表 4-3。

表 4-3　我国高等学校教育经费总收入的构成及比例

单位:%

项目 年份	国家财政性 教育经费	事业收入(以学杂费 收入为主)	社会团体和公民 个人办学经费	社会 捐赠	校办产业 和服务收入	其他 收入
1999	53.8	31.0	—	2.2	1.8	—
2000	57.6	35.7	—	1.6	1.8	4.2
2001	54.2	39.0	—	1.4	1.4	4.5
2002	46.6	42.1	0.5	1.8	1.2	4.9
2003	48.9	43.8	0.7	1.5	1.1	5.1
2004	47.6	45.1	1.5	1.0	1.1	4.8
2005	42.5	43.6	6.8	0.8	0.9	6.3
2006	42.6	42.2	—	0.6	0.9	6.9
2007	43.8	47.0	0.9	0.7	0.5	7.6
2008	47.5	44.5	0.7	0.7	0.3	6.6

注:国家财政性教育经费包括校办产业和服务收入,因研究需要,特将后者单列出来。

数据来源:教育部财政司.中国教育经费统计年鉴(1999—2008)[Z].北京:中国统计出版社,2001—2010.

表 4-3 显示,从 20 世纪末以来,我国高等院校教育经费结构发生了很大的变化。这种变化主要体现在政府在高等教育成本分担中的作用呈逐年弱化的趋势,国家财政性教育经费在高校教育总经费中所占的比重逐年减少,从 1999 年的 53.8% 下降至 2005 年的 42.5%,尽管此后有所反弹,但下降的总体趋势已不可逆转。以学杂费收入为主体的高校事业收入在总收入中的比重正逐年上升,从 1999 年的 31.0% 上升为 2007 年的 47.0%。此外,其他经费来源也在一定程度上分担了高等教育的成本,如社会团体和公民个人办学经费、社会捐赠和其他收入。但表 4-3 中的数据清晰地显示,目前这些非主要经费来源在总经费收入中所占的比重极小,还不能对高等教育产生重大的影响。因此,我国多元化的高等教育成本分担机制还远未成熟,相关部门还应继续努力。一方面政府应完善法律法规,鼓励社会各界对高等教育的投资和捐赠;另一方面高校也应充分利用自身优势,提高为社会各界服务的意识和水平,通过各种方式增加收入。认识到这一点,对于建立灵活、高效的社区学院经费筹集机制是大有裨益的。

四、建立基于成本分担的社区学院经费筹集机制

社区学院是我国高等教育机构的重要组成部分,随着它自身价值的日益彰显以及人们观念的变化,其重要性将得到进一步体现。正如前文所述,我国社区学院是以高职教育为核心、以社区教育为特色、以成人高等教育为补充、以转学教育为突破口的新型高等教育机构,立足社区、服务社区是其基本的办学宗旨。这意味着,作为一种类型独特的高等教育机构,社区学院既具有与其他高等教育机构相同的基本职能,即培养人才、科学研究和服务社会,又具有其他高等教育机构所不具备的或发挥不好的功能,即通过灵活多样的形式为所在地区的经济和社会发展提供细致入微的服务。

从现实情况看,笔者对 4 所高职院校所开展的调查结果显示,在向学生问及"您所在学校的学习条件如何"时,有 61% 的学生选择了"一般",有 19.3% 的学生选择了"较差"或"很差"。在"您认为贵校目前存在的主要问题有哪些"的开放性调查题中,有 83% 的学生认为学校的教学设施和生活设施不足。由此可以反映出社区学院办学条件还亟待改善,而影响办学条件的决定性因素就在于办学经费。基于社区学院的独特功能和现实状况,应使政府、企业、社会、学生等利益相关者均成为成本分担主体,为社区学院的健康发展提供充足的经费支持。

(一)将社区学院的教育经费纳入政府的财政预算

从世界范围看,各国政府在社区学院经费筹措中都扮演了重要的角色。在美国,社区学院办学经费来源已有了较为稳定的渠道。2000 年美国的社区学院经费结构中,学费收入占 20%,联邦政府资助占 6%,州政府拨款占45%,地方政府拨款占 20%,捐赠收入占 1%,销售和服务收入占 5%,其他收入占 3%。[①] 其中,包括联邦政府、州政府和地方政府拨款在内的政府资助占总经费的 71%。在德国民众高等学校经费来源中,政府的补助也约占总经费的 60%。[②] 我国社区学院的目标定位及现实功能反映了该类型机构对于国家的积极意义,根据"谁受益,谁付费"的基本原则,政府在社区学院经费筹集中应承担相应的责任。

一方面,确立社区学院的合法地位。对于一个机构而言,是否具有政府承认的合法身份或地位是能否获得充足经费的基本前提。我们很难想象政府对没有合法地位的教育机构给予充足的财政支持。就我国社区学院的发展状况而言,从 1994 年我国第一所社区学院——河南省许昌社区学院成立算起,至今已近 20 年,其机构数量也达百所,但一直未能得到教育部的正式认可,因此处于"名不正言不顺"的尴尬境地。笔者在北京、上海等地调研时发现,目前我国社区学院都是在整合成人高校和中等专业学校的基础上成立的,仍挂靠在成人高校内,自身并不具有独立的法人地位,因此也没有相应的独立财政账号,只能使用成人高校或原中专账号。例如,北京市丰台社区学院挂靠于丰台职工大学,财政上使用丰台职工大学和北京广播电视大学丰台分校的账号。在调研中,各社区学院管理者普遍对学院不具合法身份的现状表示担忧,认为若得不到及时改观将对处于襁褓期的社区学院产生致命的打击。这种状况在很大程度上影响了社会各界对社区学院的认同和政府部门对它的财政支持,因此,确立社区学院的合法地位是确保社区学院办学经费的前提条件。

另一方面,明确各级政府的职责。目前,我国高等教育实行中央和地方两级政府管理,以地方政府管理为主的管理体制。在这种管理体制下形成了相应的经费投入体制,即各部、委所属院校主要由中央财政支持,而地方

---

① Arthur M. Cohen, Florence B. Brawer. The American Community College [M]. San Francisco:Jossey-Bass Publishers,2008:159.

② 刘尧.中国县级社区学院发展研究[M].镇江:江苏大学出版社,2009:115.

院校则主要由省级财政负责投入。如前所述,社区学院立足社区、服务社区的性质及定位决定了其应采取由区、县级政府管理的体制,以便更好地发挥社区学院的独特功能。也正因为如此,目前我国北京、上海等地普遍形成了由区、县级财政向社区学院拨款的投资体制。但受财力影响,在社区学院教育成本分担中,区、县级政府往往力不从心,不能起到应有的作用,从而影响了社区学院的健康发展。鉴于此,省级政府应承担社区学院发展所需的部分经费。此外,中央政府也应通过各种合适的方式,如资助教改项目、拨付专项资金等,对社区学院给予资助。因此,为保证社区学院稳定的经费来源,应建立以省级财政拨款为主体、以区县财政和中央财政为两翼的国家财政性投资体制。此外,对于私立社区学院,政府也应根据实际情况,在财政、税收、建设用地等方面给予相应的扶持。

(二)确立合理的学费标准

学费收入是高校办学经费来源的重要渠道,特别是在高等教育筹资日益市场化的今天,这一渠道的重要性更加充分地显现出来。社区学院也是如此。以美国为例,在成立初期,公立社区学院收费很低,甚至免收学费,1918 年,学杂费收入仅占社区学院总收入的 6%,此后该项比例逐年增加,到 2000 年,已达 20%[①],并有继续提高的趋势。在我国,高等教育自 1997 年全面实现招生并轨以来,缴费上大学已被人们普遍接受和认可。现在的问题在于,如何确立合理的收费标准。这是涉及高校发展的重大问题,对社区学院来说尤其如此。这是因为,从国内外实际情况看,在社区学院学习的学生大多来自中、低收入家庭,另有部分学生已有家室,经济负担较重,对学费的增长较其他类型高校学生更为敏感。在此次调研的 4 所学校中,有80.1%的学生学费在 4000 元以上,这一学费水平已与普通高校平均学费水平相差无几;此外,有 57.2%的学生认为学费水平"较高"或"太高"。这就可能使社区学院陷入两难境地:如果提高学费水平,就将令许多学生不堪学费重负,使学院丧失"低收费"这一优势,这样既不符合社区学院的功能定位,也可能使学院面临生源枯竭的危险,不符合自身的长远发展;如果继续奉行低收费政策,那么将不可避免地使学院面临财政危机。因此,相关管理

---

① Arthur M. Cohen, Florence B. Brawer. The American Community College [M]. San Francisco:Jossey-Bass Publishers,2008:159.

部门及社区学院自身应对所在区域的经济和社会发展水平作充分的调研，准确了解当地居民的生活水平以及他们对社区学院教育的支付意愿与能力，然后在此基础上制定出当地居民可承受的学费标准。只有如此，才可能制定合理的学费标准，使社区学院在长远发展和现实需求之间找到一个恰当的平衡点。

(三)增强社会服务能力，提高销售和服务收入

表4-1显示，在美国高校办学经费来源中，学校通过为社会提供服务获取的销售和服务收入占总经费的20％以上。与之形成鲜明对比的是，表4-3显示，我国高校校办产业和服务收入甚至达不到总经费的2％。二者的巨大差距不仅反映了我国高校自筹经费的能力极弱，同时也反映出我国高校服务社会能力与社会需求的疏离。从理论上看，服务社会是高校的基本职能之一，能否为社会提供其所需要的技术和服务，既反映了高校的办学理念，又体现了高校服务社会的能力和水平。纵观世界高等教育发展历史，但凡以服务社会为宗旨的大学都获得了较好的发展，而实力较强的大学也往往将服务社会作为永恒的追求。从机构性质上看，社区学院是以服务社区为宗旨的地方性高等教育机构，它通过开展人员培训、项目咨询、技术转让等方式主动融入当地经济和社会发展中。这样，社区学院既促进了当地社会发展，同时也为自身赢得了良好的社会声誉和可观的经济效益。具体而言，社区学院可通过人员培训、产学研合作等形式向社会提供服务，并以此获取相应的经济收入。

首先，大力开展非学历教育，为辖区内各单位提供人员培训。在知识经济和终身教育思想的影响下，学习型组织已成为众多组织、机构努力的方向，社会个体也充分利用各种条件不断提升自己的知识、素质和能力。社区学院应抓住这个难得的历史时机，充分利用自身密切联系社区的优势，详细了解当地社会的现实状况和实际需求，通过各种渠道，主动与辖区内各单位联系，争取为这些单位提供人员培训的机会。例如，北京市朝阳社区学院通过与区内各委、办、局、公司的联系，系统了解各方需求，有针对性地开展订单式和菜单式培训，仅在2008年，就开展了苏宁员工培训、朝阳区军队转业干部培训、化工集团新员工进入公司培训等大型培训近百项。这些培训项目的开展为学校带来了可观的经济收入。

此外，随着城镇化的进一步推进，越来越多的农民涌入城市，成为城市中不可忽视的群体。由于这一群体整体文化素质较低，因而无论是对于其

自身发展还是对于城市的整体发展都极为不利。因此,社区学院应主动联系政府相关部门,为进城务工人员开展各类文化素质教育和技能培训。

其次,积极开展产学研合作。产学研合作是指高校、企业与研究机构等组织为更好地实现自身价值而开展的合作与交流,是将人才培养、科学研究与生产活动有机融合于一体的行为。作为一种新型的地方性高等教育机构,社区学院虽然在科研水平上无法与研究型大学相提并论,但其扎根社区、以服务社区为宗旨的特性使其在参与产学研合作的过程中具有独特的优势。这种独特优势主要体现在社区学院与当地政府及企业之间的关系更为紧密,更容易建立长期、稳定的校企合作关系。

根据不同的合作特点,可将社区学院参与产学研合作的方式分为委托研究模式、技术转让模式、团队合作模式、建立科研基地模式等。委托研究模式是指企业委托社区学院对其所需的新技术、新产品及新工艺进行研究开发,并向社区学院支付相应资金。对社区学院而言,委托研究模式由于无须投入大量资金,风险较小,因而成为其参与产学研合作的主要模式。技术转让模式是指社区学院将自身在教学与科研活动中形成的专利技术通过销售或技术入股等方式转让给企业,从而获得相应的经济利益。团队合作模式是指社区学院与企业共同组建一个研究团队,为实现某一预定目的而进行合作研究。这种模式一般由企业提供各项经费,且其享有研究成果的支配权。建立科研基地模式是指社区学院与企业及其他机构按照合同约定分别投入一定的人力、物力和财力,共同建立实验室、工程技术研究中心等研发基地。该模式有助于在学院和企业之间建立长效合作机制,在这种模式下,二者的合作关系稳定而深入,最有可能产生较为重大的科研成果,因而是目前产学研合作的最高形式。

对于社区学院而言,无论产学研的哪种模式都具有积极的意义:一方面能增强自身的教学、科研能力和服务社会的能力,提高人才培养的质量;另一方面也能在校企合作的过程中通过提供技术服务,获得可观的销售和服务收入,为自身更好地发展提供充足的经费支持。

为了更好地参与校企合作,提高产学研结合的实效性,社区学院应做好如下准备工作:其一,切实加强同当地政府和企业之间的联系,了解各方的现状和需求,为日后的合作奠定基础;其二,在专业结构、课程设置和教学方式等方面进行改革,使之与当地经济和社会发展状况相适应。特别是在专业结构上,社区学院应在全面了解地方经济发展状况的基础上进行调整,只有这样,才能使学院的教学、科研与当地企业的生产活动相衔接,提高产学研结合的成效。此外,在产学研结合的过程中,当地政府也应从地方经济和社会发展的大局出发,努力扮演好自身的角色,成为高效务实的服务型政府,做到既不"缺位",又不"越位",为校企合作提供完善的服务。概括而言,政府应在校企联系、法规制度、科技成果转化等方面发挥积极作用,为校企合作提供良好的外部环境。

(四)大力争取社会捐赠

从世界范围看,来自社会各界的捐赠从来都是高等教育经费来源的重要补充,在高等教育发展中扮演着不可或缺的角色。表 4-1 显示,1995—1996 年度,捐赠收入占美国公立高等教育总收入的 4.7%,占私立高等教育总收入的 14.4%。美国社区学院同样也是社会捐赠的受益者,"从 1991—1992 年度到 1996—1997 年度,得到捐赠的社区学院的数量增加了 40%,达到 420 所;在公立两年制社区学院中,学校捐款单独一项的平均金额增加到了 503355 美元"[①]。在我国,受多种因素影响,社会捐赠在高等教育经费中所占份额一直偏小,且近年来呈直线下降的趋势(见表 4-3)。社区学院的情况更不乐观,从笔者在北京、上海等地调研的结果看,几乎没有社区学院曾接受过大宗的社会捐赠。之所以出现这种状况,一方面是因为我国缺乏浓厚的捐赠文化,另一方面也与我国缺乏鼓励捐赠行为的法律法规有关。此外,作为一种新兴的高等教育机构,社区学院的价值和现实意义还不为社会所知晓,因而不能有效地吸引社会捐赠。为此,社区学院及相关管理部门应积极采取措施,鼓励、吸引社会各界和公民个人对社区学院进行捐赠。

首先,政府应完善相应的法规和制度。与欧美等发达国家相比,我国慈善事业相对落后,究其缘由,主要是相应的法规和制度较为落后。对社区学院的捐赠行为属慈善和公益事业,必然涉及捐赠人的权益保障问题。捐赠人的权益保障主要涉及两个方面:一是捐资税收减免问题,二是所捐款项的使用问题。对于前者,政府应建立健全相关的法律法规,减免个人所得税等,以充分保障捐赠人的合法权益。对于后者,教育行政部门应制定严格的制度,确保所捐款项严格按照捐赠人的意愿,科学、合理地使用,并将捐赠款

---

① [美]米切尔·B.鲍尔森.高等教育财政:理论、研究、政策与实践[M].孙志军等译,北京:北京师范大学出版社,2008:559.

项使用情况向社会各界公开。

其次,社区学院应增强自身实力,提高社区服务的能力和水平。从捐赠人心理看,人们都期望自己的捐赠能对接受单位的发展和进步产生实实在在的推动作用,进而产生有利于国家和社会的效应。显然,这种期望的实现有赖于一个基本的前提,即接受捐赠的单位具有人们认可的实力。换言之,只有当捐赠人意识到某组织具有发展和进步的潜力,具有推动社会进步的能力,他们才有可能对该组织进行捐赠。也正是基于这种认识,世界各地的捐赠人热衷于对综合实力强、社会声誉高的大学进行捐赠。因此,社区学院如若希望获得更多的社会捐赠,就必须大力增强自身实力,提高社区服务的能力和水平,努力证明自身对于社区的不可替代的价值和意义。

与其他类型高等教育机构不同,社区学院将服务社区、满足社区的多样化需求作为自身的基本职责。这样的定位必然使社区学院产生多样化的职能,而这也是社区学院优越性的主要体现。但这可能会导致一个问题,即过于繁杂的职能致使社区学院不能形成稳定的发展方向。正如美国学者多蒂(Dougherty)所担忧的那样:"对社区学院最常见的批评,就是说社区学院总是试图为所有人做到所有的事情,但最终却没有一件事情做得特别好。"①因此,社区学院应该在众多职能当中突出自身稳定的核心职能,即高等职业教育,辅之以社区教育、成人高等教育和转学教育。

无论实施何种职能,社区学院都应紧紧围绕当地经济和社会发展的实际需求。为此,社区学院应全面、深入地了解当地的经济和社会发展状况,如经济发展水平、产业结构、居民生活水平、人力资源状况、文教事业等,并以此为依据,分析当地的教育需求。在此基础上,社区学院可根据自身的实际情况,综合考虑各种教育需求,将广泛性与重点性有机结合起来,做到既能通过实施各种不同的职能以满足社区多样化需求,又能突出重点,通过高等职业教育对人们进行职业教育和技能培训。

最后,增强学生及当地民众对社区学院的认同感。对于许多捐赠人而言,捐赠行为是一种情感的表达。只有人们对社区学院充满了感情,才可能在必要的时候毫不犹豫地伸出援手。因此,如何增进学生及当地居民对学

---

① 〔美〕米切尔·B.鲍尔森.高等教育财政:理论、研究、政策与实践[M].孙志军等译.北京:北京师范大学出版社,2008:543.

院的心理认同感已成为社区学院必须认真思考的问题。其一,社区学院应树立以学生为本的服务理念。在高校越来越依靠学费收入以维持自身运转的情况下,学生在学校管理中的重要性不言而喻,因此,高校要改变仅把学生看作管理对象的陈旧观念,及时树立以学生为主体、尊重学生并为之服务的教育理念。特别是对于以服务社区为宗旨的社区学院来说,强调为学生服务的观念尤为必要。因此,社区学院在日常教育教学过程中要关心学生的实际需求,帮助学生解决各种实际问题,以加深他们对学校的感情。其二,社区学院应设立专门机构,由专人负责和已毕业学生进行联系。由于社区学院的学生大多来自本地,毕业之后也有相当一部分人选择在本地就业,这有利于院方和这部分校友进行联系。对于外地校友,学院也应通过各种方式加强联系,增强校友和学院的情感纽带。学院应开展各种活动,吸引校友和社区群众积极参加,大力加强学院与校友、社区的情感沟通。

(五)开展国际服务贸易,大力发展留学生教育

高等教育的跨国交流有着悠久的历史。早在中世纪时期,欧洲古典大学就广泛地承担着国际交流的任务。一些欧洲中世纪大学,如意大利的博洛尼亚大学、法国的巴黎大学等,由于在某些学科方面具有广泛的影响力,吸引了世界各地众多的青年学生前来就读。从学生的来源看,当时许多大学的国际化程度相当高,因而这些中世纪大学实际上成为国际文化交流的重要载体。随着世界经济一体化和经济全球化趋势越来越明显,国家间的高等教育交流也日益频繁。也正是在这种大趋势下,国际教育合作与交流日益显现出其经济特征,特别是留学生教育,更是许多高等教育发达国家借以吸收国际教育资源、改善高等教育财政状况的重要途径。正因为如此,世界贸易组织(WTO)将包括高等教育在内的教育服务列为重要的服务贸易方式。

2001年12月,中国正式加入世界贸易组织,成为其中的第143个成员。根据相关协议,高等教育属于我国政府承诺开放的领域,特别是在境外消费方面更是不作限制,"对境外消费方式下的市场准入和国民待遇没有限制,即不采取任何措施限制我国及其他WTO成员的公民出入境留学或者接受其他教育服务"[①]。这意味着,留学生教育将成为我国开展高等教育国

---

① 靳希斌.国际教育服务贸易研究[M].福州:福建教育出版社,2005:178.

际交流的主要形式。从我国开展留学生教育的历史看,受多种因素影响,留学生输入与输出呈现不平衡的状态,即输入人数大大小于输出人数,并且随着国际高等教育交流的继续扩大,这种不平衡性进一步加剧。2008 年 1—6 月份,我国赴国外留学签证申请人数比 2007 年同期增长 46%,而 2008 年度来华留学人数仅比上年度增加 14.32%,与 2007 年增长 20.17% 相比,增幅下降了 5.85 个百分点。[①] 因此,我国政府及教育相关部门应采取措施,大力吸引外国留学生,这样既可以提高我国高等教育的国际知名度,也能吸引大量国外教育资金,在一定程度上弥补我国高等教育经费的缺口。

从来华留学生流向看,大多数留学生选择了层次较高、综合实力较强的大学作为求学之地,但这并不意味着社区学院在留学生教育方面不能有所作为。本研究认为,尽管社区学院的科研水平和综合实力不如其他类型高校,但在实施留学生教育方面仍具有自身独特的优势。首先,与社区密切联系的特征对于留学生而言有较大的吸引力。从目前来华留学生的学习目的看,大多学生属于语言生,他们来华留学的主要目的并非获取学历文凭,而是学习汉语,了解中国的传统文化。无论是学习中国语言还是了解中国文化,最好的途径就是深入中国社会,广泛地接触社会各界群体,而扎根社区、以服务社区为宗旨的社区学院恰好能有效地满足这种需求。其次,社区学院灵活的办学模式和低廉的收费制度对留学生有较大的吸引力。一般而言,我国普通高校教育教学体制较为统一,严格按照学年制进行招生培养,对留学生也不例外。这种整齐划一的教学制度对于不以获取文凭为目的的短期留学生而言并不合适。社区学院则可以充分利用自身灵活的办学模式,通过开设各种短期培训班,广泛吸纳国外留学生。此外,相对而言,社区学院收费较低,因而对留学生具有较大的吸引力。

因此,社区学院应发挥自身优势,积极开展留学生教育,一方面顺应国际教育交流的大趋势,努力拓展自身的服务功能,一方面通过开展留学生教育,积极获取境外教育资源,为提高学校收入开辟新的渠道。为更好地吸引国外留学生,社区学院应通过各种方式提高自身知名度,扩大自身的影响。如:通过建立和完善学校网站,利用互联网向世界各国人们宣传本学院的优

---

① 教育部.2008 年度来华留学生人数首次突破 20 万[EB/OL]. http://www. cscse. edu. cn/publish/portalo/tab40/info7162. htm.

势;借助中国驻外使领馆向各国推介本学院;通过与国外社区学院建立战略合作伙伴关系,促进相互之间的合作与交流等。此外,应完善各项留学生服务制度,协助留学生解决各种实际问题。美国社区学院一般都设有海外学生中心(International Student Center),专门帮助外国留学生解决有关留学的问题,如住宿、选课等。完善的留学生服务制度为美国社区学院带来了大量的海外留学生,使之成为学院重要的生源和财源。

总之,社区学院应充分发挥自身的独特优势,积极拓展经费来源渠道,通过政府、市场和社会等途径大力增强自身筹资能力,为自身的发展提供充足的办学资源。正如美国学者鲍尔森所言:"如果活动层次和角色扩展是制度健康的真实指示器,如果社区学院能清晰地表达它们的与众不同,通过这种方法得到更多的资金投入,那么社区学院未来的经费情况可能会比现在的经费状况和政策标示更有前途。"[①]也就是说,无论社区学院通过何种途径拓展经费来源渠道以增加自身收入,归根结底,获得充足的办学经费的根本保障在于,社区学院必须增强自身实力,提高服务社区的能力和水平,展示自身不可替代的独特功能和地位。唯其如此,政府及社会各界才会为社区学院提供包括资金在内的各类资源,大力支持社区学院的发展。

第三节　构建合适的社区学院评价制度

《辞海》对"评价"一词的解释是:"评论价值高低。如:评价文学作品。"[②]也就是说,评价的主要目的是对事物的价值进行衡量和判断,发现存在的问题,并为促进事物的进一步发展提供建议。作为我国新兴的高等教育机构,社区学院的功能、价值和意义还未能被社会所充分认识,这显然与面向社会、服务社区的使命不相符合,因此,如何展现学院的价值,如何让社会各界加深对学院的了解,从而获取更多的社会支持,成为社区学院在发展中必须思考的问题。从这个角度看,通过政府、社会或自身的评价,彰显自身的价值和意义,引发社会各界的关注,对于社区学院的长远发展有着极为重要的

---

① ［美］米切尔·B.鲍尔森.高等教育财政:理论、研究、政策与实践［M］.孙志军等译.北京:北京师范大学出版社,2008:565.

② 辞海编撰委员会.辞海(缩印本)［Z］.上海:上海辞书出版社,2010:1145.

意义。此外,对社区学院实施评价有助于学院提升质量意识,及时发现自身存在的问题,为学院发展提供建议,因此,评价将成为社区学院质量保障的重要手段。

一、社区学院评价的理论基础

(一)高等教育评价的内涵

与高等教育评价有相同或相近词义的提法还有高等教育评估、大学评鉴、高等教育认证等,本研究认为,这些不同的名称固然反映了研究者或实践者关注的重点有所不同,但其基本含义和主要内容并没有根本差别。基于这种认识,本研究用高等教育评价一词涵盖与之相同或相近的词义,书中引用的其他提法也视为具有相同含义的概念。

美国高等教育认证理事会(Council for Higher Education Accreditation,CHEA)认为高等教育认证是"高等教育为了教育质量保证和教育质量改进而详细考察高等院校或专业的外部质量评估过程"。美国联邦教育部则将认证定义为"是认证机构颁发给高校或专业的一种标志,证明其现在和在可预见的将来能够达到办学宗旨和认证机构规定的办学标准"[①]。美国高等教育评鉴专家凯尔士(H. R. Kells)认为:"大学评鉴是一个自愿的过程,透过非官方的学术团体,采用同僚评鉴方式,以检视被评鉴的校院是否已经达成自我评鉴中所订的目标。"[②]相比较而言,我国学者对高等教育评价的定义则更为详细而具体,如陈谟开认为:"高等教育评价是以高等教育为对象,依据教育目标,利用一切可利用的评价技术和手段,系统地收集信息,并对其教育效果给予价值上的判断,为作出决策、优化教育提供依据的过程。"[③]从以上中外学者对高等教育评价所下的定义可以看出:首先,高等教育评价关注的是高等教育的质量问题,具体而言是对大学的教学、科研和社会服务的能力和水平进行评定;其次,高等教育评价是一个信息收集、分析、处理的过程,而任何评价都是建立在全面掌握被评价对象相关内容的基础上的考查;最后,高等教育评价是一个结果认定和价值判断的过程,评价的目的在于对大学办学质量和效益进行认定,以此作为对被评价

---

① 王建成.美国高等教育认证制度研究[M].北京:教育科学出版社,2007:10-11.

② [美]凯尔士.大学自我评鉴[M].王保进译.台北:正中书局,2002:序言.

③ 陈谟开.高等教育评价概论[M].长春:吉林教育出版社,1988:2.

对象的价值判断,并为之提供有益的建议。总之,高等教育评价是对大学办学状况全程、全面的认识和反馈。正如有学者指出:"从对教育评估的本质内涵的全面把握来看,信息、效果与价值是定义高等教育评估的三要素,即高等教育评估从本质上来说是根据一定的高等教育价值,在决策科学化的基础上,对高等教育活动的效果进行多视角的综合评判。"[①]

(二)高等教育评价的功能

高等教育评价是国家、社会对高校教育目的、质量及效益等方面的总体评定,对于明晰高校的发展状况、发现存在的问题、引导高校的办学方向,从而促进高校的健康发展具有积极的意义。我国学者杨德广教授认为高教评估有如下四个功能:客观了解院校的现状;了解某所学校在全国高校中的位置;促进各类院校达标;通过评估,以评促建。[②] 具体而言,高等教育评价主要有以下几项功能。

1.鉴定功能。鉴定功能是高等教育评价的基本功能,它是指对高等教育机构的现实状况,如办学层次、办学条件、教育教学质量、办学效益等,作出判定。一般而言,高等教育评价的鉴定功能主要分为两个部分:一是达标评价,一是比较评价。在达标评价中,评价机构或评价主体要根据相关情况,预先设置一定的标准,然后以其为参照,对高校的办学条件及效果进行评定,符合预定标准的为合格,未达到预定标准的则为不合格。达标评价较多地运用于新建院校的准入评审之中。比较评价是指评价机构对若干评价对象的办学条件和教育效果等进行比较,以此分出孰优孰劣。在这种评价中,评价机构或评价主体往往不预先设定固定的标准,而是在若干评价对象中选取特定的评价内容,用相对的标准进行评价,以反映出被评价者的比较优势。

2.诊断功能。诊断功能是指通过高等教育评价发现高校在办学过程中各环节、各方面存在的问题和不足,并对此进行分析,揭示其背后的深层次原因,为学校的改革发展提供依据。发现业已存在的问题,分析导致问题产生的根本原因,是大学不断发展的基本前提。特别是在我国高等教育大众化的深刻背景之下,人们对高校的办学质量和效益给予了前所未有的关注

---

① 史秋衡,余舰.高等教育评估[M].贵阳:贵州教育出版社,2004:6.

② 杨德广.树立正确的高等教育评估观[J].中国高等教育评估,2007(2).

和重视。在这种情形下,高等教育的任何细小问题如若不能被及时发觉并加以解决,都有可能引发严重的不良后果。因此,通过特定的机构或主体,对高等教育进行科学合理的评价,及时发现存在的问题,对于高等教育的重要意义是不言而喻的。

3.导向功能。导向功能,即引导功能,是指政府或社会通过评价的方式引导高校朝着特定方向发展。高等教育评价的导向功能主要体现在以下几个方面:一是确保办学的社会主义方向。在任何社会制度背景下,教育目的与国家、社会的发展方向必须保持一致,这是由教育的基本属性决定的。高等教育的性质和发展方向直接决定了它所培养的人才的价值取向和意识形态,因此,从国家和社会发展的长远利益出发,通过评价的方式引导高等教育朝着正确的方向发展,不仅是教育问题,更是一个政治问题。二是保障高等教育发展的多样性。高等教育的多样性是高等教育发展的必然要求,也是社会对高等教育需求的多样性在高等教育形式上的体现。但我国教育资源分配方式还存在一些问题,如过度向高水平、研究型、大规模的高校倾斜和集中,受此影响,众多高校纷纷向这一目标靠拢,这在很大程度上导致了千校一面、盲目升格的乱象。这种状况显然不符合大众化阶段多种教育类型共同发展的规律。因此,制定针对不同类型高校的评价标准和评价方式,引导高校朝着适合自身实际的方向发展,形成具有自身特色的高等教育类型,对于保障高等教育系统的多样性、促进高等教育的健康发展有着极为重要的意义。"评什么、怎么评"将有力地引导高等学校在进行教育教学工作的过程中"做什么、怎么做"。[①] 正是由于高等教育评价具有如此意义重大的导向功能,相关部门在运用评价手段对高等教育实施导向的过程中应格外慎重。首先,在确定评价的指导思想、具体的评价内容以及指标体系时,应严格遵照教育方针的总体思想,以确保高等教育评价的方向性。其次,高等教育评价应本着多元发展、分类指导的原则,制定不同类型的评价标准和方式,以保障高等教育的多样性。最后,要在评价指导思想、指标体系、评价方式等环节和内容上精心布置,合理安排,以保证高等教育评价的科学性。

4.发展功能。无论高等教育评价的主体、对象、内容、指标体系、评价方式多么复杂,其最终目的只有一个,那就是促进高等教育的发展。也就是

---

① 伊继东等.高等教育评估理论与实践[M].北京:科学出版社,2009:26.

说,发展功能是高等教育评价最根本的功能。也正是基于这种认识,作为我国高等教育评价重要组成部分的普通高等学校本科教学工作水平评估把"以评促建、以评促改、以评促管、评建结合、重在建设"作为评估工作的基本原则。高等教育评价的发展功能主要通过以下几种方式得以实现:首先,评价机构或评价主体在实施评价活动的过程中,通过收集相关资料,了解高校的发展状况,发现高校存在的各种问题,在此基础上分析产生问题的原因。其次,这对于被评价的高校而言无疑是一个发现问题、解决问题进而不断进步的绝佳机会。高校通过接受高等教育评价,有助于进一步明晰自身的发展目标和方向,了解自身存在的问题和具备的优势,对于学校的可持续发展是大有裨益的。再次,在评价中,评价机构或评价主体设定相应的指标体系或评价标准,被评价高校可根据这些指标,有针对性地对本校的教育目的、教育理念、办学条件、师资力量、学校特色等方面加以改善,从而有效地促进学校的发展。最后,高等教育评价加强了高校内部的凝聚力和向心力。大规模的评价活动往往调动了高校大量教职员工和学生参与其中,有的学校甚至全员参加,在此过程中,广大师生员工在评价活动的激励下,齐心协力,空前团结,爱校热情被大大激发。

(三)高等教育评价的主体

高等教育评价的主体是指实施评价的机构或组织。从世界各国教育评价的实施情况看,高等教育评价的主体主要有政府部门、社会组织和高校自身三种类型。

参与评价活动的政府部门主要是指国家教育行政部门。无论一个国家的管理体制如何,政府部门都是高等教育评价主体的重要组成部分。这是因为,无论哪个国家,政府都是高等教育发展的主要受益者,或者说,是高等教育最主要的利益相关者。因此,政府必须采取各种有效措施,包括评价手段,以确保高等教育的质量。政府对高等教育实施评价的方式主要有直接主导评价和间接控制评价两种。直接主导评价是指政府教育行政部门直接参与、主导对高等教育的评价活动,例如,我国实施的普通高等学校本科教学工作水平评估、高职高专院校人才培养工作水平评估以及独立学院教育质量评价等就属于这一范畴。一般而言,政府直接主导的评价具有权威性、强制性、广泛性和统一性等特征。而正是这些特征决定了该类型的评价具有较好的信度,因而对高等学校产生的影响也相对较大。间接控制评价是指国家教育行政部门不直接参与具体的评价活动,而是将其委托给具有较浓厚官方色彩的社会组织,让其代行评价之职。在此过程中,政府的职责是进行"元评价",即对接受委托的评价机构或组织进行评价,以确认其具备高等教育评价的能力。

参与高等教育评价的社会组织主要是指非官方的社会中介机构或组织,在各国高等教育评价实践中,它们扮演着极为重要的角色。在高等教育日益多元化的今天,评价主体的多元化应是必然的趋势。这是因为,当政府是唯一的评价主体时,评价活动往往成为政府控制高校的单边行为,容易导致高校自身缺乏评价的主动性和积极性。特别是在以公立高校为主的国家,政府评价由政府自身创办、管理的高校,就出现了既是"运动员",又是"裁判员"的状况,这本身就不符合评价的科学性原则,因而其公正性、客观性及科学性容易受到公众的质疑。因此,有必要引入第三方评价主体,即独立于政府和高校之外的中介组织。放眼世界高等教育发展现状,不难发现,但凡高等教育发达的国家,其社会组织评价在高等教育评价中都发挥了重要的作用。以美国为例,联邦政府并未对高校的教育质量作出明确的规定,也不直接对高校的办学行为和质量进行评价,而是通过大量的独立于政府之外的中介组织加以实施。这些组织主要有以西部院校协会、中部院校协会等为代表的院校认证机构和以美国工程技术认证理事会(Accreditation Board for Engineering and Technology,ABET)为代表的大批专业认证组织。这些组织构成了极为有效的高等教育质量评价体系,其得到了美国社会各界的广泛认可。

高校自身也是高等教育评价的重要主体之一。在高等教育评价中,不仅需要政府部门和社会中介组织等外部评价机构,同样也要求高校自身参与其中。"完整的质量评估行为虽然可以来自组织系统的内部和外部各个方面,但说到底,质量评估终究还是院校自己的事情。"[①]只有高校自身深刻认识到评价对于本校改革和发展的积极意义,并积极主动地实施自我检查和反思,高等教育评价才可能真正取得实效。"自我评鉴可以刺激机构对长期被忽视的政策、实务、程序和记录加以重新检核,也可以激荡出有用的学程革新和经费筹措的巧思。"[②]如果说外部评价是周期性的、间隔时间较长

---

① 董云川.二八分治:中国高等教育质量评估制度改良的必然归属[J].高教探索,2010(4).

② [美]凯尔士.大学自我评鉴[M].王保进译.台北:正中书局,2002:52.

的评价,那么高校自我评价则是经常性的,甚至是日常性的教育管理活动。它不仅包括大规模的、全校性的评价活动,如高校对各院系教学、科研等工作的检查等,也包括各院系甚至教研室自身开展的各类微观的检查、评价活动。高校的自我评价活动有助于其及时发现自身存在的各种问题与不足,对于推进教育改革,提高教学、科研及人才培养质量和效益有着极为重要的意义。

(四)高等教育评价的内容

高等教育评价的主要内容是指评价过程中的主要观察点,是评价实施的重要依据。在任何类型的评价正式实施之前,都必须明确评价的具体内容,并据此制定详细的评价指标体系。由于评价的对象、类型及规模等各不相同,其内容也千差万别。在教育部主导的普通高校本科教学工作水平评估中,评价的内容几乎涵盖了所有与本科教学工作相关的内容,包括办学指导思想、师资队伍、教学条件与利用等7个一级指标和1个特色项目。每个一级指标里又包含了若干二级指标,共有19个二级指标,其中涵盖了44项观测点,基本覆盖了本科教学工作的各个主要方面。这种评估在内容上的特点是覆盖面广,但对各项观察点的评价深入不够,没能涉及教学的最微观的层面。与这种评价模式不同,高校内部的一些评价尽管在评价广度上不如前者,但更容易深入最微观的操作层面。例如,各教研室对教师教学行为过程的评价,既要涉及教师的教学态度,又要观测他们教学的具体过程和环节,如备课、包括课堂导入等在内的课堂教学各环节以及课后对学生反馈意见的反应等。

(五)高等教育评价的基本原则

尽管高等教育评价因其目的和对象等各不相同而呈现不同的特点,但在评价活动具体的实施过程中,仍有一些需要共同遵照的事项,我们称其为评价的基本原则。明确并理解这些原则对于顺利开展评价活动、提高评价活动的实效性、促进被评价对象的进一步发展具有重要的意义。

首先,从评价主体上看,高等教育评价应贯彻外部评价与自我评价相结合的原则。从利益相关者角度看,高等教育的质量和效益直接或间接地影响了政府、投资者、高校师生等的利益。如果考虑到公立高校的办学经费最终来源于广大纳税人,那么,高等教育质量和效益的高下关乎每个公民的利益。因而,每个公民都对高等教育享有知情权。从这个角度出发,高等教育接受内、外部评价就具有无可辩驳的合理性。就评价活动本身而言,内、外部评价相结合的方式也是必不可少的。这是因为，无论是外部评价还是内部评价，缺少另一方的单方评价都无法保证评价活动的科学性和有效性。单一的外部评价尽管可以客观地评判高校的教育状况，但由于高校作为评价对象被排斥在评价主体之外，无法真正融入其中，许多真实情况得不到体现，评价的科学性也就无法保证了。而单一的内部评价尽管有效地发挥了高校的能动性，弥补了上述缺陷，但可能会出现高校由于担心声誉受损而刻意隐瞒缺陷甚至弄虚作假的情况。因此，把内部评价和外部评价有效地结合起来是保证评价公正、科学、有效的必然选择。

其次，从评价方法上看，高等教育评价应采用定量评价与定性评价相统一的原则。定量评价与定性评价是高等教育评价过程中两个最基本的方法。定量评价是指通过收集与评价内容相关的数据，并对其进行分析，以此对评价对象作出价值判断的方法。这种方法的特点是"用数字说话"。由于定量评价大量采用可以进行直接对比的数值，客观公正，说服力强，因而在高等教育评价中被广泛使用。但这种方法也存在不足，主要表现在不能对复杂的事物进行系统性描述，无法反映事物表象之下的深层次原因。定性评价是指运用抽象概念和相关理论对获取的材料进行分析，并运用归纳的方法对评价对象作出价值判断的方法。与定量评价法相比，定性方法的优点是全面、深入，但也由于其主观性太强而在一定程度上影响了评价的客观性和科学性。鉴于定量评价与定性评价都存在各自的优劣，因而在高等教育评价的实践中，应将二者结合起来，以扬长避短、相互补充，使评价结果更加科学、公正。

最后，从评价标准上看，高等教育评价应遵循统一性与多样性相结合的原则。从公正性出发，在高等教育评价中，应制定一个明确的、统一的标准，以此作为评判优劣的客观依据。没有统一的标准，就失去了评判的参照系，评价活动也就无从开展。然而，从另一方面看，我国目前高等教育大众化正向纵深发展，表现之一就是高等教育机构的多样性和复杂性。机构的多样性和复杂性既是高等教育自身发展的必然结果，也是社会需求在高等教育方面的集中体现。对不同类型的高校采用相同的标准进行评价，显然有失公允。因此，在高等教育评价过程中，如何处理好标准的统一性和评价对象的多样性二者之间的关系，是评价者必须面对的问题。比较可行的办法是进行分类评价，并适当增加评价指标体系中特色项目的数量和权重，以鼓励高校办出特色，丰富高等教育系统。

二、我国社区学院的评价制度

作为一种新兴的高等教育机构,我国社区学院目前面临的主要问题是如何获得政府的审批和社会的认可。从我国社区学院发展的现状看,尽管在北京、上海、浙江等地有数量不菲的冠以"社区学院"名称的机构,但无一例外,它们都未能获得在教育部备案的资格,这意味着教育部并未正式认可社区学院这一高等教育机构形式。在这种情况下,许多社区学院采取了挂靠其他单位的做法,如:北京市丰台社区学院挂靠在丰台区职工大学这一成人高校内、上海市长宁社区学院挂靠在长宁区业余大学内。"没有合法身份"是现今社区学院管理人员最感苦恼与困惑的问题。本研究认为,造成这种状况的主要原因是,全国冠名"社区学院"的机构遍地开花,鱼目混珠,极不规范,致使包括政府在内的社会各界对于社区学院这一新型高等教育机构的社会功能及教育质量心存疑虑。因此,有必要建立专门的评价制度,对社区学院的教育质量和功能作全面的评价。一方面,通过专门的评价制度,设定相应的准入制度,规范社区学院的办学行为,使之朝正规化的方向发展。另一方面,通过评价活动,促进社区学院进一步明确办学目标,努力改善办学条件,提高教育质量,增强服务社区的能力。

(一)社区学院评价的主体

根据高等教育评价的相关理论及我国的现实国情,我们认为,社区学院评价主体应体现多元化的特点,即实行由政府主导的、社会评价机构具体实施的、学院积极参与配合的评价模式。下面对作为评价主体的政府部门和社会评价机构作一论述。

在我国现行高等教育管理体制背景下,政府在高等教育评价过程中应发挥主导作用,特别是在社区学院这一新型机构的准入认证评价过程中,政府更应体现出不可替代的作用。我们认为,政府的主导作用并不意味着其应参与具体的评价活动,而是反映在以下几个方面:一是对具体实施评价活动的社会评价机构进行资格认证,只有符合特定条件的机构才被允许从事社区学院的评价活动;二是制定相应的法律法规,为社区学院评价活动提供法制保障,如,规定所有的社区学院必须定期接受评价;三是主导制定社区学院的评价标准,确保社区学院评价的基本方向。

社会评价机构是实施社区学院评价的主体。其基本职责是在政府相关部门的指导下,制定评价的具体程序、评价内容和指标体系,并加以实施。

社会评价机构在正式实施评价活动前必须向政府部门申请并获得相应的评价资质,这一环节是为了确保作为中介组织的社会评价机构具备相应的条件和能力。例如,美国的高等教育评价组织必须获得联邦教育部或美国高等教育认证理事会(CHEA)的认可,以确保认证组织"在一般目的(宗旨)、组织结构、专业人员构成模式、认证过程的性质等方面有一定的类似性,都必须能够满足认可标准,如有正式的认证委员会、专门的工作人员、明确的认证标准和程序、确定的办公场所、保证运营的财务支持等"①。鉴于社区学院社会职能的广泛性和多样性,社会评价机构内的成员应该体现多元化的特点,既有来自社区学院或其他高校的代表,也有地方企事业单位的代表以及其他公共利益者的代表。

作为非政府的社会中介组织,社区学院评价机构要体现独立性、公正性和权威性的特点。独立性是指评价机构在实施评价活动时,不受政府行政部门和评价对象或与其有利益联系的组织或个人的影响,独立自主地开展评价活动。公正性是指评价机构根据评价对象的实际情况,实事求是地进行评价活动,得出合乎实际的评价结果。权威性则是指评价机构作出的评价结论具有极高的公信力。社会评价机构要实现独立性、公正性和权威性,必须具有独立的资金来源,这样就可以有效避免因与评价对象有利益关系而出现评价活动受到干涉、从而导致评价结论有失公平的现象。此外,健全的市场机制也是保障评价活动独立、公正的必要条件。作为中介组织,社会评价机构的声誉是其赖以生存和发展的重要因素。一个评价机构只有独立自主地开展评价活动,作出符合实际情况的评价,其评价结论才具有公信力,才会被社会所认可。否则,它就会被教育评价的市场所淘汰。

(二)社区学院评价的内容

教育评价的核心是合理地选定评价的内容。从理论上看,评价内容越广泛,评价的结果就越真实可信。例如,美国中部院校协会(MSA)从目标、资源和成就三大板块对学院进行评价,并具体从七个方面进行考查,即合适的学校宗旨、为实现该宗旨而开展的教育行为、充足的教育资源、办学效率和学生的学习效能、学校的办学成果、学校的可持续发展能力及其他必须符

---

① 王建成.美国高等教育认证制度研究[M].北京:教育科学出版社,2007:74.

合的认证机构设定的标准。[①] 但在我国教育评价的实践中,受评价时间、费用等成本的限制,并考虑到评价活动给评价对象正常教育活动带来的负面影响,评价内容的选定应贯彻全面性与精简性相结合的原则,即选定的内容既能基本反映评价对象的各方面情况,又不致因内容太多而使评价活动过于复杂。因此,在社区学院的评价过程中,评价主体应选择最能体现其教育质量和效益的关键环节作为评价内容。根据这个原则,我们认为,社区学院的评价应主要围绕以下内容开展:是否有清晰、明确的办学宗旨;是否开展相应的活动以实现该办学宗旨;是否拥有足以支撑这些活动的办学条件;是否具有合理的管理体制;是否有效地实现了学校宗旨。

1. 对社区学院办学宗旨的评价

办学宗旨是学院性质的直观反映,也是学院的灵魂所在,学院几乎所有的教育教学行为都是围绕办学宗旨来开展的。通过考查办学宗旨可以对评价活动起到提纲挈领的作用。理论上,社区学院的使命在于通过自身的教学和社会服务,为社区经济和社会发展提供智力支持和技术服务。评价者可以考查相关材料,了解评价对象的办学宗旨是否明确体现这一使命,以及该宗旨是否得到学院董事会、师生员工及社区民众的广泛认同。之后,评价者应进一步了解学院是否将办学宗旨贯彻于具体的教育教学活动之中。例如,考查社区学院的日常教学是否体现了与所在社区的密切联系,学院是否开展了经常性的社区教育活动,等等。

2. 对社区学院相关活动的评价

社区学院的宗旨与使命最终都要落实到教学、研究及社会服务等各项具体的活动中,缺少这些具体的活动,其宗旨和使命将无从实现。因此,对各类具体活动的考查将成为社区学院评价的主体内容。在前面的相关章节中,我们论述了社区学院的主要职能特点是以高等职业教育为核心、以社区教育为特色、以成人高等教育为补充、以转学教育为突破口。而社区学院的主要活动都是围绕这些职能展开的。因此,对社区学院开展活动的评价也应围绕这四种职能进行。例如,评价机构可以根据学生的结构和开设的课程比例来判断学校是否开展了足够的职业教育活动;学校是否建有相应的校内外实训基地,以促进学生职业技能的形成;学校开设的各类课程能否较

---

① MSA. Characteristics of Excellence [EB/OL]. http://www.msche.org/publications. 2010-08-12.

好地适应当地经济和社会发展的需求;学校的课程是否具有足够的灵活性以满足学生多样化的需求;学校是否经常性地开展服务社区的各类活动;等等。

3.对社区学院办学条件的评价

要实现社区学院的办学宗旨,就必须开展相应的各类活动,而活动的开展则有赖于学院的各种条件或资源。换言之,学院的办学条件是实现其办学宗旨的基本物质前提。因此,对相关办学条件的考查也是社区学院评价的重要内容之一。一般而言,评价学院的办学条件可从人力资源、物力资源和财力资源三大方面进行考查。

教师是社区学院人力资源中最重要的组成部分,师资队伍建设是社区学院整个运行机制的关键一环。对于以教学为主要任务的社区学院而言,建设一支素质精良、结构合理的教师队伍是学院生存和发展的前提性条件。因此,对师资队伍建设的考查应成为该项评价的主要着眼点。具体而言,评价主体可以从教师的聘任标准、教师的数量与结构、教师的素质以及教师的发展等四个方面进行评价。从聘任标准看,评价者要考查社区学院的教师选聘是否体现了该校的特性和宗旨。教师的数量可以通过生师比来反映,教师的结构则主要体现在年龄、职称、学历以及"双师型"教师等的比例上。

考虑到社区学院的特性,兼职教师,特别是来自企事业单位的兼职教师的比例应成为关注的重点。我国社区学院应建立以兼职教师与专职教师相结合的师资队伍,原因有三。其一,多样化的社区需求促使社区学院不断调整教育内容和方式,而教师的专业知识和技能是相对稳定的,由此可能出现教师的知识、技能结构与社区需求之间的不协调现象。为此,社区学院应根据当地实际需求,大量聘用兼职教师,充分利用兼职教师的灵活聘用制度,及时满足多样化的社区需求。其二,聘用兼职教师能节省费用。相对于专职教师而言,大量聘用兼职教师可节省大量经费,如养老保险等福利开支和办公室设施等教学投入,仅支付一定的课酬即可。其三,从当地企事业单位和社区居民中聘请兼职教师可加深学院与当地社会的联系,更好地了解社区的实际需求,从而有利于更好地实现服务社区的宗旨。基于这些原因,根据实际需求聘用兼职教师,建立专、兼职教师相结合的师资队伍,是我国社区学院发展的基本策略。

教师的素质可以通过听课、座谈、查阅相关资料等方式加以考查,以评价其教学水平、科研能力及社会服务能力等。对于教师的发展状况,评价者可从两个方面进行考查:一是教师自身的自我发展能力和发展意愿;二是学院为教师发展提供的便利条件,包括制度安排、经费提供等方面。

除了人力资源,物力资源同样也是学校正常运转必不可少的基本条件,其数量、运行状况及使用效率在很大程度上体现了学校教育教学的现实状况,因此也是评价的重要内容。学校的物力资源主要包括与教育、教学及生产生活直接相关的各类有形资源,如图书馆、教室、实验室、运动场馆、食堂、图书资料、实训场以及相关设施等。在对社区学院实施评价时,评价者一方面要了解各类物力资源的绝对数量,另一方面更要考查这些资源的使用效率及运行情况。这是因为,即便学校拥有充足的、良好的设施,但如果不能加以有效利用,使其长期处于闲置状态,那么这些资源对于学校而言就没有实质性的意义。此外,对于密切联系地方的社区学院而言,资源共享是学校与社会联系的重要方式。因此,评价者还应将校内资源对社会开放的情况以及学校利用校外资源的情况纳入考查的范围。

财力资源之于学校如同血液之于人体,其重要意义不言而喻。充足、稳定的财力资源有助于学校办学宗旨的顺利实现,反之,经费不足则会使学校陷于困境。因此,财力资源既是办学者追逐的目标,又是评价者关注的重点。首先,要考察学院是否有充足、稳定的经费来源。在我国,公办社区学院的经费来源主要有三种:政府财政拨款、学费收入及社会服务收入。由于政府财政拨款占有相当大的比重,因而公办社区学院的经费来源较为稳定。对于民办社区学院而言,其办学经费主要依靠学费收入和自筹经费,因而呈现不稳定的状态。无论公办社区学院还是民办社区学院,都应根据自身特点,采取相应措施,广开财源,确保充足的办学经费,以促进自身使命得以实现。其次,要考查学院经费开支是否合理,是否与自身办学宗旨相符。最后,经费的使用状况也是评价考查的项目。在学院办学经费总额不变的情况下,经费的使用情况成为影响学院财务状况的决定性因素。学院应就是否建立健全财务管理制度、能否确保财政收入与支出的平衡等问题向评价机构作出回应。

4.对社区学院管理体制的评价

管理体制是反映高校综合实力的重要指标,建立科学、高效的管理体制对于顺利开展各项教育活动、完成高校使命和宗旨有着极为重要的意义。对于社区学院管理体制的评价应从以下方面着手。首先,在组织结构上,要考查社区学院是否体现精简、高效的特征。在高等教育大众化的背景下,高等教育机构之间的竞争空前加剧,对于立足社区、面向市场的社区学院而言尤其如此。因此,建立一个精简、高效的组织结构有助于节约开支、提高工作效率,更好地适应高等教育市场的竞争。社区学院的组织结构应与学院职能体系相适应,既有特定的机构以实现相应的职能,也有相应的研究和辅助机构,以支持职能的实现。其次,要考查社区学院是否建立了一支优良的管理人员队伍。完善的组织结构还须配备精良的管理人员队伍。学院应配备一支结构合理、人员稳定、素质优良的管理队伍,为学院教学和社会服务提供强有力的支撑。最后,要考查社区学院是否建立健全各项管理制度。从一定意义上说,学院的组织结构反映的是一种静态的特征,就其本身而言并不能对学院产生直接的影响,只有通过相应的制度,使各结构单元之间形成特定的关系,这样才能良好地行使一定的管理职能。换言之,能否建立健全各项管理制度是学院管理体制优越与否的关键所在。优良的管理制度主要体现为两点:一是制度的全面性,即覆盖了学院工作的方方面面;二是制度的实效性,即该制度被学院相关部门遵照执行并对学院发展产生积极的影响。以学院教职工民主参加学校事务管理为例,高等院校通过以教师为主体的教职工代表大会等组织形式,依法保障教职工参与民主管理和监督的权利,维护教职工合法权益,这是《高等教育法》明确规定的内容。社区学院应成立教职工代表大会或类似机构,并建立与之配套的管理制度,定期召开教职工代表大会,对学校重大事项进行评议、协商和表决,使该项制度真正落到实处。如果仅设有相关机构,没有相应的配套制度,或仅有机构和制度,最终并未真正实施,都应被认定为管理体制存在缺陷。

5. 对社区学院教育结果的评价

不同目的的教育评价关注的重点内容也不尽相同,但无论何种教育评价,教育结果都是它们共同关注的对象。这是因为,教育结果是教育过程各环节质量和效益的集中体现,正如有学者指出,"教学条件建设与投入是高等院校开展各项工作的基本前提,而衡量高等教育质量的落脚点是教育的产出"[①]。一般而言,教育结果是与特定的教育行为相关联的,因此,对高校教育结果的评价应主要围绕教学、科研和社会服务这三个基本职能进行。

---

① 钟秉林,周海涛.国际高等教育质量评估发展的新特点、影响及启示[J].高等教育研究,2009(1).

由于社区学院大多属于教学型、服务型的地方性院校,科学研究在学院或教师的日常工作中影响甚微。根据社区学院这一特点,对其教育结果的评价可从人才培养和社区服务两方面展开。

在人才培养方面,评价者可重点关注两点:一是在校生的教育质量;一是毕业生的发展情况。在校生教育质量主要是指学生在校期间在知识、能力、素质等方面的综合实力状况。对于教学型高校而言,学生的质量是体现高校教育成果的主要方面。考虑到社区学院服务社区的特性,对学生质量的评价应更加强调职业能力和态度的考查,对其理论知识的考查则在其次。此外,学生考取的各种职业技能资格证书和在各种形式的竞赛中获取的成绩也应成为反映在校生教育质量的指标,如微软系统工程师资格证书、全国职业院校技能大赛奖项,等等。对毕业生发展情况的考查也是评价社区学院人才培养质量的有效途径。因为,学生毕业后的发展状况与其在学校就学时所形成的知识、能力和素养的结构和水平直接相关,对于以职业为导向的学生,二者的关系更为显著。毕业生就业率、初次就业的薪资水平以及用人单位对毕业生的满意状况较真实地反映了毕业生的发展状况,因而应当成为评价者的观测点。

社区服务是社区学院独具特色的教育职能,因而也是衡量和评价社区学院教育结果的重要内容。社区学院开展社区服务主要通过以下方式加以实现,而这些服务方式及其效果也正是社区学院教育效果评价的重要方面。首先,社区学院应根据所在社区的实际需求,提供各种非正规、非正式的教育或培训活动。社区学院与其他类型高校的主要区别就在于"社区"二字,名副其实的社区学院应在此处大做文章,以体现学院特色。例如,北京朝阳社区学院在实践中将社区教育相关内容列入学院发展规划之中,以明确的目标规范工作,在学院"十五发展规划"中,将"服务社区工程"列为八项实施工程之一,明确规定要"为社区发展提供智力支持"、"为社区居民学习、培训、健身、娱乐提供服务"等,并开展了"教职工下社区"的相关活动。[①] 朝阳社区学院正是在大力开展社区服务的过程中逐步明确了自身定位,获得了地方各界的广泛认可,也因此为中国社区学院的发展树立了良好的典型。

---

① 北京市朝阳社区学院社区工作研究室.关注民生——社区教育研究报告[M].北京:当代中国出版社,2009:102.

其次,社区学院应成为社区终身教育的中心。近年来,随着终身教育思想日益深入人心,构建终身教育体系、建设学习型社会已逐渐成为各地社会发展的主题。在此背景下,拥有较丰富人力资源和知识、信息资源的社区学院应在终身教育理念指导下,本着开放办学的原则,利用深入社区的优势,大力开展正规教育、非正规教育、非正式教育,为人人学习、时时学习、处处学习创造条件,成为终身教育的中心。在终身教育的浪潮中,如果社区学院仍固守封闭的传统教育观,那么,它必将失去应有的特色,成为名不符实的传统教育机构。此外,考虑到社区学院与所在区域的紧密联系,地方各界对社区学院的满意度、认可度也可作为评价社区学院教育效果的观测点。

(三)社区学院评价的基本过程

高等学校是一个机构复杂、功能多样、事务繁杂的庞大系统,因而对它的评价也相当复杂。为了使复杂的评价活动更加科学合理、富于成效,对整个评价活动制定一套相对固定的程序是有必要的。由于评价对象千差万别,评价目的也不尽相同,因而评价过程也不宜千篇一律,但对高校评价过程的基本程序作一归纳还是可能的。例如,美国的学校要获得认证机构的认可,一般要通过 5 个基本步骤,即申请认证资格、自我评估、实地考查、认证决策、周期性复评。[①] 我们认为,社区学院评价是一个评价者与被评价者相互配合的过程,是在一定的评价标准基础上评价者对被评者的相关项目进行考查、分析并最终就相关内容作出价值判断的活动。基于这一认识,我们认为,社区学院评价的基本过程包括评价机构制定评价规则、社区学院进行自我评价、评价人员驻校评价以及社区学院进行整改等 4 个步骤。

首先,评价机构制定评价规则。评价规则是实施评价活动的基本前提,"无以规矩,不成方圆",制定一套明确的、可操作的评价规则对于确保评价活动顺利开展并取得良好成效有着极为重要的意义。制定评价规则的最关键的一点就是确定社区学院评价的内容和指标体系。在构建指标体系之时,评价机构不仅要明确社区学院评价的主要内容以及反映这些内容的基本观测点,还应根据各观测点内容在社区学院办学过程中的作用与意义,对其赋值,以便进行综合评价。此外,评价机构在实施评价活动之前还应就评价基本程序、评价的主要技术和方法以及基本原则进行商定。总之,做好评

---

① 王建成.美国高等教育认证制度研究[M].北京:教育科学出版社,2007:93.

价活动的各项准备工作是评价机构实施评价活动的必要前提。

其次,社区学院进行自我评价。社区学院的自我评价对于整个评价活动是必不可少的,并且随着评价理念的发展,它还将成为最重要的评价形式。社区学院开展自我评价,一方面为校外评价机构实施评估考查提供了详细的自评报告,为其奠定了坚实的评价基础;另一方面,通过自我评价,社区学院深入了解了自身具备的优势和存在的各类问题,而这种切身的体会有助于日后提高整改的实效性。社区学院实施的自我评价应包括如下内容:一是深入了解有关评价工作的各类文件,如评估方案、评估指标体系等。社区学院通过学习这些文件,可了解评价程序和相关要求,提前做好相应准备,以利于评价活动顺利、高效地完成。同时,通过这一环节,社区学院进一步明确了评价活动对于自身发展的积极意义,动员全校力量以评价为契机,大力提高教育质量,促进学院更好地发展。二是根据外部评价机构的相关文件的要求,部署并实施自我评价。三是撰写自评报告。社区学院在结束自我评价后,要及时将自评的结果形成正式的报告。其主要内容包括学校历史和现状、自评基本程序、自评主要内容、成绩和问题以及整改思路等。自评报告内容应尽可能客观、真实、精简,以便外部评价机构根据该报告的具体内容组织下一步的评价活动。

再次,评价人员驻校评价。评价机构在确定评价内容、制定评价规则之后,即选聘评价人员进驻社区学院进行实地考查评价。评价人员驻校评价是整个评价活动的核心环节,它主要包括审阅自评报告、全面考查学校教育教学等方面情况、形成评价结论、通报评价结论等环节。社区学院提交的自评报告是评价人员实施评价的前提性材料,通过审阅自评报告,评价人员可以有针对性地制定或调整评价计划,以真实、有效地反映社区学院的办学情况。审阅自评报告后,评价活动即进入全面考查社区学院教育、教学、管理等情况的环节。在这一环节,评价人员应采用各种方式、方法,如随堂听课、召开师生座谈、听取相关部门汇报、随机访谈、走访社区居民等,以全面收集社区学院办学情况的证据材料。在全面掌握相关情况之后,评价人员要召开评审会,结合事先制订的评价规则,对已掌握的材料进行分析,从优势和不足两方面进行总结,并提出相应的建议,最后进行整体价值判断。驻校评价的最后环节是召开由评价人员和社区学院相关人员参加的评价结果通报会,将评价的过程、结果及评价组的整体意见和建议向社区学院进行通报。

最后,社区学院进行整改。社区学院的评价活动最终要落实到学校的整改行为上,否则评价活动就失去了实际意义,因此,社区学院的整改阶段成为整个评价活动的最终环节。社区学院的评价是一次全面检查学校教学、管理工作的活动,学院应以此为契机,高度关注在此过程中暴露的各种问题,根据评价组的评价结论,结合实际情况,采取各种措施,发扬自身优势,克服存在的问题,弥补现有的不足,以促进学院更好地发展。

本章小结

本章是本书的核心部分,共有三节,分别介绍了我国社区学院的组织结构和管理模式、经费筹集机制以及评价制度等三个方面的内容。

在第一节中,首先梳理了中外大学组织结构的演变,随后介绍了加拿大学者亨利·明茨伯格的组织结构理论,并在此基础上构建了两种社区学院的组织结构形态,即民办社区学院和公办社区学院的组织结构。二者的差别主要体现在战略高层的构成及权责关系以及与外界的联系等方面。

本章第二节的主要内容是如何构建我国社区学院经费筹集机制。本研究认为,为确保社区学院有充足、稳定的办学经费来源,首先要将办学经费纳入政府的财政预算,对于民办院校也应给予一定的财政支持;其次应设置合理的收费标准;再次,应充分发挥社区学院的社区服务功能,由此增加学院的社会服务性收入;复次,社区学院应努力提高自身的社会知名度和认可度,大力争取社会捐赠;最后,要充分发挥社区学院的独特优势,大力开展留学生教育,扩大学院的筹资渠道。

社区学院的评价制度是其运行机制中不可或缺的重要组成部分。第三节介绍了高等教育评价制度的基本理论,包括评价的内涵、功能、主体、内容及基本原则,并在此基础上构建了我国社区学院评价制度的基本框架。本研究认为,鉴于我国社区学院的独特性,其评价制度应包括如下主要内容:在评价主体上,建立由政府主导、社会专业评价机构实施、社区学院主动参与的模式;在评价内容上,紧密结合社区学院的使命与特征,建立包括办学宗旨、教育活动、办学条件、管理体制以及办学效果等在内的内容体系;在评价过程上,形成由外部评价机构和学院自身共同开展的制定计划、具体实施以及整改提升的完整程序。

第五章

案例研究

　　在前面的章节中,本研究分析了我国社区学院的内涵、特点、功能及其运行机制,为我国社区学院的形成和管理提供了理论支持。本研究所构建的社区学院有着基于现实的理想状态。这意味着,本研究中的社区学院既不完全等同于我国现有的冠名为"社区学院"的机构,又与包括部分高职院校在内的高等教育机构有着密切的联系。如前所述,受我国政府较为紧张的财政状况和高等教育适龄人口的下降趋势等因素的影响,社区学院的建立宜采用在原有机构基础上改制而成的方式。也即是说,我国可将已有社区学院和高职院校进行适当改造,使之成为立足社区、服务社区的新型高等教育机构。本章采用案例研究的方法,对三所高等教育机构进行分析,试图找出它们与本研究所构建的社区学院的差距,并在此基础上提出应如何向新型社区学院转型的建议。

　　本章选取了北京市朝阳社区学院、厦门城市职业学院和泉州理工学院三所院校作为案例进行分析。本章之所以选取这三所学校,是基于研究的需要。因为它们分别代表了三种不同的类型:已冠名社区学院的机构、公办高职院校以及民办高职院校。朝阳社区学院是北京市最早使用社区学院这一名称的高等教育机构,它由几所成人高校合并而成,因而带有浓厚的成人高校的色彩。该学院近年来在社区化的道路上取得了较好的成绩,现已成为北京市乃至全国社区教育的先进典型。该学院已将服务社区确定为自身的办学宗旨,但受各种条件的限制,实际上并未很好地实现这一办学目标。厦门城市职业学院是一所公办高等职业院校,自组建以来,依托厦门市的区位优势,结合自身的办学经验,学院取得了较好的成绩。但由于管理体制等因素的影响,厦门城市职业学院服务地方经济和社会发展的能力和水平还有待提高。泉州理工学院是一所民办高等职业院校,以市场为导向是该学院的基本特色,这一性质特点决定了该学院在社区化的过程中具有不同于其他院校的特殊性。本研究试图通过对不同类型的院校进行分析,探明成人高校和高职院校应如何向新型社区学院转型。

第一节 朝阳社区学院转型研究

一、北京市朝阳区的区位优势[①]

北京市朝阳区位于北京市区东部,是北京市面积最大、人口最多的城区,截至 2010 年 10 月,该区总面积 470.8 平方公里,常住人口 300.1 万,其中外来人口 96.3 万,占北京市外来人口总数的 22.9%,此外还有 14 万左右的农民。朝阳区现有 23 个街道和 20 个地区办事处。在经济结构上,朝阳区以第三产业为主,2007 年,辖区内第一产业仅占 0.08%,第二产业占 15.41%,第三产业达到了 84.51%。同年,朝阳区国内生产总值达到 1670.4 亿元人民币,占全市 18 个区县总量的 18.5%;税收为 579 亿元人民币,比 2006 年同期增长 40.4%,区级财政收入 141.5 亿元人民币,比 2006 年同期增长 32.8%。2007 年朝阳区城镇居民人均可支配收入达到 22377 元,比上年增长 15.2%,农民人均纯收入达到 13284 元,比上年增长 11.2%。目前,北京市六大高端产业功能区已有 3 个落户于朝阳区,即以现代商务服务和国际金融为核心的 CBD、以微电子技术和网络技术为核心的电子城以及以文体产业为核心的奥运城。雄厚的经济实力为朝阳区率先在北京建设社区学院打下了坚实的基础。

朝阳区文化教育资源非常丰富,中国传媒大学、对外经贸大学等近 30 所高校驻扎区内,辖区内还分布着 8 所职业学校、82 所中学、150 所小学和

---

① 本部分材料除注明的外皆来源于朝阳区政府门户网站和相关调研材料。

149 所幼儿园。朝阳区社区教育资源也非常丰富,共有居委会教学点 400 多个、文化广场 200 多个、文化中心 31 个、社区文化室 463 个、社区教育基地 186 个、文明市民总校 1 所、文明市民中心校 43 所、文明市民基层校 421 所。① 此外,朝阳区还拥有数量不菲的图书馆、科技馆、文化馆、博物馆等文化设施,为更好地开展社区教育、大力发展终身教育、建立学习型社会提供了极为有利的物质条件。

二、朝阳社区学院概况

北京市朝阳社区学院正式挂牌成立于 1999 年,是在原朝阳区职工大学基础上整合北京广播电视大学朝阳分校和朝阳师范学校两校教育资源而建立起来的,是北京市第一所社区学院。成立伊始,学院即受北京市教委的委托,作为承办单位筹办了中美社区学院研讨会,进一步了解了社区学院的发展理念,为日后自身的发展奠定了思想认识基础。朝阳社区学院以“立足社区、服务社区”为宗旨,以“建设一流社区学院,实现个人、组织共同发展”为组织目标,努力承担起学历教育、非学历教育和社会文化生活教育三大任务。学历教育以大专层次的成人教育为主,包括职工大学、电大、自学考试及与其他高校的合作办学等形式。非学历教育以面向社会各界开展的各项职业技术培训为主。社会文化生活教育即社区教育,是学院最具特色的功能。经过 10 余年的发展,朝阳社区学院已基本形成了多学科、多层次、多形式的办学模式,学历教育在校生年均规模达到 2500 余人,非学历教育在校生年均约 1 万人次。建校以来,经过学院教职工的不懈努力,学院取得了较好的成绩,先后获得了首都文明单位、北京市创建学习型学校先进单位、北京奥运培训工作先进单位等荣誉称号。朝阳社区学院所取得的良好的教育效益和社会效益引起了社会各界广泛的关注,中央电视台、中央人民广播电台、《北京教育报》等多家媒体先后对学院的办学状况和成绩作了报道,也吸引了上海、天津、浙江等地的同类院校前往学习、交流经验,目前其已成为中国社区学院办学模式的先进典型。

---

① 北京市朝阳社区学院.关注民生——社区教育研究报告[M].北京:当代中国出版社,2009:248.

三、朝阳社区学院运行机制分析

(一)组织结构与管理模式

作为以"立足社区、服务社区"为办学宗旨,力图成为开放式、大众化、综合性学校的新型高等教育机构,朝阳社区学院在组织机构及管理模式上既保留了我国高等教育机构的固有特征,又在一定程度上体现了改革与创新,其组织结构如图 5-1 所示。

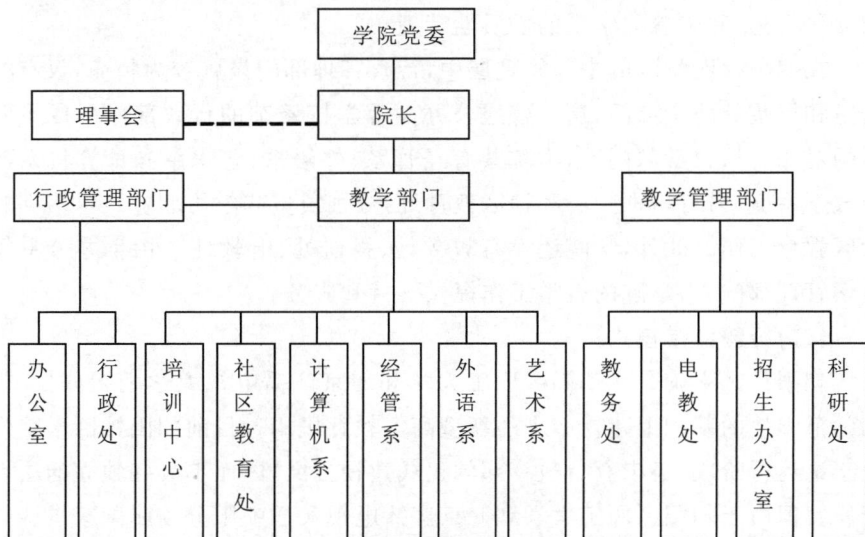

图 5-1 朝阳社区学院组织结构图

从图 5-1 可以看出,与其他公办普通高等学校相同,朝阳社区学院实行党委领导下的院长负责制。根据《中华人民共和国高等教育法》的相关规定,学院党委统一领导学院工作,支持院长独立自主地行使管理学院的行政职权;院长则在党委领导下,执行党的路线、方针、政策,坚持社会主义办学方向,全面负责学院教育、教学和管理的各项事务,以确保圆满完成学院以培养人才为中心的各项任务。

根据美国社区学院的成功经验,结合自身的实际情况,朝阳社区学院在成立之初就设立了理事会。理事会有成员 20～30 人,主要由朝阳区领导、各委办局领导、企事业单位负责人以及热心教育事业的专家学者组成,理事长由主管教育的副区长兼任。正如朝阳社区学院负责人所言,学院理事会主要由有权之人——政府官员、有钱之人——企业界人士及有名之人——

专家学者三部分人构成。在理事会成员中,社区学院代表仅有院长1人,没有教师代表、学生代表和社区民众代表进入理事会。朝阳社区学院理事会被赋予的职责是:首先,对影响学院发展的重大战略的制定及实施建议献策,发挥参谋作用;其次,充分利用理事会成员的身份地位及社会影响力,为学院的发展提供各种便利条件;最后,通过理事会各成员,特别是企业界人士,为社区学院的发展争取一定的经费支持。从朝阳社区学院管理的实际情况看,理事会并非学院的一个管理层级或管理部门,而是一个类似智囊团的参谋机构,并未参与学院的实质性管理。

在朝阳社区学院的中间管理层中,行政管理部门设置较为精简,仅有办公室和行政处两个部门,这与普通公办高等学校繁杂的行政部门形成了鲜明的对比。从教学部门看,学院共有经管系、外语系、艺术系和计算机系四个教学系部,另有培训中心和社区教育处,分别负责非学历职业技术培训和社区教育工作。此外,学院还设有教务处、科研处、电教处及招生办公室等教学管理部门,为学院的教学工作提供支持和服务。

(二)经费筹措模式①

朝阳社区学院是在朝阳区职工大学和北京广播电视大学朝阳分校、朝阳师范学校的基础上建立起来的新型高等教育机构。目前朝阳社区学院仍处于试运行阶段,还未获得教育部的正式建校批文,因而不具备独立的法人资质。但由于朝阳区职工大学和北京广播电视大学朝阳分校属国家承认的公办成人高校,因而以这两校为主体建立起来的朝阳社区学院在实质上享受了公办成人高校的待遇,即办学经费由政府负责提供。目前,朝阳社区学院的办学经费主要来源于北京市朝阳区的财政拨款,其约占学院总收入的70%。学校办学经费另一个重要来源是学费收入,约占总收入的25%。由于朝阳社区学院学费已处于较高水平,因此依靠提高学费来增加学校收入的可行性并不大。以成人高等学历教育(大专)为例,2009年学院招收的应用英语专业学生的学费为每学年3800元,而音乐表演专业的学费则达到了4200元,对于成人高等教育而言,该学院的收费已属较高水平。此外,约有5%的办学经费依靠学院自筹,这部分经费主要来源于向社会各界提供各种技术培训所获得的经营性收入。在学院总收入的结构中,来自社会各界的

---

① 有关办学经费的数据来源于朝阳社区学院提供的相关材料。

捐赠比例极小。由此可以看出，朝阳社区学院的办学经费来源渠道较为单一，过于依靠财政拨款和学费收入，还未真正形成有效的多元化经费筹集机制。

（三）各种教育职能的发挥状况

目前，朝阳社区学院教育职能主要体现在三个方面：一是以学历教育为主的成人高等教育；二是以短期技术培训为主的职业教育；三是以社区文化建设为主要目的的社区教育。

1. 成人高等教育

如前所述，朝阳社区学院是在朝阳区职工大学、北京广播电视大学朝阳分校等的基础上建立起来的，因此，目前学院的基本职能就是承接上述两所成人高校的人才培养任务，开展以大专层次为主的成人高等教育。基于这种现实状况，朝阳社区学院将人才培养的总体目标定位于"立足区域，面向经济社会发展，以素质教育为核心，以知识学习为基础，以能力培养为重点，为区域经济社会发展培养有道德、有新知、有新能、综合素质较高的应用型人才"。在这一目标指导下，朝阳社区学院依据朝阳区以 CBD、电子技术和奥运为特色的产业结构及经济社会发展状况，按照"贴近市场"、"贴近职业"和"贴近学生"的原则，结合自身的特点，不断调整专业体系，现已初步形成具有区域特色的成人教育专业结构，具体专业设置见表 5-1。

表 5-1　2006—2010 年朝阳社区学院专业设置一览表

年份	专科专业	本科专业（电大）
2006	职大：工商企业管理、物流管理、会计、应用英语、计算机网络技术、电子商务、酒店管理、动漫设计与制作、广告设计与制作、电脑艺术设计、幼儿艺术教育 电大：护理、工商管理、行政管理、计算机科学与技术、英语、物业、物流、会计、汽修	工商管理、行政管理、计算机科学与技术、英语、法学、会计学
2007	职大：工商企业管理、物流管理、会计、应用英语、计算机网络技术、电子商务、动漫设计与制作、广告设计与制作、电脑艺术设计、幼儿艺术教育 电大：护理、工商管理、行政管理、计算机科学与技术、英语、物业、物流、会计	工商管理、行政管理、计算机科学与技术、英语、法学、会计学

续表

年份	专科专业	本科专业（电大）
2008	职大：工商企业管理、物流管理、会计、应用英语、计算机网络技术、动漫设计与制作、电脑艺术设计、幼儿艺术教育 电大：护理、工商管理、行政管理、计算机科学与技术、英语、物业、物流、会计、法律	公共卫生事业管理、工商管理、行政管理、计算机科学与技术、英语、法学、会计学
2009	职大：工商企业管理、物流管理、会计、应用英语、旅游管理、电子商务、商务英语、动漫设计与制作、广告设计与制作、电脑艺术设计、幼儿艺术教育、酒店管理 电大：会计学、计算机信息管理、建筑施工与管理、物业管理、行政管理、工商管理、英语、计算机网络技术	金融学、法学、英语、工商管理、行政管理、会计学、土木工程、护理学、社会工作
2010	职大：工商企业管理、物流管理、会计、应用英语、旅游管理、电子商务、商务英语、音乐表演、动漫设计与制作、广告设计与制作、电脑艺术设计、幼儿艺术教育、酒店管理、法律文秘 电大：会计学、计算机信息管理、建筑施工与管理、物业管理、行政管理、工商管理、英语、计算机网络技术、工程造价与管理	金融学、法学、英语、工商管理、行政管理、会计学、土木工程、护理学、社会工作、学前教育

资料来源：朝阳社区学院相关年份的招生简章。

按照"三贴近"的专业设置原则，社区学院较好地实现了人才培养与社会需求相结合的办学目的，增强了学院的社会声誉和社会认可度。2004—2008 年间，朝阳社区学院招生年均增长率超过 50％，不过受成人高等教育生源总体下降的宏观因素影响，近年来学院的招生数量稳中有降。[①] 2009 年，学院所依托的北京广播电视大学朝阳分校被评为全国首批"示范性基层电大"。

---

① 孙桂华.中国社区学院的建设和发展研究[R].朝阳社区学院内部资料.

2. 职业教育

以技能培训为主要内容的非学历职业教育是朝阳社区学院发挥人才培养功能、实现为社区服务的重要形式。在"立足社区、服务社区"办学理念的指导下,朝阳社区学院主动与政府部门和企事业单位联系,大力开展短期的职业培训。朝阳社区学院开展的非学历教育主要有以下几种形式:(1)技能培训。学院与相关单位签订培训合同,由学院为其员工提供各种技能培训,如计算机培训、英语培训、岗前培训等,相关单位根据合同向社区学院支付一定的培训费用。例如,2008 年,朝阳社区学院与苏宁电器有限公司签订了培训合同,对其员工进行礼仪培训。(2)职业资格培训。职业资格培训是指学院开设各种短期辅导班,对准备参加各类职业资格考试的社会人员进行考前培训,主要有计算机等级考试班、职称外语考试班、公务员考试辅导班、会计职称考试班以及社区工作人员考前辅导班及在职培训班等。例如,2002 年,学院为朝阳区社区工作者公开招考考生培训 1400 余人次,2003年、2004 年分别为社区工作者提供 670 人次和 1228 人次的岗前培训,2005年为社区工作者提供提高培训 1105 人次。[①] 此外,学院还根据社会需求,开设了成人高考考前辅导班,取得了良好的经济效益和社会效益。(3)劳动力转移培训。朝阳区现有 14 万左右的农民以及大批由外地迁入的农民工,为了帮助这部分劳动力更好地适应城市工作及生活环境,需要对其实施引导性培训。该类培训既包括职业技能培训,也包括道德教育、礼仪培训等内容。例如,在朝阳区流动人口管理办公室的统筹协调下,朝阳社区学院从2004 年开始,组织教师,深入各街道和居民区,对区内流动人口开展法律知识、职业技能、文明礼仪、心理健康等方面的培训。仅 2010 年,学院开展的此类培训活动就达 100 场,覆盖朝阳区 43 个街道、乡镇,受益人数达 1 万余人。[②]

3. 社区教育

社区教育是社区学院的特色职能,其发展状况直接反映了社区学院办学宗旨的实现程度。朝阳社区学院在办学过程中十分重视社区教育,通过

---

① 孙桂华. 中国社区学院的建设和发展研究[R]. 朝阳社区学院内部资料.

② 朝阳社区学院. 我院完成 2010 年朝阳区流动人口培训工作[EB/OL]. http://www.bjccc.com/templates/newlist_R/index.aspx? nodeid＝79&page＝ContentPage&contentid＝954.

多种形式大量开展与社区居民生产、生活息息相关的各种文教活动,如开办舞蹈、书法、美术、武术、陶艺等课程,有力地促进了终身教育的发展。通过设立文明市民总校、文明市民中心校和文明市民基层校三级网络,朝阳社区学院将社区教育阵地延伸至全区所有的街道和乡镇,从而扩大了社区教育的覆盖面。朝阳社区学院是该区的文明市民总校,主要负责统筹和指导本区域社区教育工作,制定文明市民各级学校的章程、基本职责、社区教育内容、实施方案、结果评价方式等方面内容。为了更好地开展社区教育实践活动,朝阳社区学院还积极开展社区教育理论研究。2003 年,学院成立了社区工作研究室和朝阳区建设学习型城区研究会,专门对当地社区教育进行调研,并在此基础上进行理论探讨,以期为社区教育实践提供科学的理论指导,取得了较好的效果。例如,2010 年,朝阳区建设学习型城区研究会主持研究的"开展家长教育,构建和谐社区"的课题被确定为该年度唯一一项区级重点实验项目。此外,1999 年,学院创办了《朝阳社区教育》理论刊物,为社会各界关注和研究社区教育提供了一个窗口和平台,有力地促进了全市社区教育的发展。目前,该杂志已发展成为北京市影响最大的社区教育理论期刊之一。

(四)人才培养模式

人才培养模式是指学校为实现自身的教育目的而设计的关于教育教学全过程的诸多环节的总和,它主要包括专业设置、课程建设、教学设计等内容。人才培养模式是学校办学宗旨和社会需求相结合的产物,是学校在长期发展过程中逐步形成的、具有自身特色的教学运行机制。北京朝阳社区学院是以"立足社区、服务社区"为办学宗旨的地方性高等教育机构,自始至终都将社区的需要作为学校改革与发展的动因。因此,在成立至今的 10 余年时间里,朝阳社区学院紧紧围绕社区需求,结合自身的优势,形成了独特的人才培养模式体系,较好地满足了社区多样化的人才需求。

1.开放式

朝阳社区学院实施的开放式人才培养模式(电大系统)的"开放性"主要体现在四个方面:一是入学形式的开放性。学院采用免试入学的招生方式,考生只需要提供相当于中等教育程度的学历证明,便可免试入学。二是教学方式的开放性。朝阳社区学院电大系统采用远程教育方式,充分运用网络、电视等现代化传媒手段,使教师和学生的教学行为不受时间和空间的限制,大大方便了众多由于工作等原因而不能入校接受教育的学员。三是教学管理的开放性。为适应学生在职攻读学位的实际情况,朝阳社区学院以学分制管理模式取代学年制,将学籍保留在校的时间延长至 8 年,规定学生在此期间修满一定的学分即可获得相应的学历文凭。四是学院按照开门办学的方针,在设置专业结构时充分考虑社区的实际需求,并根据实际情况及时加以调整。

在开放式人才培养模式框架下,朝阳社区学院根据办学宗旨和社区的实际需求,确定人才培养的总体目标,并在此基础上调整专业结构,进而结合传统面授和现代远程教育等方式,通过理论教学和实践教学,最终形成了特定的人才培养类型,以满足社区的多样化需求,见图 5-2。

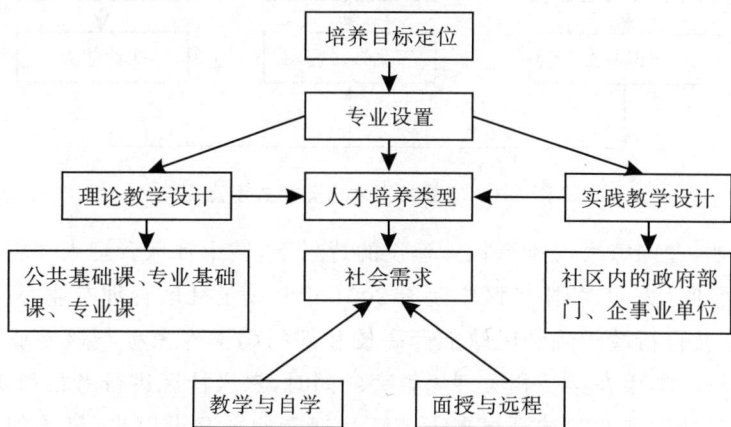

图 5-2　开放式人才培养模式示意图

2.应需式

应需式人才培养模式是朝阳社区学院在长期的办学过程中充分关注并大力满足社区需求而逐步形成的特色培养方式。应需式人才培养模式充分借鉴了德国"双元制"职教模式和台湾地区"建教合作"模式,同时结合社区学院的特点,较好地满足了社区用人单位的实际需求。在专业结构上,朝阳社区学院贯彻以社区需求为导向的原则,不断调整学院专业结构,使之更好地适应不断变化的社区需求。在课程设置上,朝阳社区学院在保证必要的基本理论课程的基础上,强化实践类课程的建设,尤其注重实训课程和实训基地的建设,以增强学生的"执业"能力,使学生毕业后能迅速地适应相应的工作岗位。在教学安排上,朝阳社区学院将理论教学和实践教学有机结合起来,使学生在形成学识能力的同时养成执业能力;将学业完成和职业资格获取结合起来,使毕业生顺利获得"双证",即毕业证和职业资格证书。应需式人才培养模式详见图5-3。

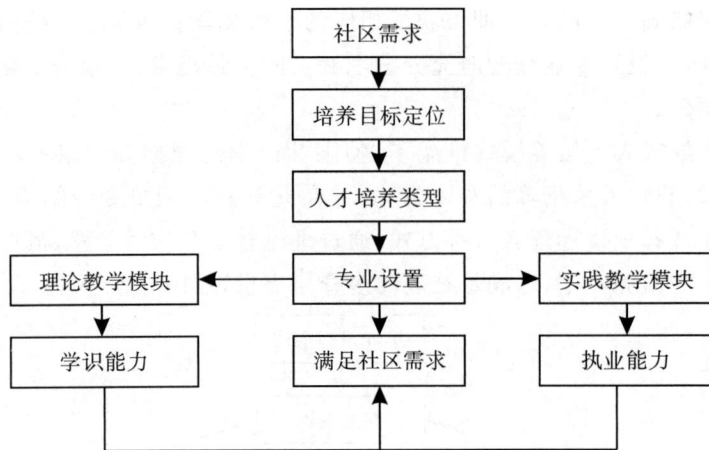

图 5-3　应需式人才培养模式示意图

　　例如,在国家大力推行社区建设的背景下,城市社区管理人才将有很大的需求空间,为此,朝阳社区学院于2001年开设了社区管理专业,从北京大学、国家教育行政学院和民政部等高校和部门聘请专家参与该专业的课程设置工作。学生在接受相关理论教育的同时,深入社区进行考察和实践,将社区管理理论和实践结合起来。社区管理专业自开设以来,已为朝阳区乃至北京市其他区县培养了数百名社区管理人才。目前,社区管理专业已成为朝阳社区学院的王牌专业。

　　3.订单式

　　订单式人才培养模式是指社区学院与用人单位签订合同,后者向前者提供资金支持,前者根据后者的特殊要求制定相应的培养方案,对后者的员工进行培训。由于各用人单位对培训的要求各不相同,因而制定的培养方案具有很强的独特性,不宜重复使用,因此,朝阳社区学院开展的订单式人才培养模式主要针对非学历的职业教育和培训。例如,2009年12月,受北京市网络管理办公室和朝阳区委宣传部委托,朝阳社区学院开设了"社区干部网络宣传培训班",对朝阳区主要社区干部进行培训,增强其网络运用能力,以加强对虚拟社区的管理。

四、关于优化朝阳社区学院运行机制的改革建议

(一)构建权责分明的管理模式

在我国普通高校管理实践当中,党委领导下的校长负责制在《高等教育法》有关规定的指导下,经过数十年的实践探索,已初步发展成为较为成熟的、稳定的、具有中国高等教育特色的管理体制。该管理体制对于加强和改进党的领导,促进高等教育事业顺利发展有着十分重要的意义。尽管在高校管理实践中,党政不分、以党代政的现象时有发生,在一定程度上影响了以校长为代表的学校行政权力的行使,但总体而言,党委领导下的校长负责制仍是我国高等教育管理的最佳制度选择。正如有学者指出:"党委领导下的校长负责制是中国特色现代大学制度的核心,要坚持党的基本领导制度和基本执政方式,既充分发挥党委总揽全局、协调各方的领导核心作用,又支持和保证校长创造性地开展工作。"①作为一种新型的高等教育机构,社区学院同样应实行党委领导下的院长负责制。

社区学院是以立足社区、服务社区为宗旨的新型高等教育机构。为实现这一宗旨,学院必须充分了解社区的多样化需求,并广泛吸收各方代表参与学院重大事项的决策过程。由政府、社区、学校等部门代表构成的理事会具有广泛的代表性,有利于促进社区学院办学宗旨的实现。朝阳社区学院在成立之初即设立了理事会,其初衷也在于此。然而,该理事会在实际运行过程中并未发挥应有的作用。为此,学院应理顺党委、理事会及院长的相互关系,而前两者的关系更应成为社区学院重点关注的对象。

首先,建立健全理事会机构和制度。理事会既是反映社区多样化需求的信息机构,又是参与学院重大事项决策的管理机构。因此,理事会应该具有广泛的代表性。从朝阳社区学院的实际情况看,理事会成员中仅有政府代表、企业代表和专家代表,而没有社区代表,学院也仅有院长一人加入理事会,缺乏教师和学生代表。理事会成员的构成没有体现出应有的广泛性,这在很大程度上限制了其职能的发挥。因此,社区学院应相应扩大理事会构成人员的广泛性,适当吸收社区居民代表和社区学院教师代表和学生代表。此外,社区学院应完善相关规章制度,明确理事会职责范围,并赋予其

---

① 袁俊平.坚持和完善党委领导下的校长负责制[J].高校理论战线,2010(10).

参与学院重大事项决策的职权,确保其在学院发展中发挥应有的作用。

其次,明确界定理事会、党委的权责范围。在社区学院的管理体制中,如何正确处理党委与理事会之间的关系是学校能否正常运行、顺利实现自身宗旨的关键所在,而正确处理二者关系的关键又在于明确界定它们各自的权责范围。我们认为,对社区学院党委而言,其职责主要体现在三个方面:一是人事权力,二是财权,三是思想领导。党委的人事权力是指学院内部机构的设置及其干部的任免须经过党委会讨论通过。党委的财权则体现在研究决定学院的财务经费预、决算上。思想领导主要是指党委要把握学院办学的社会主义方向,并对全院师生进行政治思想教育。社区学院理事会的职责主要体现在两方面:一是广泛收集、深入分析社区各界的需求信息,并据此向学院提供各种政策建议;二是参与学院的各项管理活动。由于理事会成员大多来自学校外部各行业、部门,对社会需求的认识更为全面、深刻,因而其职责更多体现在规划学校的发展方向上,具体则体现在专业结构调整、课程设置等方面。

(二)建立多元化的经费筹集机制

建立和完善多元化的经费筹集机制是保障社区学院正常运转的必要前提。首先,政府应确保教育经费按时、足额拨付,并努力保持财政性教育经费逐年提高,不断改善社区学院的办学条件。为此,政府应尽快结束社区学院"试运行"的状态,承认其应有的法人资质,使其享有普通高等学校的正常待遇。其次,社区学院应充分发挥学院理事会的筹资功能。朝阳社区学院理事会成员大多为当地政府官员、企业界人士以及教育界专家学者,具有广泛的社会联系和较强的社会影响力。学院应采取措施鼓励、敦促各理事成员利用自身的优势和便利条件,积极争取社会各界的经费支持。再次,社区学院要广开财源。社区学院应充分利用密切联系社区的优势,主动联系各企事业单位,积极开展培训服务。大力开展各种形式和类型的培训服务,满足社会的多样化需求,既是社区学院对自身基本职能的践行,同时又为自身的发展争取了充足的办学经费。最后,社区学院积极争取国外各种基金会的援助。例如,20世纪90年代,美国福特基金会就曾对北京、上海等地的社区学院进行资助,以推进社区教育的发展。

(三)完善社区学院的教育职能体系

首先,逐步减少成人高等教育的比重,形成以高等职业教育为主体的多样化职能体系。目前,大专层次成人高等教育是朝阳社区学院最主要的学历教育职能。由于北京市经济、社会的迅速发展，人均受教育年限逐渐提高，成人高等教育的生源受到极大的影响，近年来其招生呈直线下降的趋势。此外，成人高等教育自身封闭的办学体制、低下的教育质量对其社会声誉产生了极大的负面影响。因此，自2008年以来，朝阳社区学院成人高等教育的规模逐年萎缩，大专层次尤为明显。从近年的办学实践看，朝阳社区学院成人高等教育的专业设置和培养模式已类似高等职业教育，从而具备了转型的基础。此外，学院为满足社区需求大量开展的以职业培训为主的非学历教育也为学院开展高等职业教育奠定了基础。为此，朝阳社区学院应审时度势，及时转变办学方向，逐步提高职业教育的比重，形成以高等职业教育职能为核心的多样化职能体系。唯有如此，才能摆脱近年来出现的并日益严重的生源危机，为学院开拓新的发展空间，同时也能更好地满足当地社会对职业人才的需求。

其次，提高社区教育的质量和效益。自创校以来，朝阳社区学院即把社区教育作为自身的重要职能，通过多种形式开展各类文化、体育、休闲、科普等教育活动，满足社区的多样化需求，取得了较好的社会效益。然而，社区学院在实施社区教育的过程中也暴露出一些亟待解决的问题，如，社区成员参与社区教育的积极性不高，社区教育经费较为紧张，学院与社会之间资源共享的良性机制尚未形成，等等。为此，社区学院应积极采取措施，努力解决业已存在的各项问题，提高社区教育的实效性，使之真正成为学院服务社区的重要手段。

其一，提高社区各主体的参与度。社区教育的目的是提高社区全体成员的素质和生活质量，从而促进社区全面发展。换言之，社区教育是以社区居民为教育对象、以社区及居民的发展为目的的教育活动。如果在社区教育的过程中，不能有效地发动社区居民积极参与其中，那么，其教育效果及意义就无法体现。从这个角度看，提高社区居民的参与程度是提升社区教育效果的关键所在。一方面，社区学院要广泛宣传社区教育的重要意义，使更多的群众了解和关注社区教育。另一方面，社区学院要充分发挥学院理事会联系社区的功能。社区学院应及时调整理事会成员的结构，适当吸收社区居民代表加入理事会，使之切实履行沟通社区和学院的作用。通过理事会，学院可使更多的社区居民了解、关注社区教育，从而积极参与和支持社区教育。当然，提高社区成员参与社区教育的关键归根结底还在于社区学院能在全面了解社区需求的基础上，开展形式多样、内容丰富、具有实际功效的教育活动。

其二,确保社区教育经费的落实并逐步增长。自 2003 年起,为促进社区教育的发展,朝阳区政府决定按照全区常住人口每人每年 1 元的标准拨付专项经费,并要求本区的教育行政部门从教育事业费中划拨部分经费用于社区教育。由于各种原因,朝阳社区教育经费未能完全足额下拨,致使原本就不甚充裕的社区教育经费更加紧张。因此,政府相关部门应加大社区教育经费政策实施的监督和处罚力度,保障社区教育经费能按时、足额下拨。此外,社区学院还应大力加强理事会的筹资功能,充分发挥理事会成员"有权"、"有钱"及"有名"的优势,向社会各界开展募集资金的活动,为社区教育的顺利开展提供良好的经济基础。

其三,加强学院教育资源与社区资源的整合,实现资源共享。社区学院与当地社区之间的资源共享是提高社区教育质量与效益的重要途径。学院与社区之间的资源共享不仅有利于促进学院与社区之间互通有无,提高各类资源的使用效率,从而增强社区教育的丰富性和实效性,而且有利于增进二者之间的联系,加深相互间的了解,优化学院发展的外部环境,从而有利于建立学院与社区之间相互促进、共同发展的共生关系。朝阳社区学院应向社区居民开放图书馆、体育场馆、教室、多媒体中心等资源,同时积极争取共享当地其他部门的相关资源,以实现资源的互补和共享。地方政府也应从发展终身教育、建设学习型社会的高度出发,为学院与社区实施资源共享提供政策引导和保障,在经费、人员等方面给予大力支持,使二者的合作形成稳固的长效机制。

此外,朝阳社区学院应继续发挥与周边普通高校保持密切联系的优良传统,大力开展合作办学,在条件具备的情况下开展转学教育,积极拓展学院的发展空间。

综上所述,为更好地服务社区,实现社区学院的办学宗旨,朝阳社区学院应建立如下运行机制,见图 5-4。首先,建立、健全理事会制度,充分发挥其在学院办学过程中的实际作用。其次,设立高职教育部、社区教育部和成人教育部,建立和完善以高等职业教育为主,包括社区教育、成人教育和转学教育的职能体系,以实现社区学院的办学宗旨。最后,设立包括教务处、研究所、电教处等单位在内的教学服务和研究部门,以支持学院开展各种教育教学活动;设立包括后勤处、行政处、办公室等在内的行政管理部门,围绕学院的各项教育职能,处理学院日常行政事务。

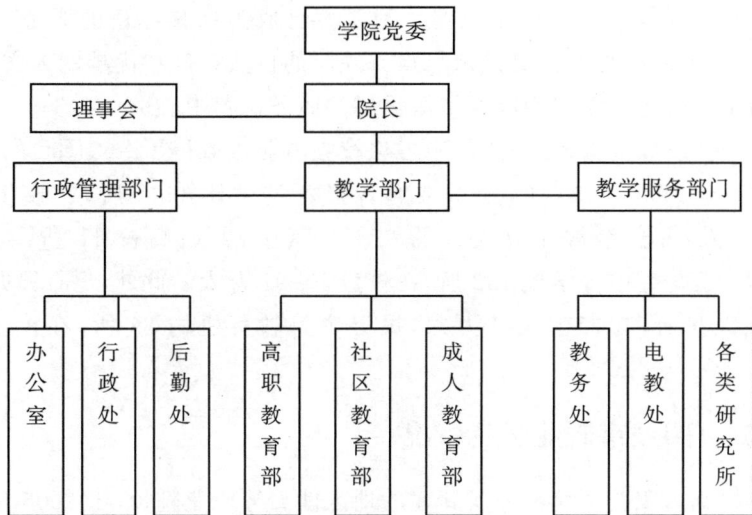

图 5-4 朝阳社区学院新型运行机制图

第二节 厦门城市职业学院社区化研究

一、厦门市概况①

厦门市地处福建省东南部,毗邻台湾海峡,与澎湖列岛、台湾岛隔海相望,是座著名的国际性海港城市。厦门市由厦门岛、鼓浪屿、九龙江北岸的部分地区及同安等组成,陆地面积 1565 平方公里。现辖集美、海沧、同安、翔安、思明和湖里 6 区。全市户籍人口约 177 万,常住人口约 252 万,其中厦门岛内的思明、湖里两区人口为 83 万。

厦门市是我国 5 个经济特区之一,经济发展程度较高,特别是近年来在国家推行海西发展战略的政策支持下,经济得到长足的发展,2009 年,实现地区生产总值(GDP)1623 亿元人民币,人均生产总值 64413 元(折合 9429 美元)。厦门市是以服务业为主的商贸城市,三次产业结构比例为 1.3∶48.4∶50.3,旅游、贸易、物流、金融及电子和信息产业等在该市服务业中占

---

① 本部分内容系根据厦门市政府门户网站相关资料编撰而成。

有举足轻重的地位,其中,涉台贸易和旅游已成为独具特色的服务行业领域,厦门市下属的思明区更是依靠得天独厚的自然条件和优越的人文环境,正成为重点打造的海峡西岸经济区重要的商务运营中心。

在经济发展的推动下,厦门市各项社会事业也取得了令人瞩目的成就。以教育事业为例,2009 年,全市共有各级各类学校 1147 所,在校生共计66.91 万人,占全市常住总人口的 25%。其中,普通高校 17 所,在校生13.15 万人,普通中等学校 122 所,在校生 15.97 万人。此外,还有民办高等教育机构 9 所,在校生 4.2 万人,民办中等教育机构 32 所,在校生 1.6万人。

二、厦门城市职业学院概况[①]

厦门城市职业学院是一所新建的地区性高等职业院校,于 2005 年由福建省人民政府批准设立,次年报教育部备案,是在原厦门广播电视大学、厦门职工大学及厦门教育学院 3 所成人高校的基础上合并而成的全日制高职院校。学院地处厦门市思明区,占地 307 亩,建筑面积 11 万平方米,建有教学楼群、实验实训大楼、现代教育技术中心大楼、图书馆等,配备了各类先进的教学设施和较为充裕的信息资源。学院现有教职工 341 人,包括专任教师 227 人,其中享受国务院特殊津贴教师 1 人,全国优秀教师 2 人,省级教学名师 1 人,福建省优秀教师 3 人。厦门城市职业学院以高等职业教育为主,现有全日制高职高专学生 3800 余人,另有成人教育学生近 3000 名。厦门城市职业学院紧紧围绕当地经济和社会发展状况,开设涉外旅游、国际贸易实务、物流管理、学前教育等 23 个专业,较好地满足了当地社会的用人需求。学院立足思明,服务厦门,坚持"以服务为宗旨,以就业为导向,走产学结合发展道路"的办学方针,积极探索人才培养的途径,推进人才培养模式改革,提高教育教学质量。建校 5 年来,厦门城市职业学院综合办学实力显著增强,为海峡西岸经济区建设和厦门市地方产业发展作出了不可忽视的贡献。

---

① 本部分内容根据厦门城市职业学院网站相关内容及该校《高职人才培养工作评估自评报告》编撰而成。

三、厦门城市职业学院运行机制分析

(一)组织结构与管理模式

厦门城市职业学院是由厦门市政府举办的全日制公办高等职业院校，在学院内部领导体制上实行党委领导下的院长负责制，学院院长在党委统一领导下，设立行政机关和各个学部，对学院行政和学术事务进行全面管理，其组织结构如图5-5所示。

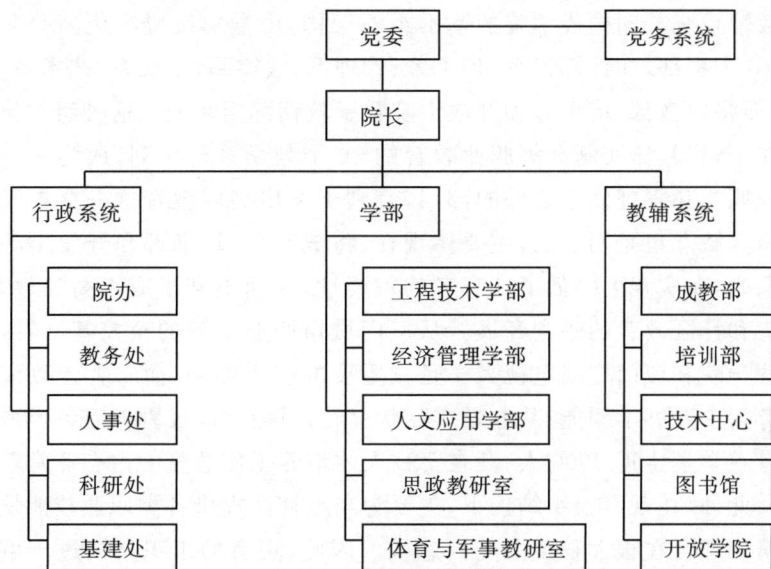

图 5-5　厦门城市职业学院组织结构图

从图 5-5 可以看出，厦门城市职业学院的组织结构和管理模式与普通高校基本相同，由党委系统、行政系统、教学系统(学部)和教辅系统构成学校的基本组织架构，所采用的党委领导下的院长负责制对于公办高职院校而言无疑是较为稳妥的选择。但对于以"服务海峡西岸经济区建设"为办学方向的厦门城市职业学院而言，传统的、以行政为主导的组织结构和管理模式恐怕不利于学院立足地方、服务地方这一办学宗旨的实现。这是因为，传统管理体制下的高校管理方式更侧重于执行行政命令，即下级严格按照上级的行政指令行事，高校的办学行为也都是在上级的宏观调控下进行的。这种管理体制将导致高校办学只"向上看"，而不会"向下看"，即不能全面、深入地关注当地经济和社会发展的现实状况和实际需求，容易导致学校的

办学状况和地方实际需求相脱节的问题。显然,这与厦门城市职业学院服务地方经济和社会发展的办学宗旨相背离。因此,建立科学、合理的组织结构以适应服务地方发展的办学宗旨,已成为厦门城市职业学院必须思考和亟待解决的问题。

(二)教育职能

厦门城市职业学院是以高等职业教育为主要职能的地方性高等教育机构。图5-5显示,厦门城市职业学院设立学部,与学院的党务系统、行政系统和教辅系统共同构成学院的基本组织架构,由学部统摄实施高等职业教育的10个系部,如计算机系、理工系、管理系、法律系、中文系、艺术系、基础部等,而将成教部、培训部和开放学院置于教辅部门系列。这种组织设计的优点在于,将具体实施高等职业教育的10个教学系部单列,成为一个独立于其他职能和管理体系之外的部门,有利于突出高职教育这一全校工作重心。但其缺点也是明显的,主要体现在,将成教部、培训部和开放学院置于教辅系列,在实践上降低了这三者的重要性,因而不利于成人高等教育、继续教育和社区教育的顺利开展。从厦门城市职业学院的建校基础看,原厦门教育学院和厦门广播电视大学是其重要的组成部分,而二者皆以成人高等教育为主要办学职能;从办学实际状况看,目前学院成教部有各类成人高等教育在学学生近3000人,其在全校人才培养工作总量中占有非常重要的地位。此外,在现有组织结构下,主要为当地社区提供各类职业技能培训服务的培训部也在很大程度上受到忽视。因此,现有的组织架构过于偏重高等职业教育而忽略成人高等教育和社区教育,这对厦门城市职业学院的长远发展将产生较大的负面影响。

(三)人才培养

1. 招生情况

对于地方性高校而言,尽可能多地招收当地生源,扩大当地高等教育入学机会,提高市民科学文化素质,是其应尽的义务,也是其获得地方政府大力支持的前提条件之一。厦门城市职业学院历年的招生录取计划都是在省招生办公室的统一调配下,充分考虑厦门市民接受高等职业教育的需求,结合全省招考的实际情况而确定的。例如,2010年,厦门城市职业学院(高职类)在福建省实际录取1547人,其中厦门生源571人,占总数的37%。此外,从录取平均分来看,面向福建招生的实际录取平均分为467.7分,而面向厦门招生的平均分则为439.3分,比前者低28.4分,见表5-2。由此可以看出,作为地方性的高职院校,厦门城市职业学院在学生入学政策方面向学校所在地作了较大幅度的倾斜,充分考虑了当地居民对高等教育的需求。

表 5-2　厦门城市职业学院 2010 年省内招生情况表

投档批	科类	面向福建全省		面向厦门市	
		录取人数	平均分	录取人数	平均分
提前批	文史	14	481.9	10	457.4
	理工	4	477.3	2	433.5
高职单招	文化教育	110	437.3	—	—
常规批	文史	271	476.5	180	446.0
	理工	540	441.7	355	398.9
美术类	文史	19	485.3	12	451.5
	理工	18	473.9	12	448.2
		小计:976	平均:467.7	小计:571	平均:439.3

数据来源:厦门城市职业学院 2010 年省内招生各批次投档分数线表。

2.专业设置[①]

厦门城市职业学院在建校之初便确立了"学校贴近社会、专业贴近行业、课程贴近岗位"的办学要求,使学校专业结构适应了当地经济和社会发展状况。根据厦门市经济发展的现状和趋势,学院决定重点发展与现代服务业和电子信息业相关的专业,一是面向城市现代服务业,开设国际商贸、物流管理、会展、旅游、社区服务等专业;二是根据海西建设支柱产业,开设与电子、通信、计算机技术相关的专业。例如,学院经过细致调研了解到,厦门市十一五规划将电子信息业确定为厦门市三大支柱产业之一,电子信息产业始终排列在厦门市人才需求榜前十名内。而在未来几年内,市场对与电子信息技术密切相关的嵌入式系统人才和光电子信息技术人才的需求将极为旺盛。为此,学院果断开设了电子信息工程技术专业,并将嵌入式系统方向和光电子方向确定为该专业的发展方向。

厦门城市职业学院按照"优势突出、特色鲜明、社会急需"的原则,在现有 23 个专业中遴选若干基础好、教学质量高、社会需求旺盛的专业作为学院精品专业、特色专业,进行重点培育和发展,力争近年内建成省级特色专

①　主要参考《厦门城市职业学院人才培养方案(2009 级)》和《厦门城市职业学院高职人才培养评估自评报告》等内部材料。

业 1 个、校级特色专业 3～5 个,见表 5-3。根据当地社会的需求,厦门城市职业学院结合自身的条件,争取在 5 年内建成一个特色鲜明、优势集中、与地方产业对接的专业群,使之发挥特色专业的示范作用,带动学院的全面发展。将社会需求和自身特色紧密结合的专业设置原则进一步深化了厦门城市职业学院与当地社会的共生关系,增强了学院适应社会、服务社会的能力和水平,提高了学院的办学实力和社会声誉。以学前教育专业为例,作为本市唯一开设该专业的高职院校,厦门城市职业学院充分利用这一优势,与多家幼儿园建立合作关系,组建专兼结合的教学团队,共同开发课程和教材,取得了良好的效果,2009 届毕业生的双证获取率和就业率均为 100%。

表 5-3　厦门城市职业学院优势专业表

专业名称	地方优势或学院优势	2010 年新生报到率
电子信息工程技术	电子信息业为厦门市三大支柱产业之一,著名企业有冠捷、友达、LG 等。	92.68%
涉外旅游	厦门市是国内外著名的风景旅游城市,而思明区为海西经济区重要的旅游集散中心。	94.44%
物流管理	物流业为厦门市三大支柱性服务产业之一,有相关企业 5000 余家,著名代表有马士基、伯灵顿、TNT、联邦快递等。	92.45%
会展策划与管理	学院毗邻国际会展中心。	90.00%
学前教育	全市高职院校中唯一开设此专业。	96.36%

资料来源:厦门城市职业学院高职人才培养工作评估自评报告及相关宣传材料。

3. 人才培养模式

高校教育教学的效果最终体现在人才培养的质量上,而在影响人才培养质量的诸多因素中,人才培养模式无疑是至关重要的。厦门城市职业学院自成立以来,一直致力于人才培养模式的改革,试图以此为突破口,大力提高教育质量。在教育部 2006 年颁发的《关于全面提高高等职业教育教学质量的若干意见》文件精神的指导下,结合自身近年来人才培养模式改革的实践经验,厦门城市职业学院于 2008 年制定了《厦门城市职业学院关于推进工学结合人才培养模式改革的若干意见》,决定将工学结合作为学院人才培养模式改革的切入点,促进自身专业调整、课程设置、教学内容及方法的创新,以培养符合当地经济和社会发展需求的应用型人才。图 5-6 反映了厦门城市职业学院初步形成的人才培养模式。

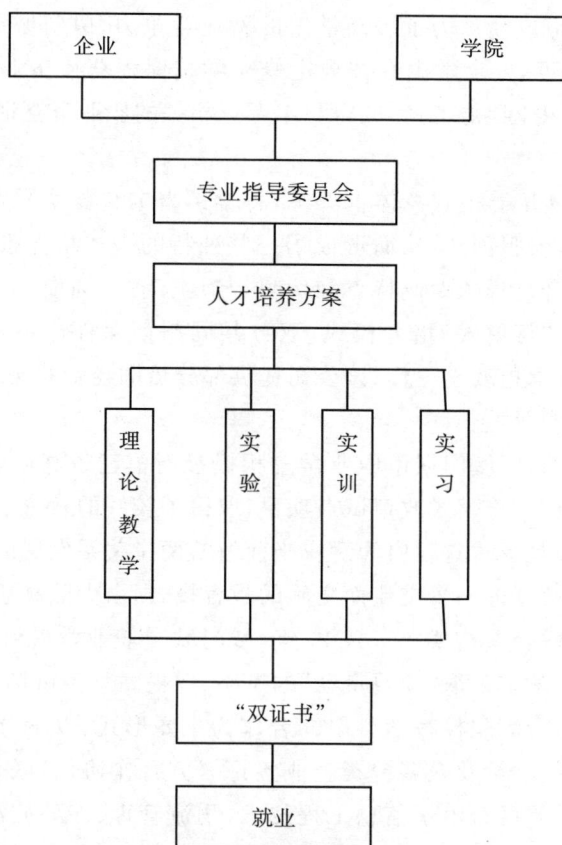

图 5-6　厦门城市职业学院人才培养模式示意图

具体而言,厦门城市职业学院各学部在培养目标的引导下,对当地社会进行全面、深入的调研,在此基础上选择合适的企业,签订校企合作协议。其后,学院建立由各学部和企业相关人员共同组成的专业指导委员会,负责制订或修改本专业的人才培养方案,对其中涉及的课程体系、教学内容、教学方法和手段、实训基地建设等方面内容进行全面把握。在此过程中,专业委员会还对本专业的教师队伍建设起着重要的作用,主要体现在,从学校各学部中选派专职指导教师,负责校企合作人才培养工作的组织与管理;从企业中延聘责任心强、业务素质较高的技术人员、能工巧匠和一线管理人员充任兼职教师,负责对学生进行实习、实训的指导和管理。学生结束顶岗实习后,由学校和企业联合组建的学生顶岗实习考核小组按照以下公式对学生实习情况进行综合评价考核:学校评定成绩×40％＋企业评定成绩×60％＝学生顶岗实习成绩。为了提高学生的就业竞争力,厦门城市职业学院推行"双证书"制度,要求学生在按规定修完学院课程获得毕业证的同时,参加学院组织的职业技能考核,取得与本专业相关的职业资格证书,否则不能按期毕业。

在上述人才培养模式总体框架下,各学部根据自身实际情况和用人单位的特殊要求,大胆创新,从而形成了一些独特的人才培养模式。例如,航空服务专业结合自身的专业特点和优势,与辽宁省金通航空培训公司开展校企合作,采用"订单式"培养模式,双方共同制订课程体系及具体教学方案,由学院具体承担教学工作,该公司提供部分培训经费并按合作协议接受该专业的部分毕业生。

值得一提的是,厦门城市职业学院积极参与福建省高职院校统一实施的闽台"校校企"培养模式改革试点项目,取得了较好的教育效果。闽台"校校企"合作模式是福建省政府为适应当前海峡两岸关系发展的新形势、推动两岸高等职业教育进一步交流而实施的教育模式,由大陆高职院校、台湾院校及台资企业联合参与实施。2009 年,厦门城市职业学院开始参与"校校企"试点项目。学院采取"项目带动"的策略,以提高学生市场竞争力为主要目的、以加强与台湾院校教学科研的合作为主要形式、以学分互认为重点,和台湾景文科技大学及众多台资企业签订三方合作协议,联合培养应用型人才。目前,学院已有电子信息工程技术、物流管理、涉外旅游及动漫设计与制作四个专业实施"校校企"人才培养模式。具体而言,学院与台湾高校及台资企业签订合作协议,由三方选派人员组成联合培养人才项目组,共同制订人才培养方案。学院引进台湾高职教育的优质课程(一般占专业课程的 30％以上),规定由台湾院校教师承担的专业课程不低于 25％,参与合作的台资企业则负责安排学生的实训、实习等实践教学环节。学院对该模式框架下的学生同样实施"双证书"制度,以提高学生的就业竞争力。福建省教育厅下拨专项资金对"校校企"合作模式予以扶持,学院则从学费收入中提取 30％用于配套建设,以确保该项目的顺利实施。

四、关于优化厦门城市职业学院运行机制的改革建议

(一)建立理事会,完善学院组织结构

厦门城市职业学院目前沿用我国普通高校普遍采用的党委领导下的校

长负责制,这对于确保学院的社会主义办学方向,建立权责分明、管理科学的现代大学制度奠定了基础。然而,从服务地方经济和社会发展的办学宗旨这个角度看,党委领导的校长负责制也存在一定的缺陷,即容易导致高校办学"唯上"的不良倾向,不利于高校关注最基层的实际需求。对这种缺陷的弥补,既不能仅靠增强学校各级管理者的地方服务意识,也不能仅靠设立一个初级咨询机构,而必须在高校的最高管理层设立理事会,行使咨询权和管理权。如此方能让院方在思想上形成服务地方发展的意识,并在体制上保障学院服务地方经济和社会发展的办学宗旨的实现。因此,厦门城市职业学院应建立一个结构合理、职能明确的理事会,适当吸收当地企事业单位代表、社区居民代表等人员加入其中,使之成为充分反映当地社会实际需求的机构。学院还应建立、健全相关制度,使理事会真正成为影响学校办学的重要组织机构,切实发挥其咨询、管理的职能。如此将形成一个新的组织机构框架,见图 5-7。

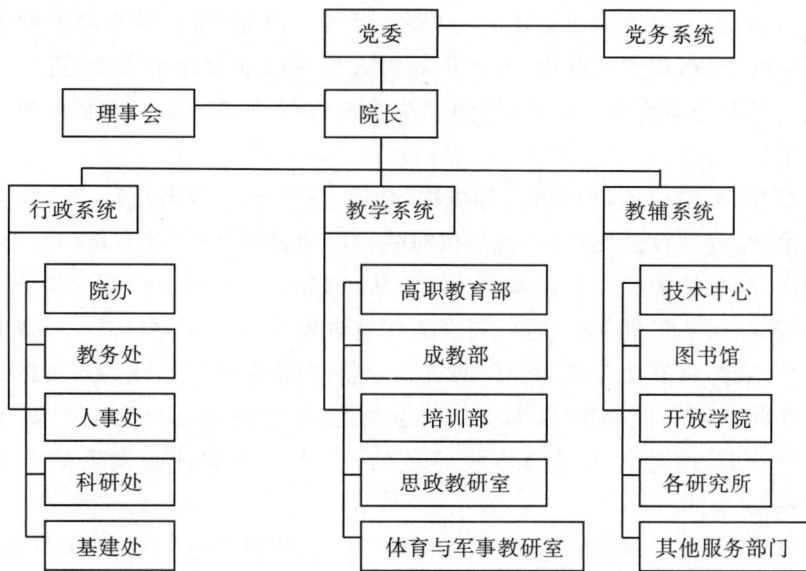

图 5-7　厦门城市职业学院新型组织机构图

(二)完善学院的教育职能

厦门城市职业学院自 2005 年成立以来,就将高等职业教育确定为自身的发展方向,在近年来的办学过程中也已将其确立为学院的中心工作,这无疑是正确的战略选择。然而,这并非意味着学院可以忽视成人教育和针对当地社会各界的培训活动。这不仅是因为成人高等教育是厦门城市职业学院的前身——厦门教育学院和厦门市广播电视大学的基本职能,而且从目前厦门市的继续教育角度看,成人高等教育和职业培训仍然有较大的需求市场,更何况在学院的教学工作中,成人高等教育仍占据着半壁江山。因此,厦门城市职业学院应在重点发展高等职业教育的前提下,积极做好成人高等教育工作和职业培训工作,以促进终身教育的发展和学习型社会的建立。具体可采用的措施是,将成教部和培训部从教辅系统移至教学系统,使之成为与高等职业教育部平行的教学部门,以提高成人高等教育和职业培训的重要地位。

(三)优化人才培养的结构和质量,增强服务当地社会的能力

厦门城市职业学院自 2005 年建校以来,在人才培养和服务社会等方面取得了较好的成绩,但也存在一些不容忽视的问题。这些问题主要在于:还未建立与地方社会相适应的、特色鲜明的专业结构;校企合作还不够深入,成效不高;人才培养的质量还有待提高;等等。因此,厦门城市职业学院应积极采取措施,在专业结构、人才培养模式等方面加大改革力度,进一步优化人才培养的结构和质量,以增强学院为地方经济和社会发展服务的能力和水平。

首先,学院应通过理事会等机构,全面、深入地了解当地经济和社会发展状况,结合学校的优势和特点,以海峡西岸建设为契机,建立结构合理、重点突出、特色鲜明的专业体系。学院应从已有的 23 个专业中遴选若干综合实力较强、市场发展前景较好、符合海西建设要求的专业,在政策、经费上重点扶持,着力将其培养成为学院的重点专业,力争在 3 年内成为省级精品专业。在此基础上,学院应以重点专业为龙头,以其他相关专业为支撑,形成若干专业群,由此构成具有本校特色的、能适应地方社会发展的专业结构体系。

其次,充分了解企业需求,增强服务能力,提高校企合作层次与水平。受多种因素影响,在厦门城市职业学院现有的校企合作项目中,企业积极性不高、校企合作层次低下已成为较为普遍的现象。为改变这种状况,学院应通过各种途径,深入了解、分析企业的实际需求,并在此基础上积极调整专业结构和课程设置,使之更好地与企业的实际需求相对接。本着"诚信、合作、互惠"的原则,积极加强与企业界的合作与交流,采用订单培养、专业共建、项目开发等方式促进校企双方的深度合作和相互交融,从而为提高人才

培养质量奠定基础。

最后，扩大闽台"校校企"合作的规模和范围。闽台"校校企"合作模式是福建省政府为促进海峡两岸文化教育交流、提高高职教育质量所采取的重要举措。厦门城市职业学院2008年申办试点并获批准，第一期合作项目（2009—2012年）于2009年正式实施，共有电子信息工程技术等4个专业进入这项合作框架。项目实施以来，办学效果已初步显现，学生反应普遍良好。因此，学院应继续做好第一期试点合作项目，力争首批毕业生在职业能力、素质及就业状况等方面具备较为明显的优势。然后在此基础上，总结其中的经验与教训，争取获得下一期的"校校企"合作项目，并在规模和合作成效上有进一步的提高。从现有的合作框架看，学院与台湾高校的合作主要体现在课程体系及教材上面，两校之间教学人员的交流互派并没有实现常态化，而学院与台资企业的合作也大多限于学生的实训、实习工作。因此，学院应在前期合作的基础上加深与台湾高校合作的范围和深度，逐步实现二者间的学生交流、教师互派、学分及学历互认。在与台资企业的关系上，学院要提高二者合作的层次和水平，逐步扩大合作的形式，如实训基地建设、专业共建、联合培养、合作研究等。学院要通过闽台"校校企"合作模式，推动全院教育教学改革，大力提高教育质量。此外，厦门城市职业学院还应通过各种形式与其他高校建立长期的合作关系，如资源共享、学分互认、联合培养等，在条件成熟的情况下还可建立转学通道，满足学生多样化的需求。

第三节　泉州理工学院社区化研究

一、泉州市概况[①]

泉州市位于福建省东南部，北接福州，南临厦门，东望台湾，西毗漳州、三明，地理位置优越，是福建省三大中心城市之一，为全国著名侨乡和台湾汉族同胞重要的祖籍地。改革开放以来，泉州市充分发挥沿海的区位优势，

---

① 根据泉州市政府门户网站相关材料编撰而成。

锐意改革,大胆创新,全市经济综合实力稳步上升,经济总量连续 11 年位列建省第一。泉州市民营经济十分兴旺,全市现有工业企业 2 万余家,大部分为民营企业;在全市 100 家重点企业中,有 98 家为民营企业。开放性是泉州经济结构的另一特色。截至 2009 年底,全市累计批准设立外资企业12000 余家,其中台资企业 1300 余家。2009 年,泉州市外贸出口总额达 59亿美元,在中国城市外贸综合竞争力 100 强中名列第 29 位。泉州市是以工商业为主导的新兴城市,三次产业结构为 4∶60∶36。在经济结构中,泉州市已初步形成机械制造、工艺制品、建筑建材、纺织鞋服和食品饮料五大传统产业,并正在培育、逐步形成汽车制造、电子信息、石油化工、旅游服务、修船造船、生物医药"5+1"这些新兴产业。泉州市近年来被评为全国制造业信息化工程重点城市。经济的快速发展大大提高了泉州人的收入水平,2009 年,全市城镇居民人均可支配收入、农民纯收入分别为 22913 元和8563 元。良好的经济发展形势为泉州市高等教育的可持续发展奠定了坚实的基础。

二、泉州理工学院概况[①]

泉州理工学院坐落在全国首批历史文化名城、著名侨乡泉州市,是在原泉州中营职业学院基础上建立的一所具有独立颁发国家学历文凭资格的全日制民办普通高等职业院校。泉州理工学院实行董事会领导下的院长负责制。学院以专科层次的高等职业教育为主要职能,同时开展成人高等教育、五年制专科教育以及各种形式的职业技术培训。学院以工科教育为主,辅以经济管理、文学等人文教育,目前设有车辆工程系、信息技术系、外语系、财经系、艺术设计系及商贸系等六大系部,共有汽车运用技术、汽车检测与维修技术等 20 多个专业。学院现有全日制在校学生 5000 余人,专任教师近 300 人。

学院紧紧围绕着高等职业教育这一主要职能,坚持以教学为工作中心,通过各种方式,大力提高教育质量,增强学生的创新精神和实践能力。学院创造性地开展了"1—2—3"的人才培养模式,取得了较好的教育教学效果。2008 年学院学生一举获得"中国大学生十佳明日网商"、"全国大学生数学

---

① 本部分内容根据该校网站、招生简章及调研材料编写而成。

建模竞赛福建赛区一等奖"等荣誉,历年学生就业率均在 95% 以上。近年来,泉州理工学院在"以服务为宗旨、以就业为导向,走产学研相结合的发展道路"的办学方针的指引下,锐意改革,大胆创新,在办学、管理等方面取得了较好的成绩,学院知名度和美誉度逐年攀升。学院先后荣获"福建省职业教育先进单位"、"福建省职业技能鉴定先进单位"、"福建省大中专学生'三下乡'社会实践活动先进单位"等荣誉称号。

三、泉州理工学院运行机制分析

(一)组织结构与管理模式

泉州理工学院实行董事会领导下的院长负责制。董事会根据一定的规程选聘院长,并授权院长组建学院行政班子。学院根据政府相关规定设立学院党委,负责学院的党建工作,确保学院的社会主义办学方向。学院院长在董事会的决策指导下,按需设立党政办公室、学生工作处、教务处、人事处、财务处等行政部门,负责处理学院的行政事务。学院设立车辆工程系、信息技术系等 6 个系部,分别负责相应的教学工作,各教学系部直接受分管教学的副院长管理,其组织结构见图 5-8。

董事会是学院最高权力机构和决策机构,现有董事 7 名,其中 5 名为学院创办人家族代表,1 名为学院院长,另有 1 名董事为政府指派代表,董事长由学院创办人吴金营先生担任。根据学院董事会章程,董事会的主要职责是:贯彻国家教育方针,制定学院的发展规划;任免学院院长;决定学院内部的组织结构;筹集办学经费,审批学院的年度财务预算和结算报告;决定教职工的编制及其薪酬待遇;决定学院的设立、合并、终止。

学院院长由董事会选聘,并向其负责。院长在董事会确立的办学方针及基本原则指导下,全面负责学院的教学和行政管理工作。根据中组部、教育部颁发的《关于加强民办高校党的建设工作的若干意见》的精神,学院成立了党委,由董事长兼任党委书记,政府部门选派一名干部兼任副书记。学院党委的基本职责是:坚持党的教育方针,确保学院的社会主义办学方向;做好学院的党建工作,抓好学院各级党组织的建设,加强对党员的教育和管理;积极支持学院董事会和学院行政部门的工作;领导学院工会、团委等组织,做好统战工作,促进学院的民主管理。

(二)教育职能

泉州理工学院是以高等职业教育为主,同时开展多种形式教育与培训

```
                        ┌─────────┐
                        │  董事会  │
                        └─────────┘
                             │
              ┌──────────────┴──────────────┐
              │                             │
         ┌─────────┐                   ┌─────────┐
         │ 院行政  │                   │ 院党委  │
         └─────────┘                   └─────────┘
              │                             │
       ┌──────┴──────┐            ┌─────────┴────────┐
   ┌──────────────┐                   ┌──────────────┐
   │ 行政及后勤部门 │                   │   教学部门    │
   └──────────────┘                   └──────────────┘
       │                                 │
       ├── 党政办公室                     ├── 车辆工程系
       │                                 │
       ├── 学生工作处                     ├── 信息技术系
       │                                 │
       ├── 教务处                         ├── 财经系
       │                                 │
       ├── 人事处                         ├── 商贸系
       │                                 │
       ├── 财务处                         ├── 外国语言系
       │                                 │
       ├── 后勤处                         ├── 艺术设计系
       │                                 │
       └── 鉴定站                         └── 公共教学部
```

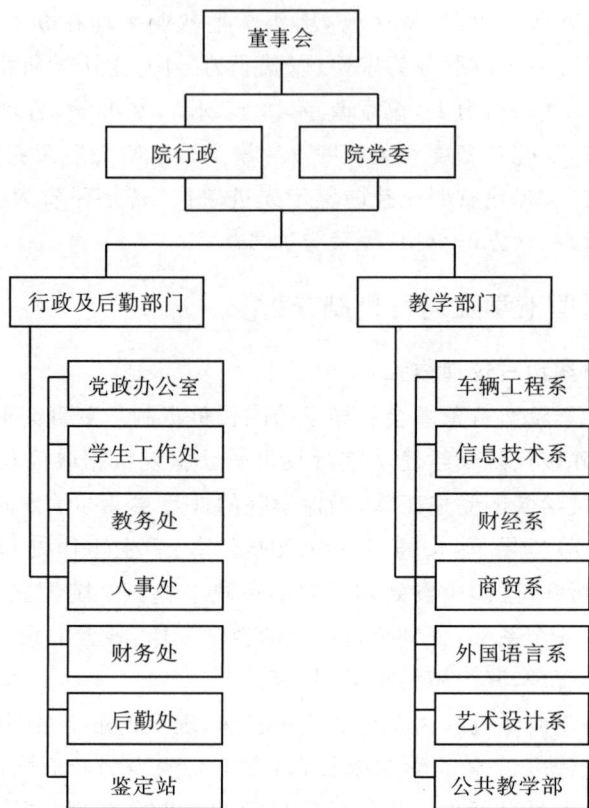

图 5-8　泉州理工学院组织结构示意图

的民办高职院校。2007 年,经福建省教育厅批准,泉州理工学院开始实施专科层次的成人高等教育。学院自成立以来,即把高等职业教育作为自身的主要职能,经过多年的发展,学院现已开设 20 多个高职专业,并初步形成了以汽车类专业和计算机应用技术专业为龙头的特色专业群,在福建省内享有较高的知名度。学院有高职在校生近 5000 人。目前已开设汽车检测与维修技术、汽车运用技术、计算机应用技术、会计 4 个成人高等教育专业,学制 3 年,主要采用函授方式授课。成人高等教育的实施改变了泉州理工学院原本单一的教育格局,进一步拓展了学院的发展空间。除此之外,从 2007 年开始,泉州理工学院与省部级重点中专福建经贸学校联合举办"五年专"教育,开设专业为旅游管理,招收初中毕业生,采用"3＋2"培养模式,即学生入学前 3 年在福建经贸学校就读,获取该校毕业文凭,随后进入泉州理工学院继续学习 2 年,毕业后获取大专文凭。从体制上看,"五年专"实际上是高职院校与中等学校之间的转学教育,该办学模式对于提高高等职业教育质量、完善高等职业教育系统有着重要的意义。

除了正规的学历教育,泉州理工学院还与相关部门合作,积极参与社区活动,开展各种形式的社区教育。例如,自 2009 年以来,泉州理工学院先后与泉港区团委、云山社区、东美社区等单位合作,举办农村大学生创业论坛、晚会演出、环保宣传、便民服务等活动,取得了较好的社会效益。

(三)经费来源

泉州理工学院是属民办性质的高职院校,办学经费主要来自两个方面:一是向学生收取的学费收入,二是社会投入。学费收入是泉州理工学院办学经费最主要的来源,所占比例约为 90%。以 2010 年为例,学院收费最高的专业为动漫设计与制作专业,年收费 9000 元,其次为计算机应用技术专业(北大青鸟特色班),年收费 8500 元,车辆工程系各专业和电子商务专业(阿里外贸特色班)的学费均为 7500 元,学院其他专业学费为 7000 元。[①]社会投入是指泉州理工学院投资人把通过其他方式获得的资金投入到学院的建设中,以弥补学费收入的不足。例如,学院董事长从其创办的中营汽车服务有限公司等经营实体的利润中抽取一部分资金,投入学院的建设,作为学院的办学经费。此外,学院还通过面向当地居民开展各种形式的职业培训获取一定的经营性收入。从总体上看,目前泉州理工学院办学经费来源渠道较为单一,且过于依赖学费,因而不利于学院的长远发展。

(四)人才培养

1. 专业设置

泉州理工学院自成立以来,本着服务地方建设的宗旨,积极适应不断发展变化的外部环境,结合自身的条件,主动调整专业结构。截至 2010 年底,学院已有 6 个系共 29 个高职专业(含已审批、将于 2011 年招生的建筑工程技术专业),初步形成了结构合理、特色鲜明的专业体系。表 5-4 显示了泉州理工学院自 2002 年至今的专业变化发展情况。

---

① 数据来源:泉州理工学院 2010 年招生简章。

表 5-4　泉州理工学院新增专业表

审批年份	专业名称
2002	汽车运用技术、汽车检测与维修技术、计算机应用技术、市场营销、电子商务、商务英语
2003	电子信息工程技术、工商企业管理、物流管理、旅游管理
2004	汽车技术服务与营销、汽车电子技术、计算机网络技术、通信技术、旅游英语
2005	会计、人力资源管理、酒店管理、室内设计技术、环境艺术设计
2006	国际贸易实务、广告设计与制作
2007	计算机多媒体技术、工程造价
2008	机械制造与自动化、动漫设计与制作、报关与国际货运、应用英语
2010	建筑工程技术（2011 年开始招生）

资料来源：泉州理工学院 2010 年招生手册。

从专业结构上看，泉州理工学院已初步形成了以汽车类专业为龙头专业群、其他专业为支撑的结构体系。这种颇具特色的专业结构体系为该学院增强社会适应性、走特色发展之路奠定了坚实的基础。专业结构的调整反映了泉州理工学院在自身条件的基础上充分关注社会需求、主动融入地方经济和社会发展的办学理念。以汽车类专业的设置为例，学院开设汽车类专业并最终将其确立为本院的龙头专业群，主要是基于两个原因：其一，泉州理工学院的前身为始建于 1986 年的福建省摩托车汽车学校，具有良好的汽车类专业基础。其二，更为重要的是，重点发展汽车类专业是泉州市地方经济与社会发展的要求。泉州是以工商业为重心的新兴城市，机械制造业是该市五大传统产业之首，与之相关的技术人才也一直处于供不应求的状况。近年来，泉州市在传统产业的基础上逐步形成了以汽车制造业为主的新兴产业。这一产业的已有基础及发展趋势为泉州理工学院大力发展汽车类专业提供了强大的驱动力。值得一提的是，位于晋江市深沪的泉州理工学院新校区已经动工建设，而该选址毗邻规划中的福建省装备制造业基地，这将有效促进学院与地方之间建立起良性互动的城校战略合作关系。

2.人才培养模式

泉州理工学院根据目前当地人才市场的需求状况,结合各专业的特点,确立了"1—2—3"证书教育培养模式。该模式是指,在学院根据各方需求而设置的专业结构的基础上,通过理论教学和实训环节,使学生在完成规定课程、获得学院大专学历文凭的基础上,引导、帮助学生参加相应的证书考试,获得英语和计算机两张工具型证书和1~3张职业资格证书,以大大增强毕业生的市场竞争能力。下面从泉州理工学院人才培养模式的关键环节——课程与教学和职业技能培训两个方面进行介绍与分析。

在课程设置上,泉州理工学院将所有课程分为公共课、职业基础课和职业技术课三大模块。公共课学时约占总学时的18%,职业基础课占12%,职业技术课占60%,毕业实习占10%。学院根据《教育部关于加强高职高专教育人才培养工作的意见》等相关文件精神,坚持学以致用的原则,适度压缩非专业课程;强调专业主干课程紧密联系职业岗位和职业群;强化提高学生动手操作能力的实训类课程。在教学方法上,学院改变传统教学模式中以教师的教为中心的做法,向以学生的学为中心转变;实现以教材为中心向以培养目标为中心的转变;从以课堂教学为中心的理论教学向以实习场地、生产车间实训为中心的"理实一体化"的教学转变。

为强化学生的实习、实训效果,泉州理工学院积极与当地企业界联系,大力加强实训基地建设。截至2010年10月,学院已建立实训基地71个,覆盖了本院的所有系和专业,见表5-5。不仅如此,学院还与泉州酒店、北大青鸟APTECH、阿里巴巴等企业进行深入合作,联合办学,共同设置专业和课程体系,扩展了学院的办学模式,提高了人才培养质量,收到了良好的教育效果。

表5-5　泉州理工学院实训基地建设一览表(部分)

所属系别	合作单位
车辆工程系	亿达车用电器有限公司、风顺汽车销售服务有限公司、清美汽修厂
财经系	阿里巴巴、沃尔玛购物广场、南华管理咨询有限公司
商贸系	泉州酒店、志闽旅游开发有限公司、海天货运代理有限公司
外语系	泉州市实验小学、威尔通英语培训学校、东升太阳能电子有限公司
信息技术系	中国联通泉州分公司、新时代电脑有限公司、福建电信有限公司泉州分公司
建筑设计系	泉州远泰石业有限公司、泉州优视广告传媒、和杰广告传媒有限公司

为了有效实施"1—2—3"人才培养模式,鼓励、帮助学生获取职业资格证书,同时也为方便当地群众,泉州理工学院于 2004 年成立了国家职业技能鉴定站,经过数年的发展,已拥有 51 个职业工种的职业技能培训考证项目,覆盖了学院所有专业,该站现已成为福建省内鉴定种类最多、服务人群最广泛、取证率最高的综合性鉴定站之一,部分鉴定项目见表 5-6。目前,学院已有近万名学生参加各类职业资格和技能证书考试,合格率为 83%,学院也因此连续 6 年被评为"福建省职业技能鉴定优秀单位"。

表 5-6　泉州理工学院职业技能鉴定项目一览表(部分)

对应系别	职业工种
车辆工程系	机动车检验工、汽车维修工、汽车维修电工
财经系	会计电算化、会计从业资格、ISO9001 内审员
商贸系	物流师、导游员、外贸跟单员、国际货代
外语系	国际商务英语等级认证
信息技术系	Protel 99SE 绘图员、硬件技术工程师、局域网管理
建筑设计系	工程造价工程师、室内装潢设计员、广告设计师

　　资料来源:泉州理工学院 2010 年招生简章。

　　为丰富自身人才培养模式,更新教育理念,提高教育质量,泉州理工学院充分发挥近台的地缘优势,加强与台湾高等院校的联系,目前已与台湾的"建国科技大学"、致远管理学院、朝阳科技大学、澎湖科技大学等院校签订了合作协议书,建立了长期的合作关系。

四、关于优化泉州理工学院运行机制的改革建议

(一)完善董事会领导下的院长负责制

　　作为一所民办高职院校,泉州理工学院依法建立了董事会,实施董事会领导下的院长负责制,这对于加强学院管理,促进学院快速发展有着十分重要的意义。然而,仔细分析该学院的这一管理制度,我们不难发现其中存在的一些不足之处。其一,董事会结构有待完善。目前学院董事会由 7 名成员构成,其中 1 名为外聘院长,1 名为政府指派人员,其余 5 名均为学院创始人家族成员,而与学院发展密切相关的教师、学生、社区等利益相关者代

表无一进入董事会。这表明,董事会构成较为单一,未能体现董事会作为学院利益相关者代言集体所应具有的广泛性。董事会成员的单一性会造成一系列问题,如特定利益相关者(如教师、学生等)的利益诉求不能及时、有效地传达至学院管理层;不能充分调动最广大利益相关者的积极性,从而不能最大限度地获取外部支持;不能全面、深入地了解当地社会的多样化需求;等等。其二,董事会、院行政、院党委三者之间的关系有待进一步理顺。从泉州理工学院的运行机制上看,董事会是学院的最高权力机构和决策机构,学院所有重大决策都必须经过董事会讨论决定。以董事会聘任的院长为首的院行政则完全遵照董事会的决策,对学院的教学和行政工作进行管理。这种状况可能会出现如下问题:在董事会中占据绝对优势的家族成员不太熟悉教育规律,而熟悉教育规律的外聘院长则由于"孤立无援"而不能坚持正确的提议或主张,容易导致董事会作出不科学的决策,不利于学院的长远发展。从院党委的角度看,党委书记由泉州理工学院董事长兼任,仅有一名副书记由政府相关部门指派,这有可能在实践中影响学院党委作用的有效发挥,致使党委被"虚化"。因此,如何正确处理董事会、院行政及院党委之间的关系是泉州理工学院必须面对的问题。

为此,学院应对董事会及其制度加以改革,完善董事会领导下的院长负责制。

首先,适度扩大董事会规模,优化董事会成员结构。如前所述,民办高校董事会是利益相关者的集体,这一集体成员应包括民办高校出资人、政府代表、学校所在社区代表、师生代表、企业代表以及社会知名人士代表等。从欧美私立高校董事会构成来看,成员的广泛性特征非常明显。以哈佛大学董事会为例,在 30 名董事中,有 11 名工商界人士,4 名政府官员,3 名教师代表,其余 12 名分别来自社会其他行业。[①] 因此,根据董事会职责和功能,参照欧美高校的经验,结合我国民办高校的特殊情况,泉州理工学院应在确保投资者在董事会中占主导地位的前提下,适度扩大规模,增加学校师生代表和社区代表,使董事会成员更加多元化。

其次,建立健全董事会章程和其他制度,明确界定董事会等机构的职责

---

① 张斌贤,张驰.美国大学与学院董事会成员的职业构成——10 所著名大学的"案例"[J].比较教育研究,2002(12).

范围,理顺董事会、院行政及院党委的关系。董事会章程是规定董事会人员构成、组织结构、权责关系以及议事规则的制度总称,是董事会正常运作的基本依据和重要保障。建立健全董事会章程和其他制度,明确界定董事会、院行政及院党委的权责范围和相互关系,对于提高行政效率、增强各部门工作的主动性和积极性、促进学院的健康发展有着极为重要的意义。从泉州理工学院的实际情况看,影响董事会、院行政、院党委三者职能有效发挥的主要原因在于,董事会为学院中的最高权力机构及决策机构的地位与董事会主要成员(并非所有成员)不懂得教育规律的现状之间的矛盾,以及院党委在学院运行过程中的"应然地位"与"实然状态"之间的反差。这两对矛盾成为泉州理工学院管理体制改革的瓶颈问题。因此,解决泉州理工学院管理体制问题、理顺各机构间关系的关键在于解决这两对矛盾。

对于前者,本研究认为,一方面应加强董事会成员对教育理论的学习,尽快提高董事会成员的教育理论素养,使其熟悉教育规律,从而提高决策水平和能力;另一方面,更为重要的是,要建立健全董事会与以院长为代表的院行政之间的"委托—代理"机制。作为泉州理工学院的最高权力机构及决策机构,董事会将学院行政管理权力和学术管理权力委托给院长,成为委托人,作为代理人的学院院长则根据董事会的决策,运用董事会授予的职权,开展学院的全面管理工作,从而形成二者之间的"委托—代理"关系。如此,解决第一对矛盾实质上就转变为如何处理董事会与院长之间的"委托—代理"关系。而处理这一关系的关键又在于厘定董事会与院长的职权范围。一般而言,董事会是最高决策机构,对关乎学院发展的重大事项进行决策,而院长是执行人,因而决策与执行是二者关系的基本界定。换言之,董事会负责重大决策,但不直接干预学院具体的管理工作,院长则全权负责将董事会决策付诸实施,并对董事会负责。只有明确董事会与院长的权责关系,才能使二者之间的"委托—代理"制度具有实质性的意义,从而有效地解决第一对矛盾。

对于后一对矛盾,关键是要对学院党委进行准确的定位。我国公办院校实施党委领导下的校长负责制,在这种管理体制下,党委统一领导学校工作,对学校发展中的重大事项行使决策权,成为高校实际上的权力核心。而在我国现有民办高校的管理体制中,董事会为事实上的最高权力机构。为此,对民办高校党委地位及职能的准确定位对于正确处理其董事会与党委的关系、充分发挥党委积极作用有着十分重要的意义。泉州理工学院应根据中组部、教育部联合颁发的《关于加强民办高校党的建设工作的若干意见》,确立学院党委的政治领导的核心地位。这也要求学院党委应切实加强自身建设,全面贯彻党的教育方针,确保学院办学的社会主义方向;提高自身素质,变依靠"权力"为依靠"能力"来实施党的政治领导;改变工作方式,变"拍板决定"为"引导和监督"。总之,泉州理工学院党委应转变观念,切实增强服务意识,坚持工作"到位"而不"越位",更不"缺位",积极引导、监督、帮助董事会和院长做好各项工作,促进学院的可持续发展。

(二)进一步拓展教育职能,形成多样化的职能体系

泉州理工学院在成立之初便将高等职业教育确定为自己的办学方向,在随后数年的办学实践中,职业教育几乎是学院唯一的教育职能。直至2007年,经福建省教育厅批准,学院开始举办成人高等教育和"五年专"教育,职业教育在学院办学中"一统天下"的局面才开始有所改变。尽管高职院校应突出其"主营业务",但教育职能过于单一化则不利于学院的长远发展,特别对于以服务地方经济和社会发展为宗旨的高职院校而言尤其如此。这是因为,随着社会的发展,多元化趋势正在社会经济、文化等领域日益显现,受此影响,人们的需求也比以往任何时候都更加复杂和多元。比如,在终身教育思潮的影响下,不仅以学历教育为主的成人高等教育一如既往地受到人们的重视,包括各种技能培训和闲暇教育在内的非学历教育也逐渐成为人们关注的对象。因此,将"以服务为宗旨、以就业为导向,走产学研相结合的发展道路"作为办学方针的泉州理工学院应贯彻终身教育理念,结合自身的特点及发展定位,主动适应不断发展变化的社会需求,调整自身的教育职能。具体而言,学院应在办好高等职业教育这一主要职能的基础上,积极发展成人高等教育、以"五年专"为代表的转学教育,适当扩大办学规模,进一步拓展发展空间。此外,学院应贯彻"服务"理念,全面了解当地社会的多样化需求,通过开展各种技术培训、文体活动,进一步加深与当地社会的关系,从而赢得更广泛的社会支持。

(三)形成多元化的经费来源格局

如前所述,学费收入是泉州理工学院办学经费最主要的来源,所占比例约为90%,由此可以看出,该校办学经费渠道较为单一,对学费收入的依赖性很强。严重依赖学费、来源渠道单一的办学经费来源结构不利于学院的长远发展。因为这种经费来源结构容易造成学院在办学过程中的两难境地:若要提高学费以增加学院经费收入,就可能减少生源;而如果通过降低

学费以扩大生源,则可能使学院陷入财务危机。从泉州理工学院的学费水平看,收费最低的专业学费为 7000 元,而最高的已达 9000 元,大大高于公办院校,在同类院校中也已处于较高水平,因而,学费上涨的空间不大。对该学院学生进行的关于学费水平的调查结果显示,87.3% 的学生认为学费水平"比较高"或"太高"。因此,泉州理工学院应积极采取措施,开源节流,扩大经费来源渠道,形成较为稳定的、多样化的筹资渠道。首先,学院要稳定学费水平,大力提高教育教学质量和服务水平,以此保障较为充足、稳定的生源。其次,学院要提高服务社会的质量,扩展服务范围。泉州理工学院可以充分利用自身在职业教育方面的优势,大力开展面向社会的各类职业技术培训,从培训质量和服务范围两方面进行突破,增强学院服务社会的能力和水平,以此增加社会服务收入。最后,学院要开展社区教育和服务,争取包括政府在内的社区各界的支持。泉州理工学院在实施高职教育、成人高等教育的同时,应积极参与所在社区的建设,利用自身的人员、技术优势,为社区各界提供各种形式的教育和服务,促进社区的物质文明和精神文明建设,努力争取包括政府在内的社区各界的认可和支持。

(四)提升校企合作层次和水平,提高学院人才培养质量

校企合作是高等职业院校增强教师和学生的社会实践能力、提高人才培养质量的有效途径和重要保障。泉州理工学院一直积极主动地寻求校企合作,以期提高人才培养的质量。自 2005 年开始,学院积极与当地企事业单位洽谈,商议校企合作事宜,截至 2010 年 10 月底,已与 71 家单位建立了校企合作关系,为学生的实习、实训提供了良好的条件。然而,从泉州理工学院校企合作的实效性看,其还有待进一步加强。目前,学院与 71 家单位建立的校企合作关系仍停留在最初级的层次,即根据双方签订的合作协议,学院向企业派遣实习生,企业对实习生进行一定的辅导。这种浅层次的合作对于真正提高学生的职业能力、形成校企双方"双赢"结果并无实质性的意义。因此,学院与企业之间应积极采取措施,提升校企合作的层次和水平,形成真正意义上的"利益共同体"。首先,学院应对当地经济发展状况作全面、深入的了解和分析,对于地方优先发展的重点行业或领域应予以特别关注。在此基础上,学院应结合自身的优势和特点,有选择地与地方产业进行对接,通过专业结构的调整,寻找合适的合作伙伴,以期建立优势互补、相互依存的"利益共同体"。其次,学院应不断增强自身的教学和科研能力,提升校企合作的质量和效益。学院应不断优化人才培养模式,加强实践教学,提高学生的职业能力,使毕业学生能胜任企业相应岗位的工作,更好地满足企业的用人需求。同时,学院应加强应用性科研工作,提高自身服务企业的能力和水平,更好地满足企业的技术需求。如此,学院在校企合作的过程中便能充分体现自身对于企业的意义和价值,改变以往校企合作中企业"单方面付出"的状况,从而大大激发企业参与校企合作的积极性和主动性。最后,学院应不断丰富和发展校企合作的形式和内容。为提高校企合作的实效性,学院与企业之间除了进行学生实习、实训的合作之外,还应积极创新合作模式,丰富合作内容,以提升二者合作的层次和水平。通过订单培养、人员聘用、专业共建、项目开发等方式,积极推动二者在深层次和高水平上的互动介入、相互交融,真正形成相互依存、互惠互利的"利益共同体"。

本章小结

在前面有关章节的理论分析的基础上,本章分别对三所不同类型的高职院校进行了解剖和分析。由于这三所院校的性质存在差异,因而在它们向社区学院转化的过程中所面临的问题及可采取的应对措施也不尽相同。

对于已冠名社区学院的北京朝阳社区学院而言,服务社区的理念已成为全校上下的共识,当务之急是解决管理体制、办学经费以及完善职能体系这三个关键问题。首先,要建立健全理事会制度,正确处理它与学院党委及行政的关系,切实发挥理事会联系社区、参与管理的重要作用。其次,要建立多元化的经费筹集机制。最后,要不断完善职能体系,逐步压缩成人教育比重,大力开展高等职业教育。

在社区化的过程中,厦门城市职业学院应建立健全管理机构和制度,设立理事会,加强与社区的联系;大力开展社区教育,完善教育职能;密切关注社会对人才的需求状况,不断完善人才培养模式,大力提高服务社区的能力和水平。

作为一所民办高职院校,泉州理工学院在社区化的过程中面临的问题与其他两所院校存在较大差别。例如,董事会与其他机构的关系问题、经费来源问题,等等,如何处理这些问题是该校管理者应慎重考虑的。我们认为,泉州理工学院应建立健全并严格执行董事会领导下的院长负责制,正确处理董事会、学院党委、学院行政之间的关系；形成多样化的职能体系，增强学院服务社区的能力及水平；积极拓展经费来源渠道，形成多元化的筹资体制；采用多种措施，努力提高校企合作的层次和水平，大力提高人才培养质量和社会服务能力。

研究结论与展望

一、研究结论

本书以"中国社区学院运行机制研究"为题,着重论述了我国社区学院这一新型高等教育机构在形成和发展过程中如何运作的相关问题。概括而言,本书首次对我国社区学院的内涵特征、形成方式以及运行机制等方面进行了较为系统的研究,并就这些方面提出了自己的观点。

1.我国社区学院是指主要由区县级政府举办的、为所在社区成员提供高等职业教育和社区教育等服务、以提高国民素质和增强劳动者就业能力为目的的地方性高等教育机构。

根据美国社区学院的历史经验,结合我国现实国情以及高等教育发展的状况,本研究认为,我国社区学院的本质特征主要应体现在以下几个方面:在办学目标上,以立足社区、服务社区为宗旨和目标,即将全面提升社区居民素质、增强劳动者就业能力作为办学的主要目的;在教育职能上,以高等职业教育为核心,以社区教育为特色,以成人高等教育为补充,以转学教育为突破口;在学校定位上,着力成为沟通不同教育子系统的功能结合部;在学生身份上,入学者身份更加多元化,符合终身教育发展的趋势。尽管我国社区学院充分借鉴了美国社区学院的经验和模式,但由于两国国情相去甚远,因此二者在形成的目的、形成的方式、与其他高校的关系以及教育职能等方面都存在较大的差异。

2.社区学院是我国政治、经济、教育等发展的必然结果,其形成可通过改造已有的成人高校和高职院校加以实现。

本研究认为,我国社区学院的形成有其深刻的政治、经济发展状况的原因;城市社区的快速发展凸显了社区在社会治理过程中的重要意义,因而社区教育引起了社会各界前所未有的关注;区域经济发展增强了地方经济实力,为地方政府建立服务本地区的高校奠定了坚实的经济基础;随着我国经济结构的转型,越来越多的农业人口转向非农业生产,由此产生了大量的就业培训需求。此外,我国社区学院是发展终身教育、建设学习型社会的战略目标推动的结果,是为应对高等教育诸多现实问题而进行的高等教育改革和发展的产物。在知识经济背景下,人们的就业观念发生了很大的变化,"从一而终"的职业观念已经被可多次选择工作的现实所打破,在此情况下,人们对转岗培训产生了极大的需求。而面临不断增大的招生压力的普通高校对于这些需求往往无动于衷或无能为力,因而社区学院的成立与发展就显得尤为迫切。

从我国高等教育的发展现状分析,社区学院的形成不宜采用大范围新建的方式,这主要是基于两个原因:其一,经过世纪之交连续多年的大扩招,我国高等教育规模迅猛扩大,且高等教育适龄人口已呈逐渐减少之趋势,高等教育需求与供给已处较为平衡的状态,此时如大量增设新的高等教育机构,势必造成供求失衡的局面;其二,大量增设新的高等教育机构需要投入大量的人力、物力和财力,这无疑将大大增加地方政府的财政负担。因此,通过将已有的相关高校转型来建立社区学院将是较为稳妥的路径。具体而言,我国社区学院形成的途径主要有两条:一是成人高校转型为社区学院,二是高职院校转型为社区学院。

成人高校之所以能转型为社区学院,原因在于:一方面,成人高校在长期办学过程中形成了较好的职业教育和成人教育传统,因而具备了向社区学院转型的职能基础;另一方面,成人高校封闭、僵化的体制使自身陷入了举步维艰的困境,因而产生了转型的冲动。如果说,成人高校向社区学院转型是出于一种"求生"的欲望,那么,高职院校向社区学院转型则是基于"发展"的诉求。在我国经济结构转型期间,高职教育在教育体系乃至整个社会中的作用与意义将进一步得到彰显,发展空间巨大。但就目前高职教育的现状而言,脱离当地社会发展实际、理论性过强而实践性不足等弊端也使部分高职院校裹足不前。因此,进一步增强自身的地方性和实践性,更加紧密地联系所在区域的经济社会发展实际,成为立足社区、服务社区的区域性高等职业教育机构,避免盲目升格、扩张,是高职院校在发展过程中所做的理性抉择。

3.社区学院应围绕社区的需求建立科学合理的组织结构与管理模式、经费筹集机制以及评价制度。

一个机构的运行涉及该机构的方方面面,为突出重点,本研究选择了组织结构与管理模式、经费筹集机制以及评价制度等三个核心环节进行论述。

组织结构与管理模式是社区学院运行机制建立的前提性因素,这是因为,任何机构的有效运转都有赖于科学、合理、高效的组织结构与管理模式。本研究在追溯大学组织结构发展历史的基础上,结合当前我国高等教育发展的现实状况,借鉴加拿大学者亨利·明茨伯格的组织结构理论,从而构建了我国社区学院的组织结构与管理模式。由于投资主体不同,民办社区学院与公办社区学院在组织结构和管理模式上存在较大差别。在民办社区学院中,董事会是学院最高权力机关和决策机构,院长在董事会授权之下管理全院事务,二者构成学院的战略高层。学院根据需要设立相关教学管理机构,即中间线,负责对教学基层单位即运营核心的管理。此外,学院还应根据需要设立各种研究机构和行政管理部门,为教学工作的顺利开展提供支持和服务。公办社区学院与民办社区学院的区别主要体现在战略高层上。受政治体制的影响,如同其他类型的公办院校一样,公办社区学院实行党委领导下的院长负责制。这意味着,在公办社区学院中,院党委和院长是学院的战略高层,负责全院重大事务的管理与决策。同时公办社区学院应设立理事会,吸纳社会各方代表参与学院的管理。

办学经费是高校得以正常运转的"血液",因而经费筹集机制是社区学院运行机制的重要组成部分。本书在介绍高等教育成本分担相关理论的基础上,分析了中外高等教育成本分担的历史经验及现状,结合我国政府的财政收支状况,提出我国社区学院应建立基于成本分担的教育经费筹集机制。该机制要求,政府应将社区学院办学经费纳入财政预算,对于民办社区学院也应给予必要的支持,确保其拥有基本的办学资源,以维持正常的教学活动;确立公平、合理的收费标准;充分发挥社区学院立足社区、服务社区的优势,大力增强其社区服务能力和水平,从而提高服务收入和社会捐赠收入;大力发展留学生教育,以拓宽学院的筹资渠道。

评价制度是社区学院运行机制中又一个不可或缺的重要组成部分。本书在论述高等教育评价的内涵、功能、主体、内容及原则等基本理论的基础上,结合社区学院的基本特征,构建了我国社区学院评价制度的基本框架。该框架包括由政府主导、社会中介组织实施、社区学院积极参与的评价模式,由办学宗旨、具体活动、办学条件、管理体制及教育效果组成的评价内容体系,以及由制定评价规则、组织实施、整改提高等环节构成的评价程序。

总之,本书在前人研究的基础上,提出了符合中国国情的社区学院的内涵、价值、特征、形成途径以及运行机制,较为系统地分析了我国社区学院形成和发展的相关内容,为我国建立和发展社区学院的实践提供了一定的理论支持,对于完善我国高等教育的结构和功能、促进终身教育的发展以及建设学习型社会具有一定的理论和现实意义。

二、研究展望

从理论上讲,任何一项研究都不可能穷尽所有的方向,也不可能达到无法继续的深度,因此,任何研究都有进一步拓展、深化的意义和价值。作为一项关于社区学院这一新生事物的探讨,本研究尤其如此。本书尽管对我国社区学院的内涵、特征、形成途径及运作方式等方面作了一些探索,但也仅是社区学院研究的"冰山一角",仍有大量的研究方向和领域有待进一步思考和探讨。

其一,关于社区学院通向农村的研究。本研究所探讨的社区学院主要基于城市背景,这主要是因为,当下我国经济社会发展状况决定了只有经济社会发展良好的城市才能较好地支撑社区学院的发展,但这并不意味着广大农村地区没有发展社区学院的可能和必要。恰恰相反,随着我国经济实力的持续增长,随着政府对"三农"的关注程度和支持力度进一步增强,随着新农村建设的稳步推进,广阔的农村天地将成为社区学院展现自身价值的大舞台。可以预见,关于社区学院如何通向农村、如何服务农村等问题必将成为今后研究的重点。

其二,关于社区学院的微观层面的研究。本研究侧重探讨社区学院的管理体制、运行机制、职能定位等宏观、中观层面的问题,而对诸如课程设置、教学评价、师资管理、学生管理等微观层面涉及较少。随着社区学院研究的进一步深入,其微观层面的问题也将逐步进入研究者的视野。

其三,关于社区学院和其他高等教育机构之间衔接问题的研究。在本研究中,社区学院的职能定位是成为不同教育体系之间相互沟通和联系的"立交桥",在社区学院的职能体系中,转学教育也是其中重要的组成部分。

但囿于研究主题及研究篇幅，社区学院该如何发挥"立交桥"的作用，如何在课程设置、学制衔接、学分转换等方面进行具体实施与操作等问题并未在本书中得到详细论述。这些问题都有待本书作者做进一步的思考与研究。

附　录

附录1　我国高等职业院校教育教学情况调查问卷

尊敬的朋友：

您好！

这是一份了解高职院校教育教学相关情况的问卷。本问卷选择题皆为单项选择，请您根据实际情况在"_____"上填入合适选项的标号。本问卷不署名，结果亦无对错之分，仅用于课题研究，用后予以销毁。您的个人信息对本研究结果的准确性具有重要价值，希望您能将真实的情况和想法填写在问卷上。

非常感谢您的合作！

您的基本情况是：学校_____专业_____
年级_____性别_____年龄_____

1. 您来本校上学之前的户口所在地是_____。
   A. 本市本区　　　　B. 本市其他区　　　　C. 本省其他市
   D. 外省　　　　　　E. 其他
2. 您选择来本校求学的最主要目的是_____。
   A. 获取文凭　　　　B. 学习实用技术　　　C. 学习知识
   D. 发展兴趣　　　　E. 其他（请注明_____）
3. 您认为您目前的专业就业前景如何_____。
   A. 非常好　　　　　B. 比较好　　　　　　C. 一般
   D. 比较差　　　　　E. 非常差
4. 您认为学校开设的课程_____。
   A. 公共课过多　　　B. 专业课过多　　　　C. 二者比例较为合适

5.贵校开设的实践技能课多吗？_____

    A.很多   B.比较多   C.比较少

    D.很少   E.没有

6.您现在使用的专业课教材_____。

    A.理论性太强，与实际脱节

    B.既有理论，又有实践

7.您所在学校给学生安排的实习、实训机会多吗？_____

    A.很多   B.比较多   C.比较少

    D.很少   E.没有

8.您对贵校所开设的课程_____。

    A.很满意   B.比较满意   C.一般

    D.不太满意   E.很不满意

9.除了课堂教学，您所在学校采用现场教学或实践教学的情况如何？_____

    A.很多   B.比较多   C.比较少

    D.很少   E.没有

10.教师采用的课堂教学方法通常是_____。

    A.都是教师讲授

    B.教师讲授与学生讨论相结合

    C.以学生讨论为主

    D.其他_____

11.贵校教师在授课时结合当地实际情况进行教学的情况多吗？_____

    A.很多   B.比较多   C.比较少

    D.很少   E.没有

12.在您所接受的考核形式中，动手操作考核所占比例如何？_____

    A.很大   B.比较大   C.比较小

    D.很小   E.没有

13.在给您授课的教师中，来自其他单位的兼职教师多吗？_____

    A.很多   B.比较多   C.比较少

    D.很少   E.没有

14. 您认为您的任课教师总体情况是_____。

    A. 理论水平很高

    B. 实践经验丰富

    C. 理论水平高且实践经验丰富

    D. 理论水平不高且无实践经验

    E. 不好说

15. 您所在学校的教师教学水平如何？_____

    A. 很好   B. 较好   C. 一般

    D. 较差   E. 很差

16. 您每学年缴纳的学费是多少？_____

    A. 1000 元及以下   B. 1001～2000 元   C. 2001～3000 元

    D. 3001～4000 元   E. 4000 元以上

17. 您认为您所在学校的学费水平如何？_____

    A. 偏低   B. 一般

    C. 比较高   D. 太高

18. 您所在学校的学习条件如何？_____

    A. 很好   B. 较好   C. 一般

    D. 较差   E. 很差

19. 您对该学校总体状况满意吗？_____

    A. 很满意   B. 比较满意   C. 一般

    D. 不太满意   E. 很不满意

20. 您认为贵校目前存在的主要问题有哪些？请逐一列出：

_____

_____。

再 次 感 谢 您 的 合 作！

附录 2　我国高等职业院校教育教学情况访谈提纲

1. 请您谈一谈贵校的办学定位(包括学校性质、层次、服务对象等)。

2. 请问政府在贵校办学过程中扮演着怎样的角色(现状、问题和期望)?

3. 请问贵校办学经费来源情况如何(渠道及比例)?

4. 请问贵校与所在社区的关系如何(招生、就业、课程设置、资源共享等方面的现状、问题和期望)?

5. 请问贵校与其他高校在教育教学方面有何合作?

6. 请问贵校在办学过程中遇到哪些问题和困难,是如何解决的?

参考文献

一、中文著作

[1] 王洪才.终身教育体系的建构——全面小康社会的呼唤与回应[M].厦门:厦门大学出版社,2008.

[2] 王洪才.心灵的解放与重塑——个性哲学的终身教育论[M].北京:教育科学出版社,2011.

[3] 郝克明.跨进学习社会——建设终身学习体系和学习型社会的研究[M].北京:高等教育出版社,2006.

[4] 王洪才.大众高等教育论[M].广州:广东教育出版社,2004.

[5] 黄富顺.比较终身教育[M].台北:五南图书出版公司,2003.

[6] 吴遵民.现代国际终身教育论[M].上海:上海教育出版社,1999.

[7] [日]持田荣一.终身教育大全[M].龚同等译.北京:中国妇女出版社,1987.

[8] [美]彼得·圣吉.第五项修炼——学习型组织的艺术与实务[M].郭进隆译.上海:三联书店,1998.

[9] 中国现代化战略研究课题组.中国现代化研究报告2001[M].北京:北京大学出版社,2002.

[10] 中国社会科学院青年人文社会科学研究中心.国情调研[M].济南:山东人民出版社,2005.

[11] 谢庆奎.政治体制改革与政府创新[M].北京:中信出版社,2003.

[12] 郝克明,周满生.终身教育国际论坛报告集萃[M].北京:高等教育出版社,2005.

[13] 高志敏.终身教育、终身学习与学习化社会[M].

上海:华东师范大学出版社,2005.

[14][日]小林文人等.当代社区教育新视野——社区教育理论与实践的国际比较[M].上海:上海教育出版社,2003.

[15]中国教育统计年鉴编辑部.中国教育统计年鉴(2005)[Z].北京:人民教育出版社,2005.

[16]国家统计局.中国统计年鉴 2008[M].北京:中国统计出版社,2008.

[17]辞海编撰委员会.辞海(缩印本)[Z].上海:上海辞书出版社,2000.

[18]褚宏启.中国教育管理评论(第一卷)[Z].北京:教育科学出版社,2003.

[19]闵维方.高等教育运行机制研究[M].北京:人民教育出版社,2002.

[20]潘懋元等.高等教育研究方法[M].北京:高等教育出版社,2008.

[21]潘懋元.大学教育质量的理论与实践研究[M].广州:广东高等教育出版社,2009.

[22]潘懋元.新编高等教育学[M].北京:北京师范大学出版社,1996.

[23]潘懋元.高等教育:历史、现实与未来[M].北京:人民教育出版社,2004.

[24]丁钢.中国教育:研究与评价(第三辑)[M].北京:教育科学出版社,2002.

[25]陈向明.质的研究方法与社会科学研究[M].北京:教育科学出版社,2000.

[26]马建棠.大机制[M].北京:中国发展出版社,1998.

[27]陈玉昆.高等教育质量保障体系研究概论[M].北京:北京师范大学出版社,2004.

[28]薛天祥.高等教育管理学导论[M].北京:教育科学出版社,1990.

[29]张应强.文化视野中的高等教育[M].南京:南京师范大学出版社,1999.

[30]滕大春.美国教育史[M].北京:人民教育出版社,2001.

[31][美]杜威.民主主义与教育[M].王承绪译.北京:人民教育出版社,2001.

[32] [法]托克维尔.论美国的民主(下册)[M].董果良译.北京:商务印书馆,1988.

[33] 钱满素.美国文明[M].福州:福建教育出版社,2008.

[34] [美]威廉·詹姆士.人本主义和真理[M].陈羽纶等译.北京:商务印书馆,1995.

[35] [美]约翰·布鲁贝克.高等教育哲学[M].王承绪等译.杭州:浙江教育出版社,2002.

[36] 罗荣渠.美国历史通论[M].北京:商务印书馆,2009.

[37] [美]伯顿·克拉克.探究的场所——现代大学的科研和研究生教育[M].王承绪译.杭州:浙江教育出版社,2001.

[38] 陈学飞.美国高等教育发展史[M].成都:四川大学出版社,1989.

[39] 王英杰.美国高等教育的发展与改革[M].北京:人民教育出版社,2002.

[40] 乔玉全.21世纪美国高等教育[M].北京:高等教育出版社,2000.

[41] 国家教育发展研究中心.发达国家教育改革的动向和趋势[M].北京:人民教育出版社,1999.

[42] 续润华.美国社区学院发展研究[M].北京:中国档案出版社,2000.

[43] [美]伯顿·克拉克.高等教育新论——多学科的研究[M].王承绪等译.杭州:浙江教育出版社,2001.

[44] [美]唐·倍根等.学校与社区关系[M].周海涛译.重庆:重庆大学出版社,2003.

[45] 厉以贤.社区教育原理[M].成都:四川教育出版社,2003.

[46] 万秀兰.美国社区学院的改革与发展[M].北京:人民教育出版社,2003.

[47] 吴康宁.教育社会学[M].北京:人民教育出版社,1998.

[48] [苏]列宁.列宁选集(第四卷)[M].北京:人民出版社,1995.

[49] 时伟等.高校与社区关系论[M].合肥:安徽大学出版社,2005.

[50] 王思斌.社会学教程[M].北京:北京大学出版社,2007.

[51] 郑杭生.社会学概论新修[M].北京:中国人民大学出版社,2003.

[52] 于显洋.社区概论[M].北京:中国人民大学出版社,2006.

[53] 叶忠海.社区教育学基础[M].上海:上海大学出版社,2000.

[54] [美]罗伯特·赫钦斯.美国高等教育[M].汪利兵译.杭州:浙江教育出版社,2001.

[55] 陈乃林.现代社区教育理论与实验研究[M].北京:中国人民大学出版社,2006.

[56] 刘尧.中国县级社区学院发展研究[M].镇江:江苏大学出版社,2009.

[57] 邬大光.中国高等教育大众化问题研究[M].北京:高等教育出版社,2004.

[58] 邬大光.危机与转机:WTO视野中的中国高等教育[M].厦门:厦门大学出版社,2004.

[59] 孙桂华.社区学院实践探究[M].北京:北京航空航天大学出版社,2009.

[60] 张俊芳.中国城市社区的组织与管理[M].南京:东南大学出版社,2004.

[61] 何红玲.新中国成人高等教育发展研究[M].北京:中国社会科学出版社,2004.

[62] 李海宗.高等职业教育概论[M].北京:科学出版社,2009.

[63] 顾明远,梁忠义.世界教育大系:中国教育[M].长春:吉林教育出版社,2000.

[64] 匡瑛.比较高等职业教育:发展与变革[M].上海:上海教育出版社,2006.

[65] 周光勇等.高等职业教育导论[M].济南:山东教育出版社,2003.

[66] 罗竹凤.汉语大词典[M].上海:上海汉语大词典出版社,1991.

[67] 中国社会科学院语言研究所词典编辑室.现代汉语词典(修订版)[M].北京:商务印书馆,1996.

[68] 新华词典编撰组.新华词典(修订版)[Z].北京:商务印书馆,1996.

[69] 朱国仁.高等学校职能论[M].哈尔滨:黑龙江教育出版社,1999.

[70] 教育部国家教育发展研究中心.美国加利福尼亚州高等教育总体规划[M].北京:人民教育出版社,2005.

[71] 曾子达.加拿大社区学院[M].北京:北京大学出版社,1994.

[72] 陈晖.教育·社会·人[M].北京:东方出版社,1989.

[73] 中国高教学会.改革开放 30 年中国高等教育发展经验专题研究 [M].北京:教育科学出版社,2008.

[74] 翟海魂.发达国家职业技术教育历史演进[M].上海:上海教育出版社,2008.

[75] 娄成武等.社区管理[M].北京:高等教育出版社,2003.

[76] 顾明远.教育大辞典[Z].上海:上海教育出版社,1990.

[77] 陈元晖.中国近代教育史资料汇编(教育行政机构及教育团体) [M].上海:上海教育出版社,2007.

[78] 张允侯.五四时期的社团(一)[M].上海:三联书店,1979.

[79] 王蓉等.成人高等教育学[M].北京:中国农业大学出版社,2001.

[80] 邓运林.成人教育专题研究[M].高雄:高雄复文图书出版社,1997.

[81] 教育部职业教育与成人教育司等.新世纪中国职业教育发展——2004—2007 年职业教育发展报告[M].北京:高等教育出版社,2009.

[82] 舒新城.中国近代教育史资料(中)[M].北京:人民教育出版社,1961.

[83] 辞海编辑委员会.辞海(缩印本)[Z].上海:上海辞书出版社,2010.

[84] 孙绵涛.教育管理学[M].北京:人民教育出版社,2006.

[85] [美]拉兹洛.用系统的观点看世界[M].闵家胤译.北京:中国社会科学出版社,1985.

[86] 联合国教科文组织.学会生存[M].北京:教育科学出版社,1996.

[87] [美]罗伯特·伯恩鲍姆.大学运行模式[M].别敦荣译.青岛:中国海洋大学出版社,2003.

[88] 王关义.现代组织管理[M].北京:经济管理出版社,2007.

[89] [加]亨利·明茨伯格.卓有成效的组织[M].魏青江译.北京:中国人民大学出版社,2007.

[90] [英]E.阿什比.科技发达时代的大学教育[M].藤大春,藤大生译.北京:人民教育出版社,1983.

[91] 李泽彧等.我国巨型大学的管理与组织模式研究[M].厦门:厦门大学出版社,2005.

[92] 宣勇.大学组织结构研究[M].北京:高等教育出版社,2005.

[93] 郁阳刚.组织行为学[M].北京:清华大学出版社,2010.

[94] [美]德里克·博克.走出象牙塔[M].徐小洲等译.杭州:浙江教育出版社,2001.

[95] 董云川.论中国大学与政府和社会的关系[M].昆明:云南大学出版社,2004.

[96] [英]亚当·斯密.国民财富的性质和原因的研究(节选本)[M].王亚南等译.北京:商务印书馆,2002.

[97] [美]D.B.约翰斯通.高等教育财政:问题与出路[M].沈红等译.北京:人民教育出版社,2004.

[98] [美]P.A.萨缪尔森.经济学(第16版)[M].萧琛等译.北京:华夏出版社,1999.

[99] 甘国华.高等教育成本分担研究[M].上海:上海财经大学出版社,2007.

[100] 靳希斌.教育经济学[M].北京:人民教育出版社,2009.

[101] 吕炜.高等教育财政:国际经验与中国道路选择[M].大连:东北财经大学出版社,2004.

[102] 杨明.政府与市场:高等教育财政政策研究[M].杭州:浙江教育出版社,2007.

[103] [美]约翰·范德格拉夫.学术权力——七国高等教育管理体制比较[M].王承绪等译.杭州:浙江教育出版社,1998.

[104] [美]米切尔·B.鲍尔森.高等教育财政:理论、研究、政策与实践[M].孙志军等译.北京:北京师范大学出版社,2008.

[105] 靳希斌.国际教育服务贸易研究[M].福州:福建教育出版社,2005.

[106] 王建成.美国高等教育认证制度研究[M].北京:教育科学出版社,2007.

[107] [美]凯尔士.大学自我评鉴[M].王保进译.台北:正中书局,2002.

[108] 陈谟开.高等教育评价概论[M].长春:吉林教育出版社,1988.

[109] 史秋衡,余舰.高等教育评估[M].贵阳:贵州教育出版社,2004.

[110] 伊继东等.高等教育评估理论与实践[M].北京:科学出版社,2009.

[111][德]哈贝马斯.理论与实践[M].郭官义等译.北京:社会科学文献出版社,2004.

[112]北京市朝阳社区学院社区工作研究室.关注民生——社区教育研究报告[M].北京:当代中国出版社,2009.

[113]杨德广.杨德广教育文选(第三卷)[M].上海:华东师范大学出版社,2010.

[114][加]许美德.东西方文化交流与高等教育[M].南京:南京师范大学出版社,2003.

[115]韩延明.改革视野中的高等教育[M].青岛:中国海洋大学出版社,2006.

[116]谢维和.教育社会学[M].台北:五南图书出版公司,2002.

[117][美]迈克尔·阿普尔.教育与权利[M].曲囡囡等译.上海:华东师范大学出版社,2008.

[118]林金辉,刘志平.高等教育中外合作办学研究[M].广州:广东高等教育出版社,2010.

[119]林金辉.潘懋元高等教育思想[M].广州:广东高等教育出版社,2010.

[120]陈学飞.高等教育国际化:跨世纪的大趋势[M].福州:福建教育出版社,2002.

[121]刘海峰,史静寰.高等教育史[M].北京:高等教育出版社,2010.

[122]刘海峰.高校招生考试制度改革研究[M].上海:上海教育出版社,2009.

[123]谢作栩.中国高等教育大众化发展道路的研究[M].福州:福建教育出版社,2001.

[124]赵婷婷.大学何为——理想与现实间的冲突及协调[M].北京:高等教育出版社,2005.

[125]黄景容.技能教育的理论与实践[M].广州:广东人民出版社,2008.

[126]别敦荣.高等教育管理与评估[M].青岛:中国海洋大学出版社,2009.

[127]马庆发.中国职业教育研究新进展(2007)[M].上海:华东师范大学出版社,2008.

[128] 武毅英.高等教育经济学导论[M].广州:广东高等教育出版社,2008.

[129] 龚放.大学教育的转型与变革[M].青岛:中国海洋大学出版社,2009.

[130] 中国职教学会教学工作委员会.职业教育教学改革理论探讨与实践[M].北京:高等教育出版社,2007.

[131] 李豫颖.信息技术教学论[M].厦门:厦门大学出版社,2008.

[132] 余文森.个体知识与公共知识——课程变革的知识基础研究[M].北京:教育科学出版社,2010.

[133] [美]罗伯特·K.殷.案例研究方法的应用(第二版)[M].周海涛译.重庆:重庆大学出版社,2009.

[134] [美]罗伯特·K.殷.案例研究:设计与方法(第四版)[M].周海涛等译.重庆:重庆大学出版社,2010.

二、中文期刊论文

[1] 王云贵.西部高等教育与区域经济协调发展存在的矛盾与对策[J].辽宁教育研究,2006(4).

[2] 潘懋元.大众化阶段的精英教育[J].高等教育研究,2003(6).

[3] [美]C.莫里斯.美国哲学中的实用主义运动[J].文孙思译.世界哲学,2003(5).

[4] 杨振宇,李慧清.美国社区学院的发展历程及其职能变迁[J].大学·研究与评价,2007(6).

[5] 张怀斌.美国社区学院师资管理的研究[J].宁夏社会科学,2009(6).

[6] 宣葵葵.美国社区学院师资队伍建设的特色及启示[J].现代教育科学,2008(5).

[7] 王园园,夏建国.日本短期大学的发展及对我国高职的启示[J].职教论坛,2010(18).

[8] 厉以贤.社区教育的理念[J].教育研究,1999(3).

[9] 张志松.社区教育发展及其模式浅探[J].宁波大学学报(教育科学版)2004(5).

[10] 孙中范.对面向21世纪我国社区学院教育模式的思考[J].决策

咨询通讯,2001(1).

　　[11]郭必裕.我国社区学院发展的主要问题和解决思路[J].教育与现代化,2000(4).

　　[12]刘永权.美国社区学院远程生涯技术教育研究[J].比较教育研究,2011(1).

　　[13]刘文华.美国社区学院分类研究[J].中国职业技术教育,2011(4).

　　[14]张安富等.高等教育质量与水平及相关概念辨析[J].高等教育研究,2009(11).

　　[15]潘懋元,肖海涛.中国高等教育大众化结构与体系变革[J].高等教育研究,2008(5).

　　[16]王洪才.论我国多样化大众高等教育体系建设[J].教育科学研究,2003(7).

　　[17]周远清.高等教育体制的重大改革与创新[J].中国高等教育,2001(1).

　　[18]王浒.学习全教会精神,提高对高等职业教育的认识[J].教育科学研究,1999(5).

　　[19]刘尧.县级社区学院的办学经费来源及启示[J].世界教育信息,2007(11).

　　[20]李文长.高等教育社会职能新论[J].高等教育研究,1989(1).

　　[21]陈昌贵.国际合作:现代大学的第四职能[J].高等教育研究,1998(5).

　　[22]王洪才.大学"新三大职能"说的缘起与意蕴[J].厦门大学学报(哲学社会科学版),2010(4).

　　[23]傅志明.福斯特与巴洛夫论战对当代中国职业技术教育改革的意义[J].职业技术教育,2003(22).

　　[24]周简叔.世界成人高等教育发展纲要(一)[J].成人高等教育研究,1997(3).

　　[25]胡建华.我国高等教育扩张中的科类结构变化分析[J].教育研究,2009(11).

　　[26]楼利明.论美国社区学院及其在中国的发展前景[J].浙江大学学报(人文社会科学版),2006(2).

[27] 毛亚庆,吴合文.合并高校整合管理的文化因素分析[J].高等教育研究,2005(12).

[28] 吴薇.对我国社区学院发展的思考[J].北京教育学院学报,2010(10).

[29] 刘淑兰.对美国圣莫尼卡社区学院学生服务系统的考察及思考[J].比较教育研究,2007(5).

[30] 王式正等.关于高等职业教育可持续发展问题研究[J].高教探索,2002(1).

[31] 冯向东.高等教育结构:博弈中的建构[J].高等教育研究,2005(5).

[32] 王洪才.论构建现代教育制度的基本思路[J].清华大学教育研究,2003(6).

[33] 万秀兰.美国社区学院的课程职能体系[J].高等教育研究,2003(4).

[34] 郑秋香等.发展高等教育产业的理性思考[J].黑龙江高教研究,2004(1).

[35] 胡钧,唐路元.对马克思再生产理论的新认识[J].当代经济研究,2000(4).

[36] 魏建国.美国高等教育财政改革的新动向[J].教育发展研究,2010(9).

[37] 王英杰.美国高等教育的发展与改革百年回眸[J].高等教育研究,2000(1).

[38] 汪开寿,唐祥来.美国高等教育捐赠与我国的政策建议[J].比较教育研究,2006(6).

[39] 杨德广.树立正确的高等教育评估观[J].中国高等教育评估,2007(2).

[40] 高海霞.多样性与人本性:美国社区学院的课程特色[J].现代教育管理,2010(8).

[41] 董云川.二八分治:中国高等教育质量评估制度改良的必然归属[J].高教探索,2010(4).

[42] 钟秉林,周海涛.国际高等教育质量评估发展的新特点、影响及启示[J].高等教育研究,2009(1).

[43] 袁俊平.坚持和完善党委领导下的校长负责制[J].高校理论战线,2010(10).

[44] 张斌贤,张驰.美国大学与学院董事会成员的职业构成——10所著名大学的"案例"[J].比较教育研究,2002(12).

[45] 贾玉超.试论社区学院向公民教育转型[J].继续教育研究,2010(3).

[46] 邬大光.面向21世纪的高等职业教育——高等职业教育的价值与活力[J].有色金属高教研究,2000(2).

[47] 杨彬.美国社区学院转学教育功能研究[J].比较教育研究,2004(3).

[48] 赵敏,董海燕.对我国高校合并升格热的若干质疑[J].江苏高教,2004(1).

[49] 白新睿.论我国社区学院的可持续发展[J].国家教育行政学院学报,2010(8).

[50] 张文佳.对我国社区发展的思考[J].职业技术教育,2008(4).

[51] 史秋衡.试论我国高师教育课程设计模式的改革[J].厦门大学学报(哲社版),1995(2).

[52] 徐琦.全球化与社区学院模式发展[J].高教探索,2010(3).

[53] 姜大源.职业教育:类型与层次辨析[J].中国职业技术教育,2008(1).

[54] 赵叶珠.社会变革与高等教育发展新动力[J].中国高等教育,2009(17).

[55] 别敦荣,孟凡.论学生评教及高校教学质量保障体系的改善[J].高等教育研究,2007(12).

[56] 张德祥.市场经济体制下"政府、市场、大学"新型关系的研究总报告(二)[J].辽宁教育研究,2004(10).

[57] 冯天祥.高等职业技术教育的症结与对策[J].中国成人教育,2011(2).

[58] 吴岩.高等教育强国:中国教育的新使命[J].北京教育(高教),2009(1).

[59] 别敦荣.略论民办机制之于民办院校的意义[J].高等教育研究,2010(4).

[60] 眭依凡.改进高校教学评估[J].求是,2010(15).

[61] 王一军,龚放.高等教育大众化阶段高校教学定位的再思考[J].高等教育研究,2010(2).

三、学位论文

[1] 彭志武.高等职业教育学制研究[D].厦门大学博士学位论文,2007.

[2] 肖海涛.高等教育学制系统改革研究[D].厦门大学博士后研究工作报告,2009.

[3] 胡建华.科技革命与高等学校职能的变化发展[D].厦门大学硕士学位论文,1985.

[4] 王志强.我国社区学院发展中的问题及对策研究[D].首都师范大学硕士学位论文,2008.

[5] 任钢建.美国社区学院升学与就业双重功能研究[D].西南大学博士学位论文,2008.

[6] 匡瑛.高等职业教育发展与变革之研究[D].华东师范大学博士学位论文,2006.

[7] 李想.我国城市社区学院可持续发展研究[D].浙江师范大学硕士学位论文,2010.

[8] 陈凌.高校自主创新信息保障体系及其运行机制研究[D].吉林大学博士学位论文,2009.

[9] 张宝蓉.中美高等教育机构分类比较与走向研究[D].厦门大学博士学位论文,2004.

[10] 高耀丽.英国高等教育管理机制改革研究——新公共管理视角[D].华东师范大学博士学位论文,2006.

[11] 刘志忠.高职院校社区化路径研究[D].厦门大学硕士学位论文,2008.

[12] 匡德花.美国社区学院认证探究[D].厦门大学硕士学位论文,2010.

四、外文资料

[1] Arthur M. Cohen, Florence B. Brawer. The American

Community College[M]. San Francisco:Jossey-Bass Publishers,2008.

[2] Kerr C. The Great Transformation in Higher Education[M]. State University of New York Press,1991.

[3] Melvin Urofsky. Reform and Response: The Yale Report of 1828 [J]. History of Education Quarterly,1995(1):61-64.

[4] Arthur M. Cohen, Florence B. Brawer. The Collegiate Function of Community Colleges[M]. San Francisco:Jossey-Bass Publishers,1987.

[5] James R. Valadez. Transformation of the Community Colleges for the 21st Century[J]. Educational Researcher. Mar. 2002.

[6] American Association of Community and Junior College: Community, Junior and Technical College Directory[M]. 1981.

[7] Brint and Karabel. The Diverted Dream: Community Colleges and the Promise of Educational Opportunity in America,1900—1985[M]. Harward University Press,New York,1989.

[8] Barbara K. Townsend and Susan B. Twombly. Community Colleges: Policy in the Future Context[M]. Ablex Publishing Corporation, 2001.

[9] R. L. Raby, E. J. Valeau. Community College Models[M]. Springer Science + Business Media B. V. 2009:71-78

[10] Robert M. Hutchins. The Learning Society[M]. New York: The New American Library, Inc. , 1969.

[11] Martin J. Community Education: Towards a Theoretical Analysis[A]. Allen G. et al. Community Education[C]. Milton Keynes: Open University Press,1987.

[12] Hargreaves D. Learning Takes Place in Many and Varied Contexts throughout the Individual's Life[A]. Ransans, Tomlinson J. The Government of Education[C]. Geore Allone Unwin,1985.

[13] Burton R. Clark. The Open Door College: A Case Study[M]. New York: Mcgraw-Hill Book Company,Inc. 1960.

[14] Graham Orange, Dave Hobbs. International Perspectives on Tele-Education and Virtual Learning Environments [M]. Ashgate Publishing Company, 2000.

[15] Judith W. George. Distance Education in Norway and Scotland

［M］. John Donald Publishers Limited,1996.

［16］Etienne Bourgeois. The Adult University［M］. Srhe and Open University Press,1999.

［17］Peter Raggatt and Richard Edwards. The Learning Society［M］. Routledge,1996.

［18］John Holford，Peter Jarvis and Colin Griffin. International Perspectives on Lifelong Learning［M］. Kogan Page Limited,1998.

［19］Brenda D. Smith. Bridging the Gap：Collgeg Reading［M］. Scott：Foresman and Company,1981.

［20］Zumerling W. and Frankle D. California Community Colleges Making Them Stronger and More Affordable［M］. San Joe,Calif.：The National Center for Public Policy and Higher Education,2007.

［21］Joanna Goode. Mind the Gap：The Digital Dimension of College Access［J］. The Journal of Higher Education,2010(5).

［22］Jennifer M. Gidley，Gary P. Hampson,Leone Wheeler and Elleni Bereded-Snmuel. From Access to Success：An Integrated Approach to Quality Higher Education Informed by Social Inclusion Theory and Practice［J］. Higher Education Policy. 2010(1).

［23］Steve Culver. Educational Quality，Outcomes Assessment,and Policy Change：The Virginia Example［J］. International Education,2010(1).

［24］Thomas E. Miller,Tracy Tyree，Keri K. Riehler,and Charlene Herreid. Results of the Use of a Model that Predicts Individual Student Attrition to Intervene with Those Who Are Most at Risk［J］. Collgeg and University,2010(3).

［25］Virginia O. Allen. Community College Nursing Education［J］. New York,Wiley,1971.

［26］Elaine El-Khawas，Deborh J. Carter，and Cecilia A. Ottinger. Communtiy College Fact Book［M］. American Association of Community and Junior Colleges：1988.

［27］Loretta Y. Teng，George A. Morgan and Sharon K. Anderson. Career Development Among Ethnic and Age Groups of Community

College Students [J]. Journal of Career Development. Volume 28, Number 2.

五、电子文献及报纸文章

[1] 尹鸿祝,吕诺.中国文盲:还有 8500 万[N].新华每日电讯,2002-9-8.

[2] 陈至立.在 2001 年度教育工作会议上的讲话[EB/OL]. http://www.edu.cn/20010827/208910.shtml.

[3] 曾一春.教育培训圆新生代农民工职业梦[N].中国教育报,2010-7-5,第 2 版.

[4] 教育部.教育部关于重新公布全国社区教育实验区名单的通知[EB/OL]. http://www.moe.edu.cn/edoas/website18/level3.jsp?tablename=603&infoid=1258424777941347.

[5] American Association of Community Colleges. Community Colleges in Their Communities[EB/OL]. http://www.aacc.nche.edu/AboutCC/Trends/Pages/communitycollegesintheircommunities.aspx,2010-9-13.

[6] 戴家干.2010 全国高考报名人数共 946 万人,减少 74 万[EB/OL]. http://202.205.109.99/eol_cn/kuai_xun_3075/20100527/t20100527_479156.shtml,2010-05-27.

[7] 教育部.关于全面提高高等职业教育教学质量的若干意见[EB/OL]. http://www.tech.net.cn/info/edu/poli/12647.shtml. 2006-11-16.

[8] American Association of Community Colleges. Community Colleges in Their Communities[EB/OL]. http://www.aacc.nche.edu/AboutCC/Trends/Pages/communitycollegesintheircommunities.aspx,2010-9-13.

[9] 国家统计局.第二次全国农业普查主要数据公报(第五号)[EB/OL]. http://www.sannong.gov.cn/qwfb/ncjj/200802270020.htm.

[10] 国家统计局.2009 年国民经济和社会发展统计公报[EB/OL]. http://www.stats.gov.cn/tjgb/ndtjgb/qgndtjgb/t20100225_402622945.htm.

[11] 佚名."丰台区退役士兵职业技能培训开学典礼"在社区学院举行[EB/OL]. http://www.ftzd.com/?thread-229-1.html,2009-03-14.

[12] 佚名.当前城市社区文化管理存在的问题与对策[EB/OL]. http://www.ccmedu.com/bbs10_7481.html.

[13] 教育部.2008 年度来华留学生人数首次突破 20 万[EB/OL].

http://www.cscse.edu.cn/publish/portalo/tab40/info7162.htm.

［14］MSA. Characteristics of Excellence［EB/OL］. http://www.msche.org/publications.2010-08-12.

［15］朝阳社区学院.我院完成 2010 年朝阳区流动人口培训工作［EB/OL］. http://www.bjccc.com/templates/newlist_R/index.aspx? nodeid＝79&page＝ContentPage&contentid＝954.

后　记

　　转眼间,离开美丽迷人的厦门大学已经两年了。这期间,我曾无数次地翻看照片,试图捕捉三年厦大生活的点点滴滴,重温读博期间的温馨旧梦,借以慰藉难以抑制的思念之情。每每此时,眼前便浮现出繁花似锦的三角梅、绚烂如火的凤凰花,白城沙滩的海风似乎也能越过千山万水柔柔地拂在我脸上,而南普陀的晨钟暮鼓依然萦绕在耳畔,振聋发聩,悠远绵长。

　　远离家乡,读博的生活是枯燥的,而论文的写作过程更是漫长而艰辛。值得庆幸的是,我的导师王洪才教授以其对学生的满腔热爱、对学术的执着追求给予了我莫大的安慰和支持。在王老师倡导下开展的每周一次的学术沙龙,让我们切身感受到了科学研究带来的困惑与顿悟,体会到了思想交锋产生的焦虑与快感,而英语沙龙则使我们在练习口语的同时加深了对社会、对人生的理解。在论文写作期间,我更是得到了王老师的悉心指点,从论文选题到修改定稿,从词句推敲到结构调整,无不体现了王老师宽厚平和的人格魅力、严谨求真的治学态度。在厦大的三年求学期间,我深切地感受到了教育研究院诸位教师对我的帮助和教诲。潘懋元先生的课程和沙龙让我领略了学界泰斗的风采,先生将我的论文纳入其课题之中,在很多方面给予了大力支持。此外,邬大光教授、刘海峰教授、史秋衡教授、谢作栩教授、李泽彧教授、林金辉教授、武毅英教授、杨广云教授、张亚群教授、郑若玲教授、陈武元教授、李国强老师等师长都以不同形式对我攻博期间的学习和生活提供了有益的帮助。还有,厦门大学教育研究院2008级全体博士生同学以及众多师兄师姐、师弟师妹也对论文的形成提供了有价值的建议和帮助。在此,我谨向厦门大学教育研究院的所有老师、工作人员及研究生表示由衷的谢意。

在三年攻博期间,我得到了河南师范大学教育与教师发展学院的领导和老师们的鼎力支持,没有他们的关心和帮助,我就无法脱产专心求学。在调研期间,我得到了泉州理工学院、焦作大学、闽西职业技术学院、北京朝阳社区学院、丰台社区学院、厦门城市职业学院以及上海长宁区社区学院等单位的鼎力协助。为此,向所有帮助过我的人们表示真心的感谢和诚挚的祝福。

厦门大学出版社对本书出版给予了大力支持,牛跃天等同志在本书出版过程中付出了艰辛的努力,在此一并表示感谢。

最后,需要特别强调的是,在我三年读博的岁月里,远在千里之外的父母、岳父岳母、爱人张荣娟及幼女依依等亲人以他们的实际行动默默地关心我、支持我,免除了我的后顾之忧,使我能够全身心地投入学习中。他们的关爱是我不断进步的强大精神动力。

和许多人一样,论文的后记最终成为一封感谢信,我想,这是可以理解的。对于任何一个在学术之路上行走的人,前辈的耳提面命、同侪的鼎力扶助以及亲人的关爱支持都是弥足珍贵、受用一生的财富。唯有在今后的学术之路上坚守自己的学术理想,不断努力前行,我才能无愧于这笔丰厚的精神财富。

作者

2012 年 12 月 16 日于康桥名苑

图书在版编目(CIP)数据

中国社区学院运行机制研究/徐魁鸿著. —厦门：厦门大学出版社，2015.9
(现代终身教育体系建设研究丛书 / 潘懋元主编)
ISBN 978-7-5615-5338-1

Ⅰ. ①中… Ⅱ. ①徐… Ⅲ. ①社区学院-教育工作-研究-中国 Ⅳ. ①G648.6

中国版本图书馆 CIP 数据核字(2014)第 289929 号

官方合作网络销售商：

厦门大学出版社出版发行

(地址:厦门市软件园二期望海路 39 号　邮编:361008)
总 编 办 电 话:0592-2182177　传真:0592-2181406
营销中心电话:0592-2184458　传真:0592-2181365
网址:http://www.xmupress.com
邮箱:xmup @ xmupress.com
厦门集大印刷厂印刷
2015 年 9 月第 1 版　2015 年 9 月第 1 次印刷
开本:720×1000　1/16　印张:19.25　插页:2
字数:350 千字
定价:45.00 元
本书如有印装质量问题请直接寄承印厂调换